实体立国

厉以宁 ◎ 著

中国文史出版社
CHINA CULTURAL AND HISTORICAL PRESS

图书在版编目（CIP）数据

实体立国 / 厉以宁著. -- 北京：中国文史出版社，
2022.9

ISBN 978-7-5205-3657-8

Ⅰ.①实… Ⅱ.①厉… Ⅲ.①中国经济—经济发展—
研究 Ⅳ.①F124

中国版本图书馆CIP数据核字(2022)第165710号

责任编辑：梁玉梅

出版发行：中国文史出版社

社　　址：北京市海淀区西八里庄路69号院　邮编：100142

电　　话：010-81136606　81136602　81136603（发行部）

传　　真：010-81136655

印　　装：北京新华印刷有限公司

经　　销：全国新华书店

开　　本：16开

印　　张：17.25

字　　数：256千字

版　　次：2023年4月北京第1版

印　　次：2023年4月第1次印刷

定　　价：58.00元

厉以宁（2020 年）

自 序

　　实体经济是立国之本，也是财富之源。做大做强实体经济，不仅能增加有效供给，还能有效提供就业、保障和改善民生。2008 年发生于美国并迅速波及全世界的国际金融危机，表明近些年在西方国家中存在着一种资产泡沫怪圈，那就是为了刺激经济，实行低利率，引起信贷膨胀；在信贷膨胀的条件下，形成了投资热和消费热，集中体现于资产的炒作，造成了资产泡沫；资产泡沫的形成，一方面继续推动投资热和消费热，另一方面使资金链不断延伸，影响到经济生活的各个角落。而资金链越是延伸，薄弱环节就越多，一旦资金链断裂，就会导致因资产炒作而卷入债权债务的银行和企业发生债务危机，甚至倒闭、破产，实体经济必然受累，于是失业人数剧增。这时为了挽救陷于困难中的经济，政府就不得不采取救市的做法，扩大财政支出，于是财政赤字又增多了。通过财政支出的扩大以及与此有关的低利率政策，又为下一轮的信贷膨胀准备条件，资产泡沫在平息一段时间之后又会再度形成，如此循环不已，就出现了所谓的资产泡沫怪圈。

　　2008 年国际金融危机发生前，中国经济就有陷入这种怪圈的趋向，如果摆脱不了这一怪圈，中国经济的持续增长就有重蹈覆辙的可能。因此，中国在经济领域面临的问题同西方国家有相似之处，即二者都有重蹈覆辙的担心。但与西方国家出现的"资产泡沫怪圈"相比，中国既需要摆脱"投资冲动怪圈"，也需要警惕"资产泡沫怪圈"的出现。对中国来说，要摆脱"投资冲动怪圈",最重要的是通过改革的深化,从体制上消除产生这一怪圈的可能性,即加快投资决策体制的改革、行业垄断体制的改革、资源价格体制的改革和民营企业平等准入政策的落实。要摆脱"资产泡沫怪圈"的出现,在实践中就要旗帜鲜明地支持实体经济的发展,将实体经济作为立国之本。必须强调的是,虚拟经济产生于实体经济,也要服务于实体经济,这个原则是不能变的。中国经济是靠实体经济起家的,振兴实体经济是中国供给侧结构性改革的重要任务,无论经济发展到什么时候,实体经济都是中国经济发展以及在国际经济竞争中赢得主动的根基。

制造业是实体经济的核心,更是一个国家实力的展现。对于中国这样一个大国而言,如果没有强大的、高质量发展的制造业,工业化和现代化的奋斗目标就难以实现。制造业价值链长、关联性强、带动力大,为农业、服务业提供原料、设备、动力和技术保障,在很大程度上决定着现代农业、现代服务业的发展水平。所以在新形势下,必须采取有力措施,努力推动互联网、大数据、人工智能和实体经济深度融合发展,使之成为经济发展的基础和动力。

当前,中国制造业规模虽居世界第一,但与发达国家相比,依然存在大而不强、全而不精的问题,低端供给过程与中高端有效供给不足并存,质量效益不高、核心竞争力问题不强的短板明显。尤其是中国制造业正面临着"双重挤压"的挑战与机遇,在全球范围内的"制造业回归"浪潮中,发达国家高端制造"回流"与中低收入国家中低端制造"流入"同时发生,对中国形成"双向挤压"。而且国际贸易中围绕高端制造业的博弈正在加强,中国制造业的大品牌企业不多、资源利用效率不高,在制造业尚未做精做强的情况下,却过早出现了社会资本"脱实向虚"的倾向,因此推动制造业高质量发展面临着许多新的困难和挑战。

推动实体经济和制造业高质量发展是中国当前和今后一个时期经济工作的重中之重,对于中国持续提升国际竞争力、实现"两个一百年"奋斗目标意义重大。从中国现在的情况看,制造业经过多年高速增长,"有没有"的问题已基本解决，"好不好"的问题日益突出，发达国家在高端技术方面对中国的封锁与打压愈演愈烈，中国在高端制造业方面的后发劣势必须给予足够的重视和解决。

对于中国的实体经济和制造业前景，首先要有信心，要对发展前景抱有乐观的情绪。因为自主创新和产业升级是中国实体经济和制造业的出路。其实，国际制造业仍有很大发展空间，中国制造业要依赖国际竞争力来开拓、争取。对于中国制造业企业来说，这既是机遇又是挑战，只要努力，发展机会是存在的，我们没有理由在这场竞争中失去信心。为了开拓国内国外新市场，中国制造业除了在自主创新和产业升级方面狠下功夫以外，还应在营销和产前产后服务等方面努力。需求也是可以靠创新产品供给提升的，市场份额的扩大只可能是老产品推陈出新和新产品具有巨大吸引力的结果。

特别强调的是，要高度重视建设一支适应产业结构演进与制造业高质量发展的人才队伍。人才是推动制造业高质量发展的重要支撑。新技术革命背景下的劳动者不仅要具备与工作相关的知识和技能，还要具备较强的创新意识、创新精神和创新能力以及终身学习的能力。要引导更多的优秀人才向制造业汇聚，一是充分发挥现有人才的潜力，调动他们的积极性，提高他们的向心力、凝聚力。二是积极引进人才，随着经济科技的发展，国际上对尖端人才的争夺会越来越激烈，中国要在产业升级、产品升级和技术创新中走在前列，决不能放松人才的引进。国家要制订规划，制定适合当前形势的政策；企业要为引进的人才提供便于他们发挥所长的工作条件，提供生活保障。同时，要大力发展职业教育，支持制造业企业开展技能人才培训，提高技能人才的社会地位和经济待遇，拓展技能人才的职业发展通道，努力培养大国工匠。

今后，无论是参与国际竞争，还是适应国内消费升级，都必须深入推进供给侧结构性改革，强化产权和知识产权保护，加快构建产业开放新格局，在持续提升制造业的创新能力和化解过剩产能的同时，增加有效供给，提升产品质量与品质，构建公平竞争的市场环境，让市场机制在淘汰落后产能、协调供需平衡化解过剩产能、激励企业不断提升效率和推动制造业调整与转型发展等方面发挥决定性作用，推动新旧动能接续转换。在制造业的创新发展过程中，制造业企业之间的合作形式、产学研方面的合作形式，应该是多种类型的。在国际市场上，只有中国制造业企业、中国制造业产品、中国品牌，而不分国有企业还是民营企业，只有这样，才能加快实体经济和制造业向高端、智能、绿色、服务方向的提质增效和转型升级。

2020 年 11 月

第三辑 2014—2018

2003—2008

第 一 辑

提高经济增长质量，发展要有新思路 *

当务之急是提高经济增长质量

去年以来，我国经济运行中出现了许多新情况、新问题，大家对此有许多不同看法。我认为，当务之急是想方设法把我国经济增长的质量搞上去。判断经济增长质量有三个标准：一是资源消耗率。如果经济运行中资源消耗率在不断降低，表明经济增长的质量在提高。二是经济发展对环境的破坏程度和可修复程度。如果经济增长以破坏环境为代价，且难以恢复，环境保护意识差，这不是高质量的增长。三是自主知识产权的多少及其掌握程度。从这几条标准来看，我国经济目前虽然 GDP 上去了，但增长质量并不尽如人意。采取有效措施，大力提高经济增长质量，是我们当前和今后的一项紧迫任务。

对当前经济形势的判断

目前，大家对经济形势的议论很多。先是对热与不热的争论，现在对宏观调控方式也有许多不同意见。对什么事情的判断都要先把标准弄清楚。对

* 原载于《经济界委员通讯》2004 年第 5 期。

经济形势的分析和判断也是这样。当前经济确实有局部行业投资过多现象，但并不代表经济已经过热。在绝大多数产品供大于求的情况下，一定的通货膨胀水平并不值得惊慌。一般来说，各国央行都有把通货膨胀说得严重一些的倾向，因为央行的目标就是维持货币稳定。

我认为，去年以来物价上涨的原因主要有这么几点：一是全球经济复苏，原材料、燃料、海运价格上涨。在这种情况下，我国紧缩不起作用，而应加大对有关部门的投资。二是多年来对农业重视不够，粮食、耕地减少，导致农产品价格上涨。对这种情况，紧缩也没有用，而是要一方面加大对土地的控制，另一方面继续加大对农业的投资力度。三是"瓶颈"部门制约造成的。结构型的通货膨胀只能用结构调整来解决，紧缩同样是没有用的，反而应加大相关部门的投资。四是部分行业投资过多。对于这部分行业，紧缩政策可以起作用，但关键在于加快投融资体制改革和消除地方保护主义。因此，要解决物价上涨问题，主要应加快结构调整和体制改革，而不能"一刀切"。

工业化、城市化和农业产业化要有新思路

关于工业化。工业化应以创新为主，要搞自主知识产权，一味地搞来料加工是得不偿失的。

关于城市化。发展城市就必须要用地，一亩地都不批的做法不可取。征地收益应有一定比例用于改良其他土地，"以地养地"。弄出一亩地，改良几亩地，把它的产量提高。即使将来降到12亿亩，一亩地一吨粮，就有12亿吨；一亩地一千斤粮，还有6亿吨呀。一定要这样做，这样好多问题就好解决了。思路得放这儿来，不是仅仅管、卡的问题。

关于农业产业化。农业产业化现在最关键的是要走新型的合作制。新型的合作制是"公司＋基地＋农户"，用订单农业的方式联结起来。农户只要签订合同了，就是合作组织成员了。西方国家中，丹麦、新西兰的农业合作

都是一家一户只管生产，在流通领域参加合作，统一运输，统一销售，农户分享其中的利润。农业产业化得走这样一条路，这样能跟现代化适应，又避免了一家一户产、运、销一起搞的农业。光有种植大户是不行的，种植大户不能大到那么大啊，150亩地才10公顷，在国外是非常小的农场。所以不能只靠种植大户，农业还要走新型的合作化道路。基地引进新技术、推广新品种，公司管销售、管投资，农户管生产，三个一结合起来，就是合作社，社会主义的合作社。

企业的社会责任 *

我们知道，中国经济成长是离不开企业家的，而中国企业家的成长同样离不开中国和中国所处的世界大环境。在有关企业家的讨论中，传统的看法是：企业家要有眼光、有胆量、有组织能力。这三点都是对的，但对于中国的企业家来说，应该再加一条：要有社会责任感。因为中国是在一个落后的、贫穷的基础上成长起来的，作为一个中国的企业家，社会责任感是应该具备的条件之一。

究竟什么是企业的社会责任？可以从三个方面来认识。

第一，企业最重要的社会责任就是为社会提供优质的产品、优质的服务，出人才、出经验。这是企业最大的成果。如果企业能够给社会提供优质的产品，那么我们的产品就能走向全世界；如果提供了优质的服务，我们就能够吸引各国的客户到这里来；如果我们出人才，那么我们的企业管理人才将通过自己的企业培养出来；如果我们能够出经验，这个经验能够为其他企业所用，大家共同发展，这就是企业对社会的最大贡献。一家企业本身吸收的就业人员是有限的。一个企业不可能吸收那么多人就业，而且企业需要不断地提高职工的素质。那么，企业最重要的就业贡献在哪里？企业出了好产品，出了好成果，这样就增加了社会的就业，因为社会就业是靠人均购买力

---

　　* 　原载于《中国流通经济》2005 年第 7 期。

上升而增加的，是靠销售增长而增长的，也就是说就业靠就业扩大。企业发展了，不仅能够增加自己的就业人数，更能使社会增加就业。

企业要尽到自己的社会责任，一定要创业、创新。创业是没有止境的，创新在每一个时代都是新的起点。我们的企业要有更多的自主知识产权，自主知识产权对我们来说是最重要的。企业的社会贡献表现为它有更多的自主知识产权。经济学界流行一个笑话，不知道大家听过没有，我曾经讲过，这里不妨再重复一遍。有两个人去野外旅游，忽然听到老虎叫，老虎要来了怎么办？其中一个人赶快蹲在地上把鞋脱掉，把运动鞋换上。另一个人很奇怪，问道：你穿运动鞋干什么？老虎跑得比人快啊！这个人说，老虎当然跑得比人快，但只要我跑得比你快就行了。这个人换上运动鞋，就逃走了。第二个人不慌不忙地把鞋脱掉，爬到树上去了。老虎来了，把穿运动鞋的人吃掉了。这告诉我们，在竞争中，大风大浪是避免不了的，要有过硬的本领。你会爬树，老虎会爬树吗？如果你是武松，武艺超群，把老虎制服了，岂不更好？所以企业一定要有自己的自主知识产权。创业、创新是企业尽到自己社会责任的必要途径，同时也是它的社会责任。

第二，企业必须重视经济增长的质量。今天在我国，经济增长的质量比经济增长本身更重要。现阶段，保持高速经济增长没有问题。一个企业要使生产上去，总有办法，但这是不够的。一定要考虑经济增长质量。经济增长质量中最重要的是使资源消耗不断降低，使环境质量改善。如果只顾产量上去而使资源消耗量扩大，这就违背了自己的社会责任。因为资源是我们和子孙后代共享的，环境是我们和子孙后代共用的。一个企业现在不管创汇多少，假定净是高能耗的产品，消耗了国内大量的能源，靠这个出口，尽管你为国家创汇了，但你不要认为自己问心无愧，因为你消耗了这么多资源。你想过环境没有？想过资源没有？不要轻易说自己问心无愧。不但看你的产值，看你的创汇，还要看你尽到社会责任没有，看资源消耗率，看环境保护情况。一个企业至少应把自己的废水、废气、废渣处理了，减少所在地区的污染，改善所在地区的生态状况，改善环境。这是你能够做到的。你做到这些，你就在这方面尽到了社会责任。

第三，企业的社会责任还在于为社会的和谐做出贡献。我们知道，企业是生活在群体当中、社会当中、社区当中。企业必须关心社会群体。社会的和谐也是企业持续稳定增长的条件。"以人为本"体现在：你不但要关心自己厂内现有的职工和退休的职工，还要关心你的社区，因为你和大家共同生活在这样的环境里面。这里讲一个故事。有一个小孩子在路上走，碰到一位神仙，他抓住神仙的手问："神仙爷爷，什么叫天堂？什么叫地狱？我老听大人说这几个字，却始终没有弄明白。"神仙说，你跟着我走就懂了。小孩子就跟着神仙走。走到一个大房子旁边，看到左边一大间，右边一大间。神仙说，咱们到屋子里面看看。到了房子左边的那一间。一看，上面有高台，下面是长桌子，桌上放着鸡、鸭、鱼、肉、面包、馒头，台上放着筷子，筷子很长，三尺长。门一打开，进来一群饿汉，这么好吃的东西！但三尺长的筷子，能夹到菜，却没法送到自己的嘴里，吃不着。一个个蹲在地上哭。神仙告诉小孩，你看到了吧，这就叫地狱。咱们到另外一间去。另外一间也有高台，有长桌子，放满了鸡、鸭、鱼、肉，也有三尺长的筷子。门打开了，进来一群饿汉，吃得很高兴，因为我夹菜给你吃，他夹菜给我吃。神仙说这就是天堂。可见，只关心个人的生活，是地狱般的生活。人们互助、互爱、互信，才是天堂。这样才能使社会和谐。

工业化的比较研究 [*]

工业化和资本供给

工业化最主要的问题是投资问题，没有投资就不可能有工业化。在工业化以前，每人的投资均摊是很少的，比如要开一个矿、修一条路，一个人只要有一把铁锹就可以了。一把铁锹才多少钱？非常的少。后来随着工业化的不断推进，平均每个人所需的投资额越来越大。工业化解决的第一个问题就是资本从哪里来。最早实行工业化的国家是英国，然后是法国、德国。普遍认为工业化的钱是从海外掠夺来的，但经济学界的实证研究认为这个观点是不对的。工业化的钱来自国内，并非来自国外。

为什么这么说呢？因为英国工业化开始的时候是 18 世纪中后期。当时西印度比东印度对英国来说更重要，西印度主要从事奴隶贸易，从事种植园的生产，比如甘蔗。但赚的这些钱到哪儿去了呢？西印度集团利用这笔钱主要是在英国国内买豪华的住宅，歌舞升平，自己当议员，没有把钱投到工业上去。最早从事工业的资本从哪里来？根据经济史，英国最早一批工厂主基本上是从工匠、小商人、小业主慢慢发展起来的。西印度商人和东印度商人对商业不是完全没有投入，但主要投资在商业航运而非工业上，因为在他们

* 原载于《北大商业评论》2006 年第 1 期。

看来，工业是很费事的事情——当时工业投资期很长，利润率也没有把握，而且他们瞧不起那些小商人——我怎么会和他们搞在一起？小商铺、小工厂。这个情况到什么时候才改变呢？到19世纪后期。为什么？主要是因为证券市场发展起来了。证券市场早期都是从事海外贸易投资或者航运、修铁路方面。19世纪后期，证券市场发展起来了，这时候他们感觉到不用自己去经营了，于是就购买工业方面的股票，工业的资本得到增强。19世纪后期工业化的进程比较快，到20世纪情况就完全变了，主要靠证券市场。

工业化的资本积累就是这样一个过程，法国、德国、英国都是如此。资本供给问题的解决其实有三个重要启示：

第一，证券市场最有利于工业发展。没有证券市场不行，靠工业内部慢慢积累很慢。

第二，工业化发展过程中，英国比较慢，德国比较快。在20世纪有一个企业兼并、重组的过程，钱从哪儿来？也是融资而来。"赚"在中文里面是"贝"和"兼"，"贝"就是融资，"兼"就是兼并，这也是符合整个经济发展规律的。英国的工业化发展后来之所以慢，就是因为企业兼并。英国企业在第二次大危机以后才开始兼并，它一开始并不是靠企业兼并，而是靠企业慢慢做。

第三，在这个过程当中，远在资本市场以前就有国际贸易。国际贸易究竟在工业化过程中起了什么作用？实际上起了两个主要作用：

（1）原料缺乏的国家通过国际贸易取得原料。比如，英国纺织业需要棉花，所以就进口埃及、印度、美国的棉花。没有原料的进口就不能促使自己的工业化进一步发展。

（2）国际贸易中最要紧的一点，就是自己的产品要输出到国外去。输出到什么国家去？好像过去的言论都说，从不发达国家大量进口原料，把工业制成品主要销往发达国家。这个观点是不对的，至少不符合事实。进口原料是对的，但制成品出口，特别是高级制成品的出口国主要不是发达国家，而是工业化国家和正在工业化的国家。原材料从不发达国家进入发达国家，制成品再回到不发达国家。

从国际收支的逆差长期来看，并不是由于外国的投资，而主要是借债以后的还本付息问题。借债关键在于借债人做什么用。大部分国家借债之后不是发展经济，而是搞战争、打内战，或者是挥霍掉。所以说，国际收支逆差的关键不在于对外贸易，也不在于外部投资，而在于借钱以后还没有很好地利用，还本付息时间却到了，于是一味地借债还债、借债还债。工业化和资本供给的看法，对我们以前的观点多少有点儿修正。

工业化和人才供给

工业化一是需要资本，二是需要人才。工业化的人才从哪儿来？人才包含两方面：熟练的技术工人和企业家。

这两种人从哪里来？首先我们看熟练技工从哪里来。在工业化过程中，熟练技工并不是从农村出来的，因为农民中没有熟练技工，农民不适应工业化的国家。英国修铁路的时候，没有人愿意去做铁路工人，铁路工人需要的技术比较低，都是农民去做。"铁路工人"这个词在当时看来是社会最基层的人，被人瞧不起。熟练技工从哪儿来？手工业的工匠是最早的熟练技工。最早的技术师画图、设计、造机器，当时也叫工程师。最早的工程师又从哪里来？在英国和欧洲国家主要来自钟表匠。在所有的工匠当中，最熟悉、最懂得机械齿轮转动，而且会造出这种齿轮的就是钟表匠。除了钟表匠以外还有搞磨坊的。当时还不知道从学校培育技工，英国就吃了这个亏。工业化初期，英国靠大量的钟表匠、木匠作为最早的技工，采取师傅带徒弟的方法传授技艺。英国的工业化过程中有一个很奇怪的现象——一个工厂有两种学法：一种叫作工厂学徒，就是厂里面招的，拿工资的；另一种叫作私人学徒，每个师傅自己还可以带几个学徒，学徒不发工资，发一点儿零用钱。在19世纪前期，英国一直重视这样的学徒。

最早开展职业技术教育的是德国。19世纪后期，德国开始办学校，招人当学徒、技术工人。而美国认为光培养中等人才不行，美国的高等学校和欧洲的高等学校不一样，美国的高等学校培养工程师。英国很晚才涉足职业教育，到 19 世纪末英国就感觉力不从心了，因为光靠学徒是不够的，必须有技术学科，必须进行职业教育。美国和德国后来就超过了英国。

企业家从哪儿来？企业家的产生取决于当时的社会、政治、经济条件，企业家在初期并不被人重视。在英国开设工厂的都是小业主、小老板，上层社会瞧不起他们，所以当时企业家的地位很低。慢慢情况发生了变化，从小商人、小业主起家的企业家逐渐把工厂做大，做大之后就知道要培养自己的孩子，那就要读好学校。第一代还是被人瞧不起，到第二代开始学习，到第三代就起来了。这个过程之后，大商人、银行家也搞投资，于是就产生了金融家兼工业企业家。在发展初期并没有企业家，政府代行了企业家的职能，政府、政府官员来办企业，也就是我们所说的"下海"，但很多人在这个过程中感到并不适应。

企业家过程是从实践开始的，这对我们是有启发的。中国当前最缺的是什么？是熟练技工。根据发达国家的情况，熟练技工一般要占到工人总数的 35% 左右，而中国熟练技工只占 5%，是非常不够的。为什么人们不愿意学呢？主要是因为社会上不知道熟练技工的重要性，存在偏见：再熟练也还是个工人。有这个观念在，人们就不愿意进入职业学校。熟练技工的待遇现在开始提高了，但要使整个社会改变看法，还需要很长一段时间。听人说，最近我们出口了一套设备到巴基斯坦，我们中国员工安装完了之后，巴基斯坦人总感觉不满意。于是在我们走了之后又请了一个退休的英国熟练技工，他敲敲打打几下机器就正常了。这个事情对中国来讲非常严重。这次我们去广州调查，就发现广州必须要注重培养熟练技工。

工业化和技术创新

第三个问题就是技术创新问题。工业化曾经发生过一次燃料危机。英国最早炼铁是靠砍树烧木材，工业要烧木材，居民家庭也要烧木材，所以英国北部地区的大片森林都被砍伐了，土地荒了。英国工业化到这里很危险，没有燃料，工业化很可能就要停下来。造船需要木材，如果把树都砍了，船怎么造？结果就到北欧进口木材。经济史里有一段记载：有一个人买了一条羊腿，但没有柴火烧，于是到邻居家借。邻居说，不能借，得拿钱买，结果比市场价高了好几倍。干吗不用煤啊？工业化初期已经在开采煤，但只是表层煤。工业化链条需要大量的煤、大量的燃料，表层煤都挖完了，深层挖最难的问题就是没有动力排水。蒸汽机就是在这个情况下发明出来的，首先运用于煤矿排水，水排了以后就可以往深层挖了。挖出来之后怎么运出去？修运河、铁路。煤作为主要燃料，蒸汽机时代开始了。

新的产业往往是在危机中产生的。法国不产甘蔗，但它又需要大量的糖，从哪儿来？进口。当时主要是西印度产糖，拿破仑战争时期封锁了，糖进不来，就造成了糖荒。糖进不来怎么办？法国全国就种植甜菜。历史书上有这么一个记载：英国报纸上有一幅漫画，一个婴儿哭，塞一个东西进去，就是一个甜菜根。漫画下面有说明：拿破仑的婴儿继承人嘴巴里含着一个甜菜根，旁边的护士说："嚼吧嚼吧，你爸爸说这就是糖。"从这里就看出，很多新产业是在压力之下、逼迫之下出现的。

一个新技术的革命往往是淘汰中小企业，特别是小企业。但历史证明并不是这种情况，在工业化进程当中，这个现象是不存在的。为什么不存在？在整个工业化历史中有两次大的挽救，都是新技术挽救了小企业。第一次挽救是电的使用。本来用电以后小企业会遭受沉重打击，结果用电以后成本大幅度降低，很简单的机器都可以转起来，救了一大批小企业。所以我们对工业化过程中的技术问题，有了一些新的看法。一个重要的经验就是，工业化过程实际上就是产业升级和结构调整的过程。

这里举三个例子。

第一个例子是瑞典。瑞典过去主要是出口生铁，"生铁"在英文里是Pig——猪。干吗叫Pig？主要是因为当时的炼铁技术，铁熔下来变成铁水流进小坑，就像小猪在吃奶一样。在整个的工业化过程中，瑞典的工业化就是结合产业的优势，从炼钢到钢铁制品。瑞典的钢铁制品现在仍然保持在全世界的前列。

第二个例子是丹麦。丹麦最早是欧洲采粮食的地方，但丹麦出口粮食竞争不过加拿大、澳大利亚，这两个地方的粮食比丹麦的便宜，所以大量的粮食从这两个地方进口。丹麦经济的转型比瑞典要晚，主要是在第二次世界大战以后。出口粮食不行，就把粮食改为饲料，饲料喂牛、羊、猪，出口奶酪、炼乳、香肠、咸肉等东西，工业的附加值增大了，农业转成食品工业了。但这些还不够，丹麦觉得还得有自己的工业。在当时丹麦政府多次讨论：我们发展什么呢？发展钢铁、机器制造？机器制造肯定不如德国，钢铁制造肯定不如瑞典。最后决定发展造船、柴油发动机。选中之后就集中力量，后来丹麦成为全世界船用柴油发动机大国。

第三个例子是芬兰。芬兰长期以来都是砍树出口木材，但这么做不行，怎么能够大量出口木材呢？于是材料升级，木材制成纸浆，造纸，再发展到高科技产业，如有名的手机厂商诺基亚。

每个国家都要在技术创新中懂得这个道理，懂得自己的优势在哪里还不够，还要懂得初级优势和高级优势。在工业化过程中，有一个争论的问题，就是平衡增长论和不平衡增长论。这两种理论都有道理，所以在经济学界引起了争论。平衡增长论就是说为了使效率更高，各部门必须平衡增长，如果各部门不平衡增长，发生产业结构失调现象，效率就会大为降低，造成损失。不平衡增长论认为，经济发展一定要建立在不平衡增长的基础上，一个带动其他，齐步走表面看是协调，其实是阻碍速度，阻碍速度是更大的效率损失。

经过长期的经济史研究，这两种观点都是错误的。它们都是基于这样一个前提——经济的起点建立在产业结构协调和平衡的基础上，但这个前提是不存在的。任何一个地方，任何一个阶段，发展工业都是从人开始的，都是在原有基础上考虑下一步的问题。而原有的基础，多半是产业结构不协调。在这个基础上，提出平衡增长，实际上是继续保持原来不合理的状况。那么，不平衡增长难在什么地方呢？搞得好增长快，也可能恰恰相反，因为不平衡倾斜的点错了。所以经济史学家有一句话：扭歪的或者歪曲的不平衡增长是更坏的。在创新过程中，需要注意这个问题。

技术创新过程中很大的问题是知识产权保护和环境保护问题。环境保护主要是要靠技术创新把废物变成有用的东西，技术创新可以解决问题，但如果没有法律制度创新的保证，技术创新起不到很好的作用。知识产权更是一个制度问题。假定没有技术保护，技术发达可能给人类带来更大的灾祸。没有技术保护，就没有人创新了，因为一创新就被人学走了、盗版了。

工业化和自主创新

首先是企业组织的创新。经济史的考察和我们现实问题的考察有点不太一样的地方，就是在发达国家，特殊手工业仍然是家传。家族经营制、家族世袭、子承父业，按照经济理论都被淘汰了，因为这些都是落后的，但现在在一些西欧国家的小城市里可以明显看到，剪刀生产最好的是小城镇里世代相传的手工作坊；欧洲吃西餐用的刀叉最好的不是工厂生产出来的，而是父业子承的家庭手工作坊生产出来的。陶器、酒业等也是如此。小企业做大了，但是父子相传，家族经营。大的发展，小的也照样存在，大的不排挤小的，大的可以和小的配套，但也可以独处。他们谈论的一点很有意思：近亲繁殖是从生物学开始的，有基因问题，所以要避免。但在特殊手工业方面，最好的技术是父子相传的。这听起来有点儿道理，中国也是这样，比如中医父子相传，唱戏也是几代人延续下来。技术传授和生物学的繁殖不一样，没有基因的问题。样子长得像爸爸，那是生物学概念，不是人文概念。

谈到技术创新问题，其中重要的就是政府主导的评价问题。工业化初期，在企业家人数不足的时候，政府往往代替企业家起作用，这是可以的，但不能认为政府主导的方式有利于工业长期发展。从整个工业化过程来看，政府主导弊大于利。经济史的考察已经得出这个结论。可以从三个方面来说：

第一，工业化要不断取得成就，国内市场就要不断扩大。政府主导不能提供连续的、长期的国内市场。政府主导要政府投资，政府投资是拉动经济的力量，但并不能最终提供消费者。国内发展要靠最终消费，而最终消费是居民消费，只有居民消费才能保证工业化不断进行。在人均GDP增长的前提下，国内市场才能增长。

第二，政府主导并不能够提供发展工业所需的资本投入，因为资本投入要依靠国内市场的不断扩大。国内市场不断扩大是动因，而它应该来自民间。人均GDP增长以后，一部分转为消费，一部分转为储蓄，储蓄转为投资。

第三，政府主导一开始保护了本国的新兴产业，但这是暂时的。在政府保护之下新兴产业可能有一定程度的发展，但同时带来三个弊病：

（1）在政府垄断的保护之下，在政府主导之下，它可以无忧无虑，没有竞争对手，很容易发展。这就像打乒乓球一样，我们要提高水平，就必须和世界上最强的队比。假设我们老是和国内的相比，和乒乓球弱的国家比，有什么用？就是要和强手比，输了也值。新兴产业发展必须要有竞争者。

（2）新兴产业发展需要技术创新，技术创新需要钱，钱从哪里来？必须开放，开放了，资本才能进入。

（3）政府主导之下的效率可能受到限制。

因此，从经济史的角度来讲，要把政府主导改成市场的带动——制度创新。在工业化过程中，一些经营方式都是在实践中产生的。现在都搞物流，物流的第一个环节是物品配送。物品配送是怎么产生的？最早是在英国，农妇牵一头奶牛到城里挨家挨户说卖牛奶啦，然后拿一个桶挤。后来就开始变了，在家挤好牛奶后装瓶，用马车送。再后来就是连锁店，牛奶公司成立了。

企业也是一样。股份制最早出现在航海业，在工业化之前或者刚开始时。当时开始大西洋贸易，有船的安全问题：海上的风浪太大，一旦触礁或翻了怎么办？海盗也很猖獗。这些损失怎么办？另外还有一个规定：船出海后，遇到风浪要翻船，就要把货物抛到海里去以减轻船的重量，那抛谁的呢？最后大家开始入股，抛了谁的，几家卖了之后还他；赚钱回来了，就平均。恩格斯在《资本论》第三卷专门写了航海业开始搞股份制的情况：每一只船都订合约太麻烦了，最后干脆弄成股份公司吧，大家都入股，货主、水手都有股份。

这是最早的，但还是比较原始的，股份制真正的发展是在工业化以后。铁路被认为是现代股份制经营最好的方式、最成功的例子。首先一点是资本的筹集，现代铁路没有股份制就没法修起来。经营过程中，由股东会选出董事会，董事会定总经理。这一套铁路最早形成，我们今天把它叫作法人治理结构。国家、企业的关系也摆对了，国家只管服务、管规章制度，企业只管经营。在德国、日本，一开始铁路由国家经营，后来逐渐改为民间经营，这就是制度创新。没有制度创新，技术创新就不可能取得成功。

刚才讲环境保护，形成环境保护制度必须有三个条件：创新的主体，创新的方案，创新后得到的利益。工厂旁边的居民受到影响，噪声、废气，这时候居民就成了创新的主体。创新方案怎么改呢？瞎闹、揩电不行，这是违法的。所以就要求政府制定《环境保护法》。环境保护法使创新主体得到了利益，减少了损失，比如你要把水污染治理好，我生病你得赔偿，等等。怎么治理污染，怎么净化废水，怎么把废气减到最少？这是技术创新。知识产权也一样。

但是在工业化的过程中，制度创新和技术创新究竟有哪些不同点、哪些相同点？相同点可以知道，都是想通过创新得到利益。但是非常重要的一点是它们的区别。技术创新可能要受到固定资产年限的限制——我刚换了一套机器设备，现在新机器又来了，我是否又要换？如果换，这台机器就要报废了。制度创新不存在这个问题，这是小区别。还有一个大区别，就是成本、收益是不一样的。

技术创新主要是获利、支出问题，创新没有效可能就是损失钱。但制度创新不是这样，它的成本可能是无限大的。为什么这么说呢？因为它把命都搭进去了，搞不好就被抓了、杀了，株连九族。所以，其成本远远大于技术创新的成本。收益也是这样。在《知识产权保护法》出台以后，技术创新的收益是有保证的——你要用我的发明就要有专利许可证，盗版，我就告你、罚你。而制度创新是不付专利费的。举一个国内很明显的例子，家庭承包制最早是从哪里开始的？安徽凤阳小岗村。18个农民在油灯底下签了一个协议，搞大包干，对谁都不讲，最后谁被抓了，其余各户有义务抚养其儿女。他们成功之后，全国都在学，但没有一个给他们付专利费。如果付专利费，小岗村一定是最富的，但我前几年去看的时候，它仍然很穷，因为它只种粮食。我们现在到外面去参观、去学人家的技术创新，而对人家的制度创新学得少。制度创新专利费又不用付，你干吗不学呢？制度创新有大有小，有些可能是历史遗留下来的。英国汽车靠左开，美国汽车靠右开，为什么呢？汤姆森经济史里有记载：在封建时代后期，路上运货的商队很多，土匪也很多，抢货，所以带保镖。保镖都拿着剑，必须朝左，因为对面来人相安无事就过去了，但一发生问题，左边拔剑比较顺利，放在右边就很麻烦。为什么到了美国又是靠右走呢？因为当时拿的是枪，右边拿枪走比较习惯。

大家知道银行是怎么产生的？它源自中古英语Bench，意思是小板凳。因为当时欧洲各国都有自己的货币，在国际贸易大集市上，有一些商人出来拿一个小板凳在十字路口坐着进行货币兑换。换的一方说：我下次集会还要来，钱多路上不放心，放在你这儿，下次我来这儿取。另一方说：行啊。这就是吸收存款，最早的吸收存款没有利息，还要交保管费。最早的汇兑就这样开始了。从事这些的多半是犹太人，因为犹太人不能买地、做官，只能搞商业，于是银行业便产生了。在整个工业化过程中，新的制度在工业化过程中不断产生。

工业化和农业

农业GDP在产业中的下降，说明农业和农村的下降——这样的根据是不对的。我们必须站在经济史的角度看，这是人类社会工业化过程中必然的趋势，是规律。农业是否衰退了呢？主要看三个指标：

农业生产率的变化。农业生产率是提高了，还是降低了？

农民绝对收入水平的变化。

农村总人均公共设施投资增长率，包括学校、医院、孤儿院等福利方面的组织。人均公共设施的投资也在增长，不能说农业是衰退的，因为这是规律的问题。

在农村中应该看到，不同国家农村的状况是不一样的。根据经济史研究，中国有一个现象，就是城市人均收入增长高于农村人均收入增长。根据这个现实情况，我们可以得出一个结论：下一个阶段城乡人均收入差距还要扩大。为什么这样说呢？因为各国的情况和中国过去的情况都证实，有三个原因使然。

第一，城里人生育率低，生育少。中国就更突出了，一般城里人的孩子少，而农村由于各种原因孩子多。假定人均收入农村增长和城市一样多，都是5%，但农村孩子多，人均收入自然会低。

第二，受教育。各国都一样，城市的教育设施比较齐全、比较好，城里人对孩子上学也比较重视，所以孩子能够受到较好的教育。孩子受过好的教育就可以获得好的就业机会，有了好的就业机会收入就比较多。而在农村，学校没有城里的好，也不那么重视上学，尤其是女孩子——上学还不如捡煤渣呢，捡煤渣还有收入呢，上什么学？职业决定了人的收入，这样人均收入就不一样了。

第三，医疗卫生。城市医疗卫生设施比较齐全，农村医疗卫生比较差，小孩生病就不容易好。

这就得出一个结论：必须做到农村收入大幅度提高，这样农村才能和城市一样。但大幅度提高就难了，怎么大幅度提高呢？这是各国解决农民问题的共同话题。国外的办法是在工业化过程中的办法，也就是农业合作化。西方国家农业合作化做得相当好。比如新西兰和丹麦，都是一家一户的家庭农场、牧场，农产品出来之后，大家联合组织起来（合作社），有车队、仓库、初步加工厂，有造奶酪的、把牛奶装瓶的、运输的，生产和流通紧密结合在一起。尽管其农村人口在减少，但劳动生产率在提高，人均收入也在增加。这条路子对中国农村非常有借鉴意义。

再就是减少农村人口，农村人口不断地流动到城里。工业化的整个过程就是农村人口的流动，发达国家能够有现在这种情况，也是多年以来人口不断流动的结果。我们国家也注意到这个问题，鼓励人口流动。流动也有一个问题：到哪儿就业？

农业人口的减少有利于农民收入水平的提高，但有一个相反的例子——意大利。人口外流并不一定能够提高农民的收入，只能够使外来的人收入得到提高。意大利，特别是意大利南部，在工业化过程中，农村人一多就移民，但人一走生育率就提高了，人于是又多了，又移民……如此反复。后来意大利政府发现光靠移民不行，必须在农村中普及教育，让农民自愿地降低生育率。人们为什么自愿降低生育率呢？你到发达国家去看，很多人都不生小孩了。第一，孩子就是目的本身。是家里的寄托、安慰，为生孩子而生孩子没有任何意义，也没有打算靠孩子养老。但中国就不一样，中国人是为了解决养老问题而生孩子。第二，孩子是负担。把一个孩子从小培养成人，费用一年一年累计起来是相当高的。父母年轻的时候要创业不能生，年纪稍微大一点儿，事业刚稳定，再大一点儿又晚了，所以不能生。现在中国正在想办法解决农村的生育问题。比如，如果你家里没有男孩，只有女孩，不要紧，到你60岁以后，政府每月给你补助钱，这样就不必为生男孩而生男孩了。

工业化和城市化

先集中再分散，先让农村人口往城市集中，到一定程度城市人口再向郊区分散。在工业化过程中，城市分不同类型，一些是特殊功能型城市，比如宗教中心、文化教育中心、政治中心等，还有一些属于资源型城市。资源型城市又分成两种：矿业资源型和森林资源型。资源型城市有的自然资源就是煤矿，发展其他的工业没有条件。但资源用完了怎么办？我前一阵子到黑龙江小兴安岭考察，现在黑龙江不让砍树，每年都有指标。砍伐树带动一系列行业在发展，树不让砍怎么办？所以有转型问题。

阜新是产煤的城市，煤都挖完了，人都下来了，下来的人怎么办？有的就遣散了，遣散也是问题。阜新有一个办法：遣散费不给个人，而是盖塑料大棚。你到阜新看，好几百个塑料大棚，有人种菜，有人养花，有人栽培蘑菇。种菜的还问我：我们算什么？我们是农民吗？我说：你们不是农民，没有自留地、宅基地。那我们是工人吗？我说：你们过去是工人。那我们是什么人？我说：你们是新兴农业中民营经济从业者，因为你们是面对市场的，说不定在你们当中，若干年之后会有养鸡大王、蔬菜大王。

现在讨论的是大城市、中等城市、小城镇问题。有一派主张根据历史的经验，城市要大，城市越大效益越高。中国13亿人口，1000万人口以上的城市有几个？北京和上海，还有深圳——1070万人口。大城市的好处是效率高。另外，中国是农业人口大国，8亿到9亿农民，农民要进入城市，所以要大力发展小城镇。上次讨论"十一五"规划的时候，有教授提倡发展大城市，还有教授建议加快发展小城市，我主张积极发展中等城市。小城市太分散，不好控制，第三产业很难发展起来，因为农民刚进城，对很多东西还没有需求。中等城市就好很多，另外中等城市和小城市相比，利用效率更高。大城市、小城镇都可以适当发展，但重点要放在中等城市上。

城镇化问题主要是就业问题，中国工业化过程中应该汲取国外的经验。就业主要是靠第三产业来吸收。第三产业比重高有两种原因：

（1）正常情况下，第一产业减少，第二产业发展到一定程度后，第三产业迅速发展。一般国家都是这样的。

（2）不正常情况下，第一产业比重没有下降多少；第二产业萎缩，人都下岗了，都在外面摆小摊；第三产业发展上去了。这是不正常的，是第二产业发展不正常的表现。

就业问题也就在于第三产业，关键是人均收入提高。在全国政协最近一次常委会上，我讲了四个基本观点：

（1）就业是靠就业扩大的。一批人就业，就会有收入花掉，就会再有一批人就业，这批人又有收入花掉，别人又可以就业。

（2）富裕是靠富裕带动的。一批人富裕，就能帮助周围的人、亲戚朋友，对本地区人也有示范作用。

（3）繁荣是靠繁荣支撑的。居民消费带动经济，就会为下一次繁荣做准备。

（4）和谐是靠和谐积累的。和谐要从点滴做起，从身边做起。

中国工业化的反思

当前我们正处于工业化的中期，离工业化的完成还有一段距离。从总量来说我们也不够，13亿人口一分，人均就少了。工业化的完成标志，是要有制造成套装备的能力，也就是重型机器制造业。现在我们正处于大规模固定资产更新阶段，因为环保的要求越来越严，过去的设备不行了，原材料消耗要降低，那就要更新。可你看，这些工厂首先投在哪儿了？投到国外去了，买造纸机去芬兰，买设备去意大利，买哪个去哪个国家，我们缺少成套机器设备的制造能力。

在工业化中期阶段，重化工业仍然是必要的。我们可以绕过重化工业阶段吗？直接从轻工业阶段进入IT科技工业不行吗？小国可以，但像中国这样拥有13亿人口的大国是不可以的。我们的机器制造业是建立在这些基础之上的。国际上认为一艘航空母舰，或者最大的波音747是高新技术的集中体现，其动力、装甲、火炮都是世界最先进的。但我们没有这个技术，还得去国外购买。我们的重化工业没有完成，这个阶段是跳不过去的。前一个阶段的工业化走的路是大量吸收外资来建沿海工业，这是对的，在工业化初期是不可避免的。但应该看到这也带来了一些问题。最近我在珠江三角洲考察时就讲，投资是外方的，利润就归外方了，可是它用的能源是中国提供的。我们能源本来就很紧张。根据工业化的经验，我们今天要走自己的道路，要有更多的自主创新能力，重化工阶段的技术要跳到前面。

促进国民经济又快又好发展 [*]

我今天讲的题目是：促进国民经济又快又好发展。中共十七大是在我国改革发展关键阶段召开的一次十分重要的会议。对继续解放思想、坚持改革开放、推动科学发展、促进社会和谐，夺取全面建设小康社会新胜利具有重大的现实意义和深远的历史意义。

胡锦涛同志在报告中鲜明地回答了在我国改革开放的关键阶段，举什么旗、走什么路、朝什么样的发展目标继续前进的问题。举什么旗？就是高举中国特色社会主义伟大旗帜。走什么路？就是中国共产党团结带领全国各族人民，坚定不移地走中国特色社会主义道路。朝什么样的发展目标继续前进？就是在新的时代条件下继续全面建设小康社会，加快推进社会主义现代化，完成时代赋予的崇高使命。

以下根据个人学习党的十七大报告的体会，讲六个问题。第一，自主创新；第二，城乡统筹发展；第三，宏观调控；第四，扩大就业；第五，改善民生；第六，建设生态文明。

一、自主创新

胡锦涛同志在报告中这样提出："要提高自主创新能力，建设创新型国

---

* 原载于《光华校友通讯》，北京大学光华管理学院 2008 年新年特刊。

家。"为什么把自主创新提到这么高的位置，这么重要呢？我们必须从当前的具体形势进行分析。尽管我们现在已经成为世界制造业的中心，但是与发达国家的差距还是很大的。在自主创新方面我们还有相当长的一段路要走。大家先看几组数字：中国的出口产品中拥有自主知识产权品牌的不到10%，中国现在对外技术依存度高达54%，全国出口量中57%是来自外资企业，中国企业研究和开发的支出只占企业销售收入的0.56%。从这几组数字我们可以看出，我们与国际发达国家的技术水平还有相当大的差距。

假定我们不重视自主创新，就很可能带来严重的问题。现在中国是世界的制造中心，假定我们不重视自主创新，单靠劳动力成本低廉的优势而在国际贸易中占位置，这样的时间不会长久。因为中国现在很多出口是"贴牌生产"，就是贴上外国的品牌，利用外国的企业优势，知识产权是外方的，核心技术是外方的，中国得到的利益很少。加工贸易平均利润率只有3%—5%，我们只有3%—5%的利润，大部分的利润被外商拿走了，因为专利在他们手上，品牌是他们的。然而消耗的是中国的能源，我们的能源已经很紧张了，而环境的污染又留在了中国。不重视自主创新，那么这样的问题就会越来越严重，中国只得到一点加工贸易费，发展也不会持久。因为东南亚有一些国家，他们的劳动力素质也不错，他们的劳动力价格比中国还要便宜，外商企业就会转移到那里去，比如说转移到越南、柬埔寨，所以我们的优势就更不会持续太久。我们要买机器设备，引进技术，但不等于引进了技术就能够实现创新，这是两回事。引进技术的同时，要靠自己的力量来发展创新能力，真正的核心技术不是买来的，也是买不来的。自主创新并不排除引进技术，但关键是要在引进技术的基础上进行自主创新，包括消化以后的再创新。

我们在自主创新上该做什么呢？胡锦涛同志在报告中强调，因为我们的国有企业很多仍然是在高精尖领域内的，所以要充分发挥国有企业的优势。胡锦涛同志在报告中说："要深化国有企业公司制、股份制改革，健全现代企业制度，优化国有经济的布局和结构，增强国有经济的活力、控制力和影响力。"因为国有企业潜力还没有发挥出来，通过深化改革，国有企业要进一步改革，这样国有企业在技术创新上的优势就会体现出来。

现在国有企业都是一些大型企业，它们主要采取三种方式在搞自主创新：第一种是"以大带小"，以大型的国有企业为核心，按照产业链和技术链的分工，带动、帮助中小企业共同提高创新能力，实现互动双赢。即国有企业自己通过产业链、技术链带动大量的中小企业一起搞创新。第二种是以行业的骨干企业建立产业联盟，很多同行业的企业就加盟其中，大家遵守共同的产品标准，共同开发技术。第三种是国有企业为了自主创新成立若干个子公司，吸引民营企业参加，负责技术开发和研制。这三种模式在国有企业中都是可行的，国有企业创新潜力就能发挥出来。

民营企业同样有巨大的自主创新潜力，在这次党的十七大报告中，有一个提法非常重要：对民营企业实行两个"平等"：第一个平等是"平等保护"，因为《物权法》已经通过了，并且开始实施了。根据《物权法》的规定，不管什么所有制的企业都受到法律的平等保护。第二个平等是"平等竞争"，不管什么所有制的企业都要平等竞争。两个"平等"对民营企业进一步发展，对民营企业自主创新发展都起到了很大的促进作用。

民营企业机制是灵活的，具体表现在：第一，民营企业自负盈亏，所以它在进行实验的时候没有什么担心，反正它觉得自己是投资者，亏了自己负责。所以，它可以有多次失败。自主创新要经过很多实验，没有很快成功的，民营企业的机制恰恰又是自负盈亏的机制，所以它们在这一点上优于其他所有制的企业。第二，民营企业能够迅速适应市场的需要，能够随时调整自己的产品，没有国有企业那么多的审批程序，只要企业根据市场变化做出决策，马上就能改进。

民营企业在自主创新方面现在已经取得一定的成绩，根据最新的统计来看，目前我国的专利产品中 2/3 是中小企业发明创造的，中小企业多半是民营企业。还有一个数字：74% 以上的技术创新，也就是 3/4 的技术创新是中小企业完成的。我们一方面要发挥国有企业的潜力，一方面要调动民营企业自主创新的积极性。这样就能够在自主创新的征途上迈出更大的步子。

自主创新问题涉及非常重要的人才培养问题。胡锦涛同志在报告中有这样一段话："进一步营造鼓励创新的环境，努力造就世界一流的科学家和科技领军人才，注重培养一线的创新人才，使全社会竞相进发，使各方面创新人才大量涌现。"没有人才怎么创新？而人才的关键是在教育。要鼓励更多有才能的、有创造性的人才脱颖而出。光培养人还不够，在中国当前情况下，要使得人才能够发挥更大的作用，一定要有些新的措施出现。

根据科技部一些材料来看，现在要鼓励优秀的科技人才进入企业，包括民营企业。在人事管理制度方面要给民营企业以同等待遇，在户口、档案、职称、社会保障等方面给予保障。民营企业需要人才，但是现在还有一些障碍。比如在民营企业中，社会保障问题如何解决，评职称的问题如何解决，档案问题如何解决，户口能不能调入等问题，都需要进一步解决。现在，教育部和科技部都特别强调，要建立终身学习制度，要保证科技人员和广大职工技术水平不断提高。

此外，现在学术界正在讨论这个问题，怎么样让人才发挥更大的作用呢？从理论上一定要看到这样一点：我们有些制度还可以做进一步的改革、完善，比如对人才的激励制度。用产权鼓励的方式留住人才，给人才一部分企业产权。民营企业为了把人才留住，会给人才一些股份，这种方式对留住人才能够起到很大的鼓励作用。在这个过程中还应该注意到，一定要实行产学研的结合。

为什么产学研的结合这么重要呢？胡锦涛同志在党的十七大报告中是这样说的："加快建立以企业为主体，市场为导向，产学研相结合的技术创新体系，引导和支持创新要素向企业集聚，促进科技成果向现实生产力转化。"胡锦涛同志这段话对自主创新非常重要。我们的问题不在于单纯的研究，研究出来对发表论文有用，但是光发表论文就完了吗？不仅要发表论文，更重要的是实现向现实生产力转化，这样我们的自主创新就能够对推动经济的发展起作用。产学研结合是一种很好的形式。

在一些观念上也需要有一些变化。创新的基础是"创意"，没有创意怎么来创新呢？要鼓励开发创意。不仅如此，在自主创新过程中要宽容失败，假定不宽容失败，失败了就受到谴责，大的创新是无法出现的。不允许失败的创新几乎是不可能的，有了创新顶多也是小小的创新，大创新很可能就是在无数次失败后完成的。所以我们应该注意对产学研结合过程中的失败给予适当的宽容，这样更有利于我们的创新。

自主创新一方面要让技术往前推进，另一方面还要创立品牌。中国产品在世界上之所以在竞争中往往处于不利地位，就是因为我们没有自己的品牌，这样我们在国际市场上卖的价钱就低了。

举一个例子来看，做一套西服花费的能源成本都差不多，但是外国有品牌，人家做出来的西服可以卖到上万美元，而中国的西服只有几百块钱，达到1000块钱已经相当不错了。外国人一看，同样是一套西服，外国的产值那么多，它的能源消耗比例就小，而中国的一套西服只卖那么一点钱，而消耗的能源那么高，外国人就谴责，这是不合道理的，因为外国西服品牌价值在里面。品牌是打入国际市场的敲门砖，也是我们保护自己的防护堤。所以自主创新一定要达到这样的认识高度。

过去我们不重视自主创新，还有一个知识产权保护问题。知识产权保护对企业来说是两个方面的问题：第一，自己的知识产权要保护，他人不能随便地侵害我们的知识产权，如果侵害了就要从法律上来解决，自己要知道保护自己的知识产权。第二，要尊重他人的知识产权。我们不能随意剽窃别人的东西。现在我们两方面做得都不够，自己的知识产权被别人侵犯了，不知道通过法律程序来解决，而是采取不合法的方式解决，这是不对的。我们对国内国外的知识产权都要尊重，这样自主创新就会取得更大的成绩。

二、城乡统筹发展

关于城乡统筹发展问题，胡锦涛同志在报告里说："要统筹城乡发展，推进社会主义新农村建设。"

现在大家可能会有一些疑问，如果翻开 20 世纪 50 年代后期的《人民日报》看，就有一篇社论《建设社会主义新农村》。60 年代初《人民日报》还有文章《建设社会主义新农村》。隔了 40 年又讲"建设社会主义新农村"，究竟区别何在？今天提建设社会主义新农村，和过去提建设社会主义新农村，在实质上是不同的，虽然口号是一样的，但内容是不一样的。对这个问题，我们必须从城乡二元结构和城乡二元体制谈起。

城乡二元结构自古就有，城乡二元结构体制就把城乡二元结构制度化了，城乡二元体制是计划经济时代才有的。在座的同学可能有东北人，东北人的老家百分之七八十以上都来自山东，山东人过关到了东北，当时有城乡二元结构但没有城乡二元体制。山东的城里人到了东北农村，可以租地、种地、建房子，山东的农民如果到了东北的城市中可以做学徒、做工人，也可以租房、买房、建房、开店。城里人愿意到农村就可以到农村，城乡之间没有二元体制，只有二元结构。

从计划体制建立之后，户口一下子分为两种：城市户口、农村户口。这样城乡二元体制就形成了，城乡生产要素的流动就被隔绝了。这样一来，城乡二元结构体制就建立起来了。当初提出"建设社会主义新农村"，也是为了巩固计划经济体制。

它的存在就是告诉农民，你们就安心待在农村吧，我给你把农村建设好，你不要做"盲流"——就是未按计划的盲目流动。有计划调你去做工就去，不然就待着。当时是为了适应计划经济发展的需要。隔了 40 年，今天就不一样了，今天提出"建设社会主义新农村"是贯彻科学发展观，贯彻以人为本的思想，是完善社会主义市场经济。今天应该了解到"新农村"是一个综合的体系，发展农业生产、提高农民收入、村容村貌的重建、环境的治理、精神文明建设、民主管理，一系列都贯彻以人为本的思想，贯彻科学发展观。而且住在农村的人不一定是务农者，农民可能在周围的乡镇企业中做工，农民自己也可能是个投资者，也可能是个经营者。现在新农村跟加快城镇化建设是不矛盾的，是平行的，中国为了实现现代化，农村人口要减少，城镇人口要增多。两个的要求是不一样的。我们一定要懂得，今天提出"建设社会主义新农村"是在贯彻科学发展观的要求，贯彻以人为本的思想，完善市场经济体制和加快城镇化的过程。

怎样来统筹城乡发展呢？就是要在农村进行改革。改革不是一个单纯的户口制度问题，户口制度改革是随着改革的进展而水到渠成的事情。当前，要深化农村的改革。胡锦涛同志在报告里有一段话："坚持农村基本经营制度，稳定和完善土地承包关系，按照依法、自愿、有偿原则，健全土地承包经营权流转市场，有条件的地区可以发展多种形式的适度规模经营。"又指出："要发展农民专业合作组织，支持农业产业化经营和龙头企业的发展。"这段话对当前深化农村改革是非常重要的。中国的改革是从农村家庭承包制开始的，家庭承包制对于整个的改革起了很大的推进作用，因为它是最早进行改革的。从历史上可以看出，原来是什么产品在市场上都买不到，比如说香油、鸡蛋、猪肉等，从开始家庭承包以后市场就活跃起来了，要什么农产品都可以在市场上买到，对解决农民的生活问题、方便群众、改善群众生活起到了重要作用。

但是农村家庭承包制实行了20多年，它的局限性也就开始暴露了。第一个局限性是，农业现代化仍然要走规模经营的道路，因为中国农业劳动率太低了，那么多农民，每家一小块地，农业劳动生产率太低了，不适应现代化的要求。

第二个局限性是，农民出来打工，田地就荒废了，只有老人和妇女来耕作。现在能不能完全改变这样的情况，要从中国的实际出发，在这个基础上再来谈中国特色社会主义对农村的基本经营制度的改革。所以胡锦涛同志说"坚持农民基本经营制度，稳定和完善土地承包关系"，紧接着讲"在农民自愿的基础上实行土地承包权的流转"。现在一些试验区正在采取这样的办法。流转的办法有：转包，承包了一块土地，因为要出去打工，把土地转包给别人；租赁，把土地租出去，租给种植能手，他们的产量高，还有租给龙头企业；土地使用权入股，农民可以自己组成专业合作社经营，如果交给龙头企业，也可以在龙头企业中入股。最近我到宁夏考察，宁夏人除了出租、入股以外，他们又采取了新形式，"土地存入信用社"。为什么要把土地存入信用社呢？农民说："入股可以分红，赔了怎么办？赔了之后我什么都没有了。出租可以拿到钱，但是第一年租金送上门，第二年的租金要跟人家要，第三年人家就拖，甚至不给，不愿意找麻烦。最好的办法是存入信用社。"国外这种办法是土地银行的形式，到年底取利息。不来拿可以自动转到我的账户里，这是不是很方便还有待考察。所以说，多种试验正在搞。但现在改变土地基本经营制是不行的。从社会稳定的角度出发，广大农民同意承包权。现在承包权可以按自愿有偿的原则采取转包、出租、入股，甚至存入信用社都可以，但是不能够简单地进行私有化或国有化，这些方案都不适合实施。土地私有化问题跟我们的宪法是不符的，这是大问题。而且土地私有化一定促使土地农业规模经营吗？那也不一定。在农村造成私人土地兼并就不好了，如果耕地国有化，农民就不理解。这么多年土地就是集体所有，采取国有化，农民可能不理解。所以要坚持农民土地的基本经营权，在这个基础上再走规模经营的道路。

胡锦涛同志的报告还提到"要发展农民专业合作社"。这跟过去的合作化完全不一样了，过去的合作化是自上而下贯彻的，现在是农民自发组成的。我到几个地方考察农民专业合作社，有的地方这个名字不叫专业合作社，实际上性质是专业合作社。我到甘肃农村考察，他们叫作"专业协会"，协会有很多，有马铃薯协会、蔬菜协会、养鸡协会、养牛协会等，一个协会有好几百户，甚至上千户。有的地方叫作"农工商公司"，还有的人起的名字是"经济共同体"，有各种各样的名字，但是性质都是农民专业合作社。我问他们为什么要组织专业合作社，他们说对我们有好处，现在都是公司＋农户的形式，公司下订单给农民，按照订单生产，农民反映，最后在收购的时候，农民是单个的，是弱者，公司是强者，所以公司可以卡产品的等级，会给我们打白条，我们联合起来组成农民协会，就是强者对强者，如果他们没有按照合同办，我们可以请律师跟他们打官司。而且，成立专业合作社，产业链就延伸了，农产品的加工可以做，农产品的运销也可以做，就增加了农民的收入。农民专业合作社要进一步发展，这是提高农民收入很重要的方面。

胡锦涛同志说："支持农业产业化经营和龙头企业发展。"我在一些地方看到龙头企业对带领农民走产业化道路起了重要的作用。我到河南漯河考察，有一个很大的集团叫作双汇集团，带动了很多的农户，农户到龙头企业看怎么饲养，龙头企业规定好品种，把幼猪给农户，定期帮农户检疫，保证一定的规格，然后由农户养，整个产业链带动了整个农村的发展。

我到重庆考察，有一种柑橘叫作"反季节柑橘"，一般的柑橘是秋后成熟，它是春夏就成熟了，这样农民整个春天都在种柑橘树，向国外出口。人家有一句话，"人无我有"，你不生产的产品我生产。"人有我优"，你跟我生产一样的我比你好。"人优我反季节"，他们采取这样的办法，农民的收入很快就提高了。

全世界最有潜力的待开发市场在哪里呢？在中国农村，9 亿农民有两亿多农户，只要他们收入提高了，他们的生产发展了，我们的国内市场规模将多大啊？每个农户添家用电器，为孩子买家用电脑，这样的消费规模是多大啊。9 亿农民每人每年添几套新衣服，每人每年买几双鞋，我们的纺织品市场规模得有多大啊！

这有待于开发，统筹城乡发展很重要的一点就在这儿。工业化到一定程度以后，工业要帮助农业，城市要帮助农村，这样，我们城乡统筹发展就能够取得进一步进展，我们要扩大内需，最大的内需潜力在中国的农民身上。可以想象，我们将迎接一个内需的大突破。

三、宏观调控

宏观调控在当前是必要的，我们搞的是社会主义市场经济，但是社会主义市场经济不是不要政府来进行宏观调控。因为只有进行宏观调控，才能够指导产业的合理布局，实现产业之间的协调，并且在经济运行过程中可以防止过冷过热的现象。所以宏观调控始终是必要的。

当前宏观调控中的几个问题是：第一，我们仍然承受着通货膨胀的压力。报上经常用的词是"流动性偏大"，主要是讲货币供应量过大，资本过剩。货币供应量为什么过大，最主要的原因是投资偏大，银行信贷偏多，这样大量货币就投入了市场。对这个问题该怎么办呢？为了防止国民经济出现过热的现象，宏观调控是必要的。政府现在采取的措施也正是怎样更好地利用财政条件、货币政策的条件。从货币政策来讲，提高存款准备金率的方式一直在做，就是商业银行吸收的存款不能够全部都放款出去，必须把存款准备金留下，不能发，减少银行能放款的数量。另外，这里很重要的一条是要减少通货膨胀的压力，土地要严格把关，源头就在土地，没有土地建设什么项目呢？土地要严格把关，把这些问题都看到以后，通货膨胀的压力就会渐渐减少。所以在宏观调控方面我们要更好地总结经验，使它更完善。

第二，宏观调控对汇率制度改革问题。对汇率制度改革问题我们应该这样看，经过学术界的常识讨论，大家基本上有了共识，人民币大幅度升值对中国经济是不利的。人民币大幅度升值以后，就可能影响我们的出口，我们的企业萎缩了，甚至倒闭了，工人会大量失业，农产品也卖不出去，农民的生活也会受影响。从国民经济的整体利益考虑，人民币大幅度的升值是不可取的。但是，人民币的小步升值，专家们认为这样会利大于弊。弊在何处呢？弊还是有的，大幅升值对出口大不利，小幅升值对出口小不利，但总是不利。只要升值对出口都不利，这个弊就是存在的。

小步升值会使外资的热钱继续流入中国，等待人民币进一步的升值，这些都是弊。这个弊我们应该看到。经济学是研究生产力和生产关系相互关系的，是研究资源配置的，我们用通俗的话讲，"两害相权取其轻，两利相权取其重"，就是做利弊得失的比较。所以说，总有利弊，只要利大于弊就行了。最大的利是什么？减少中外贸易摩擦，外商希望大幅度升值。对中国，利在何处？人民币小步升值的利在于给中国的企业以鞭策、警告。从现在起看到汇率是小步在升值，不要再指望扭曲的汇率作为自己竞争力的根据，要抓紧时间加强管理，集中创新，创立品牌。这是当前需要做的，错过了这个机会，以后再做就晚了。现在信号已经出来了，人民币在小步升值的过程中，企业要抓紧时间干，要利用这个机会改进技术、加强管理，这样对中国未来竞争力的增强是有好处的。

我们的汇率小步升值升到什么程度呢？胡锦涛在报告中讲，"完善人民币汇率形成机制，逐步实现资本项目可兑换"。这条很重要，资本项目可兑换是一个过程，我们将来要做，但是现在要沿着这个方向走，逐步来实现。人民币的汇率是由市场来定的，是浮动的。比如前一段时间是8.1左右，现在在7.5以下，这是市场形成的汇率，是符合市场经济规律的。资本项目可自由兑换是我们迟早要做的，但是这个过程我们要防止金融风险的发生。

因为资本项目可自由兑换，同样有利有弊。东南亚金融危机1997年爆发的时候，泰国是首当其冲，泰国受的损失很大，因为泰国的货币是自由兑换的，本身的经济实力又不强，银行的不良贷款又很多，这样一来，外资一进一出对其冲击极大，泰国就一下子处于了极其困难的境地，我们要吸取这样的教训。

为什么东南亚危机对我们没有什么影响？因为我们有一个外汇管制政策，进来不那么容易，出去也不那么容易，就是因为我们逐步在进行外汇政策的改革。用胡锦涛同志的话说，"逐步实现资本项目的可兑换"。

第三，金融问题，资本市场问题。我们应该看到，中国的股份制、中国的证券市场是在跟世界其他国家不一样的情况下开展起来的。因为其他国家都是在市场经济过程中自然形成股份制、证券市场，中国是在计划经济体制向市场经济体制过渡过程、转轨过程中形成股份制、证券市场，因为我们的企业都是国有企业，国有企业要上市，一方面经验不足，另一方面对股份制还处在逐步进入期间，而且对很多问题我们还没有把握。这怎么办呢？当时就实行两步走，第一步"双轨制"，增量先股份化，存量后股份化。增量是什么意思呢？这个企业有10亿元增产，这是它的存量，虽然折成股票了，但并不上市，增量增发 3 亿元股票，这 3 亿元股票上市，所以说增量流通，存量暂缓流通，这就是双轨制。因为双轨制的推行，我们股份制就开始启动了，股份制启动了以后经过十来年的经验，股份制取得了一定的成绩，证券商有了一定的规模，但是问题的暴露也越来越明显了。问题暴露在什么地方呢？因为实行股票上市最大的目的是转换企业运行机制，存量多，70%、80% 的股份作为存量不流通，机制是没有转换的。增量股份化，只是完成筹钱的目的，这样到了 21 世纪初，中国股份制面临着必须进行第二次改革的问题，就是现在经常说的"股权分置改革"。股权分两块，双轨并成单轨，在并轨的过程中就要给流通股的持有者一定的补偿。有些人不理解，为什么给他们补偿呢？

他们不懂这个道理，当初国有企业上市的时候是发了招股说明书的，招股说明书上有一句承诺"国有股暂不上市"。

现在要上市了，这就违背了当时的承诺，按照《中华人民共和国合同法》就应该给受损失的人以补偿。如果当时写的国有股要上市，准备上市，人们就不会花这么高的价钱买股票，现在又要上市，就违背了当时的承诺，所以要给予补偿，10 股送 3 股或者 10 股送 2 股来补偿，这样中国的股份制真正地走上了正轨。股市开始成为中国宏观经济的晴雨表。

下一步改革怎么办呢？胡锦涛同志在报告中强调："优化资本市场结构，多渠道提高直接融资比重，加强和改进金融监管，防范和化解金融风险。"

这几句话非常重要，现在的证券市场已经有了，需要一个完善的资本市场体系。比如说现在除了上海、深圳市场以外，将来还要推出"创业版"市场，将来不上市的产权怎么交易呢？要有一个完整的资本市场体系，要提高直接融资的比重。因为我们现在的融资主要是靠银行贷款，而直接融资的比重是很小的。特别强调要"加强监管"，因为中国的股市总算经过了这么多年的风风雨雨，现在走上了正轨，这时候如果金融监管不加强，又会出来一些诈骗案等大案要案，最后人心就涣散了，信心就丧失了，好不容易聚集起来的人气一下子又丧失了。

还有，在证券市场过程中一定要加强风险教育。我曾经多次讲过，大学生别炒股。

经济学家为什么不让大学生炒股？大学阶段主要的任务是学习，时间太宝贵了，炒股可以，来日方长，这时候要抓紧时间学习，把这个机会错失了，将来你们会后悔。在金融市场上加强风险教育，防止非理性投资的趋势。现在市场上就有这样的情况。据报道，有一个人把房子抵押来炒股，人家买什么股票他就买什么股票，看哪个股票价钱低就买哪个股票，他的操作是非理性的，价钱低的股票可能是垃圾股，别人都不要的股票。要加强对他们的风险教育，这样我们的宏观调控就能够走上一个正常的轨道，使得大家按照市场规律来做。

金融监管的加强在当前是必要的，在宏观调控中还要提到一点，胡锦涛同志讲"要推进金融体制改革"。中国的金融体制改革的确要进一步地加强，因为大家都普遍反映这个问题，外资银行进来了，我们如何跟外资银行竞争呢？如果体制上不把商业银行当成市场主体，没有完善的法人治理结构，我们怎么跟外商直接竞争呢？国内有些地方民间资本多，中小企业融资难问题又没有很好地解决，能不能把这股水引来，把过多的民间资本吸纳进来解决企业融资难的问题，这就是下一步金融改革要考虑的问题。

比如，允许成立更多的民营中小型银行。现在我们的标准已经在降低了，允许做试点，成立"乡镇银行"，只有几百万资本就可以做乡镇银行，但是资本可以大一点，在城市中帮助中小企业发展。再比如，在金融体制改革过程中，有些试点还可以继续扩大。现在做的一个试点叫作"只贷不存"的金融机构。

它不能吸收存款，比如说我们十个人，每人出一亿元的资本，成立一个"只贷不存"的银行，贷款收回来再贷，收不回来就成了坏账，但不能吸收存款，因为吸收了存款，风险就更大了。这方面我们也正在做试点，但是规模还没有那么大，只有几千万元，这都是金融改革中的一种试验。

现在的商业银行越来越多了，存款多了但银行垮了怎么办？现在出了

"存款保险"，银行垮了可以把存款保险下来。比如说，一些小企业想贷款，但是没有人做担保，比如说允许民间成立金融担保公司，专门做担保。

种种试验，我们都需要在下一步改革中来探索。所以，胡锦涛同志讲"我们要形成多种所有制和多种经营形式、结构合理、功能完善、高效安全的现代金融体系"。

四、扩大就业

就业问题对中国来说是非常重要的问题，胡锦涛在报告中谈到"就业是民生之本"。我们必须看到，当前中国的就业问题还是比较突出的，实际上有两类就业问题，或者说两类失业问题。一类是总量性失业，一类是结构性失业。

什么叫作总量性失业？从总量上考虑，工作中没有这么多工作岗位，所以就失业了。

首先应该看到，在经济发展过程中我们的速度不能太慢，新的工作岗位是在经济增长过程中出现的，如果经济发展速度太慢了，就业问题该怎么解决？太快不好，过热也不好，应该适当地快一点。关于结构性失业问题，是事找人和人找事并存，一方面有的工作岗位空缺，事找人，一方面又人找事，很多人还没有工作，去找工作。为什么人找事和事找人不能合在一起解决？因为工人的技术水平不一样，专业不一样。

一边是需要熟练操作电脑的工人，一边是只会干粗活的；一边是需要高级的机械修理工，一边是会干木匠的。这就有了问题，造成了结构性失业。两类失业问题现在是并存的，我们在当前很重要的问题是根据情况解决中国当前的就业问题。

胡锦涛同志在报告里一再讲，"坚持实施积极的就业政策，加强政府引导，完善市场就业机制，扩大就业规模，改善就业结构"。

就业问题很多是结构问题。下一步我们的对策是怎样的呢？大家都知道，我们刚才讲过，很多工作需要人做，很多人要找工作，所以说技术职业培训工作必须加强。没有技术职业培训，怎么来解决结构性的失业问题呢？技术是不断进步、不断发展的。今天从学校毕业以后能够适应工作，如果不继续学习就适应不了工作，所以要终身学习，终身教育。这对解决就业问题起到十分重要的作用。当然，还有很多工作需要开展，比如环境保护工作、环境卫生工作、社区服务工作、园林绿化工作都需要大量的人来做，这些工作使我们能够解决很多就业方面的问题。

胡锦涛同志谈就业有一句很重要的话，"促进以创业带动就业"，"使更多劳动者成为创业者"，这一点是非常重要的。美国有一个硅谷，硅谷里有很多小企业，大学毕业不久的人就下海了，几个人用很少的资本组织一个小公司，进行研发推出自己的产品，很快就发展壮大了，这就是创业。

大学毕业生要有勇气去创业。报上登消息，有人来问我，大学生出去卖肉算什么？我认为他自己愿意卖肉，不用管，说不定几年之后他可以成为"卖肉大王"，说不定可以开养猪场。人一生中的职业机会很多。只要你有本事，又有志向，不管在哪一个行业都可以做起来，三百六十行，行行出状元，所以大学生卖肉不奇怪。正常的市场经济发展过程中，人们能够创业，首先要有创业的毅力，这是非常重要的，同时还要有创业的勇气以及创业的才能。

下岗工人的安置问题。辽宁阜新市是产煤的地方，有的矿资源枯竭了，一个矿一个矿地下岗，就是好几百人甚至上千人下岗，这种资源型城市要考虑资源枯竭以后怎么办。有人想了一个办法，帮助下岗工人创业。阜新的空地很多，每家用几万块钱盖起了塑料大棚，有的种蔬菜，有的种花卉，有的种蘑菇，每年的收入也不错。

我一去到那里，他们知道我是经济学家就问我，我们是工人吗？我说你们不是工人，你们已经不在工厂上班了，已经不领工资了。他们问，我们是农民吗？我说你们也不是农民，你们是城市户口，不是农村户口，你们没有自留地，也没有宅基地。他们问，那我们是什么人呢？我说，你们是城市中经营农业的民营经济从业人员。一家一户面对的是市场，要想办法把自己的货供到市场中去，所以你们当中会产生种植大户、养殖大户。每个塑料大棚中都有一个大炕，你们星期一到星期五都会在塑料大棚里劳动，周末回城里矿上的宿舍看家人和孩子，星期一再回来。下岗工人应该有自行创业的勇气，市场经济有大风大浪，你要在里面游泳。对就业问题我们要有新的思路，提出以创业带动就业，不但带动本人就业，还带动全家就业，以后企业扩大了可以带动更多人就业，思路必须是新的，管理理念的变革、就业观念的转变非常重要。如果我们用从前的思维，很多问题就想不出来解决方式。

学生毕业每次都有好几百人照相，照相师会说"大家要睁眼睛，不要闭眼睛"，结果总有几个人会闭眼睛，怎么办？要转变思维方式，照相师开始说"大家闭眼睛"，结果数"一、二、三"以后大家都是睁眼睛的。在市场经济中观念很重要，所以要创业，要鼓励创业、帮助创业、支持创业。

为了让更多人能就业，财政部门采取了一些措施，金融部门也应该相应采取一些措施。金融部门对大学生创业、对下岗人员自行创业应该给予贷款，给予一定的方便之处。

财政部门应该鼓励劳动密集型企业内迁，劳动密集型企业现在集中在沿海一带，沿海生活成本高，沿海地区招工也就不容易了。为了吸引更多的劳动力，鼓励劳动密集型企业向内地迁，迁到内地以后，既能解决当地的就业，又可以把沿海地区的土地腾出来盖高精尖的工厂，做技术密集型、知识密集型的企业。鼓励企业内迁应该在税收上给予减免优惠。尤其对于"零就业家庭"一定要消除赋税负担，财政部门要想办法。什么叫作"零就业家庭"？全家都失业了，夫妇两个包括孩子都失业了，要首先解决零就业家庭的问题，要帮助他们找工作，哪个企业如果能消灭一个零就业家庭，有一个人到那个企业就业的话，就给那个企业适当的税收减免，这样就有企业愿意提供帮助了。要想办法解决企业的内迁、消除零就业家庭。

当前一个重要的问题是农民工的问题，对这一问题我们首先要站在高的立足点上，让农民工在权利方面跟城市工人平等。"农民工"这个词本身是不科学的。北京首钢的工人三代以前都是农民，他们进城的时候都是农民。

"农民工"是城乡二元体制下沿用的名词，是以农民的身份在城里做工，所以叫"农民工"。统筹城乡发展的问题要解决，但现在要很多方面帮助他们解决，比如说住房问题、孩子上学问题、医疗问题、医疗保障问题都需要解决。

五、改善民生

改善民生这个问题非常重要，胡锦涛同志在报告中说："要坚持把改善人民的生活作为正确处理改革、发展、稳定关系的结合点。"这句话非常重要。我们整个改革的目的是什么？是人民物质文化水平都能普遍提高，是关心老百姓的生活，让老百姓在改革开放中、在发展中得到实惠。基于此，民生问题就要放在重要地位进一步考虑。

这次党的十七大报告有些新的提法。胡锦涛同志在报告里强调"提高居民收入在国民收入分配中的比重，提高劳动报酬在初次分配中的比重"。什么意思呢？就是说在国民收入当中，居民收入中的比重要有所增加，不仅数量增加，而且在国民收入中的比重也要增加。劳动报酬在初次分配中增加，第一次分配中劳动的比重要增加，过去谈收入分配时，说初次注重效率，再分配注重公平。现在十七大报告中明确提出："初次分配和再分配都要处理好效率和公平的关系。"

无论初次分配还是再分配，都要处理好效率和公平的关系，再分配要更加注重公平。这个提法是新的，这也表明了胡锦涛同志在报告中对民生问题的关注。民生问题是社会保障问题。关于社会保障问题，他用了这样几个词："为了促进社会的公平正义，努力使全体人民学有所教、劳有所得、老有所养、病有所医、住有所居。"这样就有助于推动建设和谐社会。我们一个一个来做解释。

"学有所教"，首先谈到教育的问题。现在教育是全中国人民最关心的问题。党的文献中首次提出来"建设人力资源强国"。我们过去讲中国人口多，中国是人口大国，后来说"人力资源大国""人力资源强国"，大国是指人多，强国就不同了，是人的教育水平高、技术水平高、素质高，所以要建设"教育强国"。而且特别提出，教育一定要公平，让大家有同等受教育的机会。教育公平是社会公平的重要基础。教育的不平等、教育的不公平会带来就业的不公平，就业的不公平就带来了收入的不公平，收入的不公平就带来了生活的不公平，由此产生第二代不公平。关键是教育公不公平。教育公平，就业的机会就一样，就业机会一样，收入差别就会缩小。所以要把教育问题看成是社会公平的重要基础。

胡锦涛同志在报告中还强调，"坚持教育的公益性质"，教育是公益事业，会使各个家庭都受惠。教育是关系到每一个人的，不仅是学生，也是所有的人。在自主创新过程中，人都要终身受教育、终身学习。

"劳有所得"指的是就业保障。我们要让更多的人有就业机会，要创造更多的工作岗位。同时要看到"劳有所得"也包含这样的问题，就是最低工资标准要提高，这是胡锦涛同志在报告中说的。西方的经济学家是反对制定最低工资标准的，他们认为制定最低工资标准没有好处，反而对工人有害。因为制定最低工资标准以后工资不能低于这个标准，促使企业多引进技术，少用人，这对于工人反而是不利的。另外一种说法是，制定最低工资标准，企业的负担加重了，企业萎缩了以后不是影响更多人就业吗？西方经济学的这两种说法是不正确的，或者说是不全面的。最低工资标准之所以有必要提高，是因为它是保障人的生存权的问题，是劳动就应该有所得，如果低于最低工资标准，这样对工人就不利了。这对企业也是有好处的，最低工资标准的建立巩固了企业劳动力队伍，给工人工资太低了，工人就走了，一个熟练工人走了，来一个新工人，需要从头培养，对企业也不利。应该说，最低工资标准是必要的，但是最低工资标准不断提高，要根据企业的实际情况、国家的情况来定。

"病有所医"讲的就是医疗保障问题。党的十七大报告的新提法是"把基本医疗保险从城镇职工扩大到城镇居民"，简单地改变了两个字，过去基本医疗保险限于城镇的职工。十七大报告中做了调整，把基本医疗保险从城镇职工扩大到城镇居民。农村也正在进行试点，通过农民的医疗合作进行试点。十七大报告中提到"把基本医疗保险从城镇职工扩大到城镇居民"是一个非常大的变化。

"老有所养"在十七大报告中又有一个新提法，十七大报告中把最低生活保障制度的范围由城市居民扩大到城乡居民。这就有了很大的变化。过去是城市居民可以享受到最低生活保障制度，现在扩大到城乡居民范围。所有这些变化都讲明了，十七大报告在关注民生、改善民生方面与过去相比有了很大的进展。

"住有所居"，住房保障在胡锦涛报告中是怎么说的呢？"健全廉租住房制度，加快解决城市低收入家庭住房困难"，城市廉价出租房简称为"廉租房"。政府解决低收入家庭住房的问题，这不是靠市场调节解决的，而是政府出面建设廉租房，收入在多少标准以下、面积在多少平方米以下的居民可以租到廉价的出租房。这个制度对解决住房问题是有好处的。

从以上的问题中可以清楚地看到，民生问题是我们当前一个重要的问题。只有关注好民生问题，才能让更多的人来共享改革开放和发展的成果。

六、建设生态文明

建设生态文明这六个字是中央文件中首次提出的，过去只提"物质文明、精神文明、政治文明"，现在加上"建设生态文明"，在建设生态文明中，就回到我们今天讲到的题目上来：促进国民经济又快又好发展。

还有几个提法也是新的，过去我们谈的是"转变经济增长方式"，比如从注重外延式增长到注重内延式增长，从只注重数量到注重质量。这次十七大报告做了修改，把"转变经济增长方式"改为"转变经济发展方式"。因为从经济学的角度讲，增长跟发展的含义是不一样的，增长的标志是用国内生产总值的数量提高来体现，而发展则不同，发展是包括经济、社会各方面的发展，这次提出"转变经济发展方式"是一个很大的变化。

十六大报告提出"国内生产总值到 2020 年要力争比 2000 年翻两番"，十七大报告中做了修改，"实现人均国内生产总值 2020 年比 2000 年翻两番"，用的是"人均国内生产总值"，十六大报告只提出国内生产总值翻两番，十七大报告加了"人均"两个字，因为一定要考虑到人口量大的问题，光国内生产总值翻两番是总量翻番，因为在 20 年中人口也在增加，所以用"人均国内生产总值翻两番"的目标比较合理。

胡锦涛同志在报告中还提出"让循环经济形成较大规模"，因为要建设生态文明，要提高经济增长的质量，要转变经济发展方式，就必须实现循环经济的规模化。循环经济究竟是什么意思呢？循环经济指的是遵循生态规律，在经济和技术可行的条件下做到以下四方面：

一是资源高效利用。应该节约资源，能够采用代用品的就采用代用品。在采矿的过程中对共生矿、伴生矿要进行开发利用，比如矿和其他稀有金属伴生的，不能只开发一种资源。对于水电各种原材料都要提高资源利用率。要尽可能延长产品的使用年限，比如电灯泡的时间用久一点，就节省了资源。

二是减少废物的排放。在生产过程、消费过程中要减少废气、废水、废渣的排放。

三是最大限度地把废物转为可利用的资源。比如采煤的过程中会出现很多的煤矸石，对这些煤矸石要充分利用。废水之外是不是还有其他的东西可以裂变和提炼，废气是不是可以回收，这些都要考虑。

四是不能利用的废物要做无害化处理。

循环经济对我们来说是非常重要的，怎样实践循环经济的发展方式呢？怎样来注重生态文明呢？宣传教育是重要的，但在制度上一定要有建设，制度上一定要有所保证。

我们现在正在做的是建立健全严格的技术标准，限制高耗能行业的发展。现在高耗能行业的产品出口要受到限制，因为耗能高，造成了污染，中国的能源资源又紧张，资源消耗高行业的产品出口一定要受到限制。再比如实行生产者责任制度，如果生产了有害物必须负责回收，这是你的责任。进口商把国外的旧衣服进口来要自己进行处理，这是责任。所有生产者的责任一定要非常明确。实行法律责任追究制度，假定你对社会造成了坏的影响，造成了不良后果怎么办？法律责任要追究。这样才能把循环经济工作做好。

生态文明建设是重要的，因为环境是我们和子孙后代共有的。资源是我们和子孙后代共享的。我们要考虑到当代人的利益，更要考虑到子孙后代的利益，因为我们共处一个环境中，共享着一种资源。而且我们要尊重大自然的规律，破坏了环境造成的恶果不仅是由你自己承担，还要由子孙后代承担。建设生态文明需要更多的人作为志愿者参与其中。

关于学习胡锦涛同志报告中促进国民经济又快又好发展内容的体会，我就讲这些。下面做一个小结。党的十七大刚刚开完，我自己的学习也刚刚开始。我的确认为这个报告应该进入大学课堂，让更多的学生仔细领会。因为现在提出了很多新的提法，表明我们的观念在转变。

最后我引用胡锦涛同志在报告中的一句话："在当代中国坚持中国特色社会主义道路，就是真正坚持社会主义。"还有一句话："在当代中国坚持中国特色社会主义理论体系，就是真正坚持马克思主义。"我们要坚持马克思主义，在当代中国就是坚持中国特色社会主义理论体系。我相信做到这样的话，我们对胡锦涛同志报告的理解就会更深入一步。

中国下一步改革开放急需化解的四方面问题 [*]

当前，中国经济发展中有四个最受关注的问题：第一个是通货膨胀的压力；第二个是就业的压力；第三个是贫困的压力；第四个是城乡二元体制的压力。这些问题直接制约和影响着中国经济今后的发展走向，已经引起了国家上层领导和经济学界的高度关注，并采取了积极的改革措施。可以预见，通过下一步更加深化的改革开放，经过持续不断的努力，这些问题有望得到逐步缓解和化解。

一、如何缓解通货膨胀的压力

从 2007 年开始的物价上涨，同 1993 年、1994 年的情况不大一样。那时，正是邓小平发表南方谈话以后，全国各地建设投资热气腾腾，投资过大造成银行信贷过多，货币供应量扩大。由于原因的单一性，所以当时的政策也比较简单，就是"双紧"政策，即财政收紧、货币收紧。"双紧"政策取得了很好的效果，通货膨胀很快就被压下去了。尽管由于"双紧"政策实行的时间过长了一点，90 年代后期以后又出现了通货紧缩，但通过调整很快就解决了这一问题。

---

[*] 原载于《河北学刊》2008 年 5 月刊。

中国现阶段的通货膨胀是由多方面原因造成的。第一，仍然是投资规模过大，信贷过多，货币投放过多。这个原因和当时的情况相类似。第二，外汇储备占款过多。国家的外汇储备是用人民币换来的，因为企业创汇以后，由央行用人民币把外汇买下来，这样，企业收入人民币，人民币就投放到市场上了。在1996年时，中国的外汇储备刚刚超过1000亿美元；1993年、1994年通货膨胀的时候，中国外汇储备只有几百亿美元；中国目前的外汇储备高达1.5万亿美元，这就意味着10万亿人民币投放到市场上。这是与当年的通货膨胀相比所不同的一个新情况。第三，人民币在升值。这也是一个新情况。1994年时，人民币在贬值；而现在是人民币不断升值，外资热钱就流进中国。不仅如此，国外为了应付经济衰退，采取减息的方式；而中国为了应付通货膨胀，采取的是提高利息的措施。国内外的利息差吸引了外资热钱，流入中国买房地产、股票等。第四，国际石油价格上涨，又引起了国际粮食价格的上涨。用玉米造酒精是合算的，酒精是可以用来代替石油的，所以，石油和粮食的价格相关联，一涨皆涨。国际石油期货价格现在已经超过每桶120美元，涨幅非常大。这也是现阶段所出现的新情况。第五，2008年初，中国南方遭遇了百年难遇的冰雪灾害，导致了商品运输中断，影响了农产品的生产，加剧了春节前后物价的上涨。这也是往年所没有的情况。

为了应对当前的通货膨胀，中央采取了一系列对策。

第一，对于投资过多、信贷过大的问题，中央采取了提高银行准备金率的措施，这和当年的政策是一样的，是当年政策的延续。

第二，对于外汇储备过多的问题，国家采用增加进口的方式解决。有人提出减少出口的对策，但这种方式必须慎重，某些消耗能源或粮食过多，或对环境影响过大的产业，可以减少其出口。但是总的来讲，这个方法要慎重。另外，中国减少出口，其他国家马上就会占领这块市场，等以后我们再想去收复这些市场，难度就大了。所以，减少出口一定要慎重，而增加进口是比较合理的做法。增加进口可以用于中国机器设备更新、增加紧缺原材料储备等。除了增加进口，鼓励我们的企业也要"走出去"投资，在外国兼并、收购矿山和企业等，这都具有长远的意义。另外，到外国买土地、办农场，把生产的粮食、大豆运回国内，这就可以节省国内的土地用地。

第三，对于外资热钱过多的问题，当务之急是要堵住那些由地下非法管道进入的热钱。目前，难以阻止外资的进入，是因为人民币在升值，所以，外资对人民币有预期盈率。只要人民币升值，外资热钱就会进来。但人民币大幅升值是不可行的，因为那样会大大减少中国的出口；而有利的地方则在于人民币小幅升值，可以给国内企业带来一定竞争压力，促使它们不仅要依靠汇率优势来增加出口，而且必须改进技术，发展品牌，降低成本，提高竞争力，这样才能在国际市场上占据一席之地。小幅升值是可行的，利大于弊。目前，经济学家所讨论的问题是，人民币小幅升值应该快一点还是慢一点。多数学者认为快一点比较好，这在近期的汇率走势中已经表现出来了。升值速度加快的好处在于可以减少社会震荡，给企业的鞭策压力也更大一点。

第四，对于国际石油和粮食价格上涨，这是我们无法控制的。我们现在所能做的主要是三个方面的工作：一是节约能源；二是大力开发新能源，如风能、太阳能；三是实行石油价格管制，这是一柄"双刃剑"，对国内普通消费者而言可能有利，但由于中国石油比国外便宜，外国便会利用这一价格差，到中国来消费石油，从而进一步增加中国石油供应的压力。这是一个两难的问题，如果国内对石油价格不管制、不补贴，石油价格的上涨会进一步加大物价的普遍上涨；如果国内采取石油价格管制，实际上是用中国纳税人的钱补贴了外国消费者的利益。

第五，对于粮食受到暴风雪灾害的影响，这本来是一个突发事件，会逐渐好转的，但猪肉价格不是一个短期能够解决好的问题。中国的养鸡业实现了产业化，而养猪仍有60%以上为农户散养，现在进城务工的农民达到2.5亿人，他们不仅不再养猪，反而成为城市猪肉的庞大消费群体。这样一来一去，进一步加大了城市猪肉的缺口。为了鼓励农民发展生猪饲养，应当帮助养猪农户上保险。对2008年初的风雪灾害，保险公司已经进行了理赔，为了进一步促进养猪业的发展，我们还应该全面建立现代化的物流系统。

当前，物价上涨过快，对那些困难户的生活影响最大。对此，应当提高工资和低保待遇，工资的增长率必须大于物价的上涨率。对于大学生食堂和困难户等要进行补助。总之，对于物价上涨，我们要全面了解，通盘统筹治理。现在的情况远比 1993 年、1994 年的时候复杂，不能简单地实行"双紧"政策，而应实行稳健的财政政策加适度从紧的货币政策，财政政策中该支出的还是要支出，但货币政策要从紧。

二、如何缓解就业压力

中国有句老话叫作"安居乐业"，就业是民生之本，是关系国计民生的大问题。目前，中国的就业压力主要来自三个方面：第一，新增劳动力的压力，中国每年出生人口 1000 多万人，这意味着每年有 1000 多万人年满 18 岁，需要找工作。考上大学可以延缓几年就业，但毕业后仍然需要找工作。第二，国有企事业单位仍在改革进程之中，一部分劳动力被分流出来，需要寻找新的工作。第三，农村是劳动力的大蓄水池，随时可以提供新的劳动力。但能否就业，首先同经济增长有关。据统计，经济增长率每增加一个百分点，可以增加 80 万—100 万人就业。新的工作岗位是在经济增长中涌现出来的，为此，我们对中国经济发展的前景抱有信心。

外国传言，中国开过奥运会之后，经济会大幅滑坡，这是对中国情况不了解的错误言论。中国和 1988 年韩国举办汉城奥运会时的情况不一样，中国经济规模大大高于韩国，而且中国现在正处于工业化的中期，从东北满洲里到云南西双版纳，从新疆伊犁到福建厦门，全国到处都在建设铁路、高速公路、机场、码头和旧城改造，中国的制造业还远未达到国际先进水平，固定资产大规模更新工作正在持续之中，全国的消费正在升级，并开辟了许多新的就业渠道，这些因素都带动了经济的增长。服务业在发达国家中已占到了 70%—75%，第三产业能够吸收大量的就业人员；而中国目前服务业所占比重还不到 40%，还有很大的发展潜力。奥运会场馆建成以后，工人马上就被招走了，到处都有工作机会。另外，西部开发、中部崛起、东北老工业基地改造、沿海率先实现现代化，都带动了经济的发展。只要中国保持经济的增长速度，不需要2007年那样高到11%左右，只要在9%或10%，也可以持续增长若干年，只要经济增长得以延续，就业压力就会大大减缓。

目前，中国维持经济增长速度，主要有三大障碍。第一个障碍是环境的承受能力，即经济增长中的废水、废渣如何处理，这是一个重要问题。所以，必须重视环保。此次国务院机构调整，把环保总局升格为"部"，即表现了对环保的重视。在经济发展中，环保具有一票否决权。第二个障碍是资源供给问题。过去说中国"地大物博"，其实中国"物不博"。比如，耕地资源非常稀缺，国家规定，18亿亩耕地这道"红线"不能动，必须保证解决13亿人口的吃饭问题。此外，淡水资源也是一个大问题。不仅北方缺水，南方水资源也缺乏，因为南方很多水系都被污染了。例如，云南滇池很大，但滋生蓝藻，严重影响居民用水。中国现在每年进口能源占能源消耗量的40%，过几年可能要占一半以上。所有这些都表明，资源供给这一关要是过不去，经济发展就会很困难。解决办法主要有两个：一是节约资源；二是开发新能源，寻找替代品。比如现在正加紧研究海水淡化问题，如果这个问题获得突破，北京、天津、广东等地的旱情就能得到有效缓解。第三个障碍是自主创新能力问题。中国现在仍缺乏自己的品牌和专利，一些行业现在做得比较多的是贴牌生产，利润很低。所以，我们不应以中国是世界的制造中心而沾沾自喜，应当把制造中心转化为创造中心，这样才会有发展的根本潜力。有人说，中国GDP只占世界的5%，但能源消耗却占世界的20%，这个说法有问题。中国的能源消耗是比较大，但不会达到20%那么多。这主要是因为GDP是按现行汇率的美元计算，中国只占5%。假定人民币升值一点，中国GDP的比重就上去了。此外，中国产品加工值太低，由于没有品牌，中国生产一套西服和外国生产一套西服消耗的电能是没有差别的，但产值差别就非常大了，因为国外的加工值高。由此可见，自主创新很重要，只有拥有了自己的专利和品牌，产值才能够上去。在国际竞争的大风浪中，只学会规避竞争风险还是不够的，关键是要有较强的竞争能力。我们应该在高等院校、科研机构中大力发展自主创新研究，并快速转化为生产力，所以要大力发展产学研基地。总之，只要这三道门槛能够过去，中国经济的发展就没有问题。

中国要跨越上述三道门槛，需要采取以下三个措施：第一，要大力发展民营经济。目前，中国民营经济所占 GDP 的比重为 50%，在安排就业上，民营企业的贡献非常大。这两年新增就业的 75% 是由民营企业解决的。但是，民营企业的发展也存在诸多问题。首先是融资难的问题。我们现在正着力解决这个问题，比如，允许成立乡镇银行，建立中小企业担保公司，等等。民营企业面临的第二个问题是很难吸引高、精、尖技术人员，其原因是不能解决技术人员的职称问题。第二，要鼓励创业，通过创业自行解决就业。应该给自行创业者以必要帮助，比如减税等扶持政策。第三，要大力加强职业培训，只有通过职业培训，才能让就业者适应新的工作岗位。失业分为三类：第一类叫总量性失业，就是没有那么多工作岗位，经济发展得不够，所以必须发展经济，增加工作岗位。第二类叫结构性失业，就是工作岗位有，但劳动者自身技能不适合它的要求。第三类叫自愿选择性失业，也就是说，既有工作岗位，劳动者的技术也适合，但劳动者不愿去。比如，在山上种树、去殡仪馆工作等。我前几年在贵州考察，了解到贵州许多人到深圳扫马路，而当地扫马路的许多是重庆人。既然当地有需要，为什么不在家乡扫马路？回答是被熟人看见没面子。这就叫自愿选择性失业。解决失业的对策分别是：总量性失业靠经济增长，自愿选择性失业靠职业教育。解决结构性失业则有三个办法：一是靠职业培训；二是靠信息的传播；三是靠职业介绍机构，一定要有大量的职业介绍机构，因为个人不可能了解那么多的就业信息。

三、如何缓解贫困压力

据统计，目前中国的贫困人口为 2000 多万，但实际上要超过这个数字，这 2000 多万只是最穷的人，多半是少数民族，住在偏远山区，家里没有什么劳动力。另一些人可能是脱贫以后又"返贫"。我们对这个现象做过调查，"返贫"大致上是三个原因造成的。一是家庭主要劳动力生病或死亡；二是发生大的自然灾害；三是其他原因，如孩子要上学了，需要一大笔钱，这样又穷了。所以，扶贫任务依然很艰巨。贵州是全国相当穷的一个省份，而贵州西部的毕节地区又是贵州以前最穷的地方。当年，胡锦涛任贵州省委书记时，去毕节考察后，给中央打了报告。1988 年被批准建立贵州毕节试验区，目标有三个：第一是开发扶贫；第二是生态建设；第三是控制人口。对一个穷地方扶贫开发是重要的，但生态建设一定要搞好，人口也必须控制。从 2003 年，我被任命为毕节试验区专家顾问组组长。在毕节的扶贫中主要做了三件事：第一是加快体制改革，体制不改革，还是解决不了穷的问题。因此，国有企业都改革了，农村金融也正在改革。第二是帮助当地建设项目，比如植树造林应该选什么地方，土壤应该怎么改良，当地的资源——煤矿怎么运出去，等等。第三是对那里的干部进行培训。我做了专家组组长后，毕节地区所有副县长以上的干部一律来北大光华管理学院学习。学费由天津滨海新区支持。150 个干部分三批来学习。现在到毕节去，所有的书记、副书记、县长、副县长都是光华管理学院的学生。为什么一定要让他们学习呢？因为越是落后地区，计划经济思想越浓，越有依赖思想。外部的帮助只是"输血"，而要彻底脱贫只能"造血"。他们来光华管理学院学习社会主义市场经济知识，懂得了现代经济的运作，就懂得了怎样从外部"输血"变成自我"造血"。毕节经验很重要的一点是，脱贫一定要先转变当地干部的思想。

黄土高原上的甘肃定西原来也是一个很贫困的地方，年均降雨量只有 300 多毫米，老百姓很穷。这几年，定西经济获得了发展，主要原因是推行了"121"工程。第一个"1"是每家门前建一个 100 平方米的水泥庭院；"2"

是建两个水窖；第二个"1"是建一个沼气池。因为那里下雨少，有了水泥庭院，雨水就会顺着水泥路面流到两个水窖里储存起来。一个水窖是饮用水，一个水窖用来喂牲口、浇菜园子。农民在山上砍了草以后喂养牛羊，牛羊的粪便进了沼气池，沼气可以用来做饭和照明。这样一来，农民生活改善了，节省了劳动力，不用每天去砍柴了，养牛养羊不仅可以卖，沼气池里面发酵后的东西还是很好的肥料。劳动力一旦被解放出来了，就可以外出打工了，主要劳动力都流向新疆去采棉花。每年新疆一到采棉季节，甘肃、宁夏、山西、河南就有很多人去那里采棉花。一个采棉季节的收入，比在家里一年的收入还要多。

湖南攸县过去很穷，那里的人怎样致富呢？有几个途径，其一是去深圳开出租车，深圳的出租车司机很多都是从攸县来的。出租车一开，对当地的情况就熟了，然后在那里开小饭馆。这样一来，攸县的蔬菜、猪肉、鸡蛋被源源不断地运往深圳。由此可见，各地脱贫有着不同的途径。中国这么大，要想脱贫致富，一定要想各种办法。

中国目前正在推行农业产业化的扶贫方式。例如，广东湛江市徐闻县土地干旱，农民靠台风吃饭，农业产量很低。后来一些中外合资企业和民营企业来跟农民协商谈判，农民一亩地一年收二三百块钱，那么，企业一年给农民一亩地租金几百块钱，农民的地租给企业种。你要外出打工，企业给你租金；你不出去打工，就和企业签合同，做企业的合同工。这样一来，土地连成了片，公司就投资打井、搞喷灌，从国外引进新品种，在上万亩地上种菠萝。现在徐闻县的菠萝产量是全国的三分之一。这块地方富了之后连地名都改了，叫"波罗的海"（菠萝的海）。中国这么大，有各种各样的扶贫模式可以选择，有很多工作可以做，关键是城市要反哺农村，工业要反哺农业，不是单纯地给钱，而是要帮助农民致富。单个农民不了解市场，在市场中也没有力量，而通过企业和城市的帮助，农民便可以走上一条致富的道路。这也是企业的社会责任。

四、如何破解城乡二元体制

今年是当代中国改革开放 30 年，今后的改革要重点抓什么？在经济体制改革中应当重点解决什么问题？我们知道，计划经济体制有两个支柱，一个是国有企业体制，一个是城乡二元体制。实际上，中国改革 30 年，主要是改革国企体制以及与此相关的市场，这个工作还要继续深化。但总体来说，已经取得了很大成绩。但另外一个支柱，即城乡二元体制，却基本上没有触动。现在经常有一些文章把城乡二元体制和城乡二元结构混为一谈。城乡二元结构说的是经济结构问题，自古就有。从宋朝到现在，城乡二元结构已经很清楚了。但城乡二元体制原来却是没有的，而是计划经济时期，即 20 世纪 50 年代后期才确立的。最近有一部电视连续剧《闯关东》，讲的是清朝后期东北开禁后，山东人可以过海到东北去。当时没有城乡二元体制，只有城乡二元结构，山东的农民到了东北可以在城里当学徒、当店员、做工、买房、开店。山东的城里人到东北以后如果愿意在农村，可以买地、租地、建房、务农。城乡之间可以流动，城乡之间没有二元经济体制。但到了计划经济时期，户口一分为二，分为城市户口和农村户口，城乡就隔绝起来了，生产要素的流动就被阻拦住了。农民实际上被置于一个不平等的位置上。举两个例子。第一个例子，全国实行义务教育，城里的校舍是财政拨款建的，教师工资也是财政拨款，但以前很多年，农村的校舍是农民自己花钱建的。农村的教员，原来叫民办教师，后来叫代课教师，是农民付给他们工资。同样是义务教育，为什么城市的孩子和农村的孩子受到不公平的待遇？第二个例子，以前很多年，农民可以出来打工，但身上的证件必须齐全，比如外出务工证，等等。如果证件不齐被发现，就要遣送回家，这些人叫"三无人员"。可城里人到农村租房子养病、写书、画画，住多久都没人管，从来没有听说农民把城里人押送回城了。为此，当前改革的重点，除了深化国有企业的改革，打破行业垄断，改革价格制度外，城乡二元体制改革必须提上日程。现在中央的提法叫城乡统筹的发展与改革，这里面就包括改革城乡二元体制。

应该看到，土地承包制在改革之初起了重要作用，贡献很大，因为在承包制之下，农民的积极性被调动起来了。但土地承包以后，在生产技术上有可能是倒退的。在人民公社制度下，农民还花钱到公社租拖拉机耕种，但在承包制下，有些地区的农民不用拖拉机了，用牛耕种，尽管有一段时间用牛耕种，但农民的积极性被调动了起来，产量大幅度上去了。短短几年内，农贸市场里的鸡鸭鱼肉、香油、鸡蛋、花生米都有了，这是承包制的功劳。但土地承包制的局限性在于没有从根本上触动城乡二元体制。它只是在承认城乡二元体制的前提下实行的一项改革。

城乡二元体制主要是户口问题吗？不是，户口问题只是一个表象，关键是户口制度背后的土地使用权流转问题、宅基地及房产置换问题，还有城市的公共管理体制改革问题。今后的改革应该主要是深化土地使用权的改革，户口问题在将来则会水到渠成地得到解决。目前，全国人大通过了两个法律，对下一步的改革非常重要，一个是《农村土地承包法》，一个是《农民专业合作社法》。前者规定了土地使用权可以通过几种方式流转：第一是转包，第二是交换，第三是出租，第四是转让，第五是入股。我们在重庆考察，重庆是种柑橘的地方，那里的土地采取入股的方式来推进农业产业化。由于土地是各家各户的，所种柑橘的品种不一样，规格不一样，技术也不行，力量又有限，无法做得很好。土地入股以后，农民就在那里当工人了，办成农民企业合作社，可以同外面的企业合作。2008年年初冰冻灾害发生时，重庆也遭灾了，但是入股的柑橘树没有遭灾。这有两个原因，一是组成农民专业合作社以后，有专门的技术人员进行指导，对冰冻提前做好了准备，所以未受损害。还有更重要的一点，重庆的柑橘不是一般的柑橘，而是反季节柑橘，每年6月成熟，所以，冰雪没有对它们产生影响。而且，他们的口号是"人无我有，人有我优，人优我反季节"。对于土地使用权的合理流转，目前各地都在做试验。成都、重庆是两个城乡统筹改革的试验区，正在做这方面的试验。

对于宅基地的问题，浙江和内蒙古的一些地方采取了置换的方式，即农民要进城，可用土地向当地县政府或市政府换三种东西：一是城市户口；二是城里一套面积相当的商品房；三是城市最低生活保障。这样一来农民就安心了。宅基地在农村叫作建设用地，不能用作耕种。政府收回这些宅基地以后，可以重新规划和利用，土地利用率大大提高了。

　　目前，有关各种办法都仍在试验中。在下一阶段的改革中，城乡二元经济体制的改革，即城乡统筹发展将被提到重要的日程上来。这是全面建设小康社会所必经的一条路。可以设想一下，在中国农村这样一个全世界最大的潜在市场里面，有9亿人口，尽管有2亿多已经进城，但身份依然是农民；这2亿—3亿农民的收入提高了，这个市场将是全世界都羡慕的市场。八九亿农民每人每年添一套新衣服，纺织品将供不应求。如果每个农民家里买一台拖拉机、一台空调、一部计算机，我们的耐用消费品市场将会多大？国内的市场只是个潜在的市场，一个尚未开发的市场。懂得了这些道理以后，我们就会知道全面提高农民收入的重要性。现在中央的政策是关注民生，民生问题要解决社会保障问题，包括最低生活保障、教育保障、医疗保障、住房保障、养老保障，所有这些保障都会大大地扩大内需，保障的钱虽是财政支出，但很快就会转化成人民的消费，还能解决人民的后顾之忧。中低收入居民为什么不敢消费，就是因为有后顾之忧，可花可不花的钱就不花了。后顾之忧一旦解决，这笔钱将被动员出来，必将给国内市场带来空前的繁荣，中国的经济将会转入一个良性的循环。

2009—2013

第二辑

民营企业如何适应当前经济形势 [*]

民企面临新形势

两个人在森林里遇到了一只大老虎，A 赶紧从背后取下一双运动鞋换上。B 急死了，说道："你干吗呢，再换上鞋也跑不过老虎啊！" A 说："我只要跑得比你快就行了。"B 于是脱掉鞋子，爬上了一棵大树，最终 A 被老虎追上吃掉了。

当前我国民营企业正面临着宏观调控、汇率调整、劳动力供应和发展机遇等新的经济大势。国际上的大风大浪总是难以避免的，但不管外界环境发生什么变化，民营企业都必须加强自主创新，有自主知识产权。只有练就了过硬的本领，才能在竞争中立于不败之地。

民营企业要注意以下四点：控制自己的投资规模，没有市场或市场不确定的暂不投资；在经济运行过程中，要注意解决资金的融通问题，避免发生资本链断裂的现象；应及时调整产品结构，包括企业兼并重组、外迁或改建；要注意资源节约，这样既减少了成本、提高了企业竞争力，又能做到持续发展。

转变经营管理理念

动物园里面有一个地方关了一群袋鼠，用铁丝网圈起来了，第二天早上

---

* 原载于《民营经济内参》2008 年 6 月 20 日。

管理员看的时候，发现跑掉了一只袋鼠，袋鼠能跳这么高！加高铁丝网以后，心想跑不掉了，然后第三天早上一数，袋鼠又跑了，然后又加高。晚上关了铁圈，里面的袋鼠都笑了："他不把门插好，加高围网又有什么用?!"

民营企业一定要转变经营管理理念：没有理念的更新，就很难有大的发展。没有管理理念的更新，就不可能有进一步的改革和发展。民营企业和其他企业一样，都面临着及时转变经营和管理理念的问题。一个学校的班级照集体照，摄影师喊"一、二、三，大家不要闭眼睛"，按快门那一刻，肯定还是有人闭眼，为何不换种方式呢？大家之前闭上眼睛，快门按下那一刻，大家立马睁眼睛，肯定没"瞎子"。

企业文化建设的核心是培育职工的认同感，同甘共苦，是每个企业都希望职工能做到的，但同甘靠制度，共苦靠认同。企业当然要重视现实利益，但未来收益却更加重要。一家企业要兼并另一家企业，重视的是该企业今后值多少钱，能带来多少效益。有眼光的企业家一定是能清醒、准确地判断投资的未来收益的企业家。

结构性失业是当前中国劳动力市场的特点之一，即一方面"人找事"，另一方面"事找人"。企业为了保证自己有合适的劳动力供应，必须加大职业技术培训工作。今天的"民工荒"就是"技工荒"。最低工资标准，实际上对工人和企业双方都有利。对工人，最低工资标准的实行可以让他们的收入有一定保证；对企业，可以巩固职工队伍，否则劳动力过于频繁流动将使企业的成本上升，不利于竞争。

四个推销员去寺庙推销梳子，有四种不同的结果：第一个空手而归："和尚不要梳子"；第二个推销了十几把梳子，他告诉和尚，梳子有刮头皮、活血的功能；第三个推销了几百把梳子，他告诉方丈，把梳子放在神龛旁，庙里香客磕头头发乱后，可梳理一下发型；第四个推销了几千把梳子，他告诉方丈，外界捐钱物给寺庙，您可以在梳子上刻几个字回赠给对方。

创造市场大体上有六种情况：（1）开发一种新产品，就等于创造一个新市场；（2）赋予一种产品以新的功能，等同于开发一种新产品，创造一个新市场；（3）消费者的需求发生了变化，为了适应这种变化，需求创造供给，创造市场；（4）随着新产品的开发，与之配套的一系列服务就兴起了，市场也就扩大了；（5）换一种营销方式，可能发生一场市场革命，从而也就创造了市场；（6）在变动的市场中抓住机遇。

民营企业如何实现双赢

龟兔赛跑，第一次比赛兔子输了，要求赛第二次。第二次龟兔赛跑，兔子吸取教训，不再睡觉，一口气跑到终点。兔子赢了，乌龟又不服气，要求赛第三次，并说前两次都是你指定路线，这次得由我指定路线。结果兔子又跑到前面，快到终点了，一条河把路挡住，兔子过不去，乌龟慢慢爬到了终点，第三次乌龟赢。于是两个就商量赛第四次。乌龟说，咱们老竞争干吗？咱们合作吧。于是，陆地上兔子驮着乌龟跑，过河时乌龟驮着兔子游，两个同时抵达终点。

企业要树立双赢、共赢观念。双赢、共赢不仅是企业的目标，而且也是企业在处理各种关系时应当遵循的原则。

四次龟兔赛跑带来了很重要的启示。第一次赛跑的启示：当你处在劣势的时候不要气馁，不要松懈，要坚持到底，等待对手犯错误；第二次赛跑的启示：要善于把潜在的优势转化为现实的优势，对企业家来说，不要只乐观地看待潜在优势，重点在转化，不转化什么用都没有；第三次赛跑的启示：如果以前的策略不管用了，要及时调整策略、改变策略；第四次赛跑的启示：协作、优势互补、双赢都是建立在相互信任的基础上。

不管哪一种组织形式的民营企业，建立有效的制衡机制都是必不可少的。假定民营企业是成为公众持股的上市公司，制衡机制必须充分发挥作用；假定民营企业采取合伙制形式，合伙人之间的相互信任是制衡的前提；假定民营企业依然是家族企业，要建立有效的制衡机制，必须突破家长制；建立有效制衡机制，即使降低了效率，也是为了避免发生更大损失而必须付出的代价。

四招应对通货膨胀

本轮通货膨胀与1993年、1994年的情况不太一样,"更复杂"。

这次通货膨胀除了投资规模过大外,还有三个原因:一是外汇储备过多,1993年、1994年时的外汇储备不过几百亿美元,而现在已多达1.5万亿美元;二是人民币升值,而当年是贬值的,利差因素使得大量热钱流入中国;三是国际油价、粮价、农产品价格持续上涨。

由于本轮通货膨胀中,需求拉动型、成本推动型、国际输入型三种类型都有,要解决问题只能通过综合治理,不是短期就能收效的。

提高存款准备金率、加息、控制信贷规模,都会给民营经济增加困难,在这种情况下,民营企业要对通货膨胀的原因有深刻了解,对当前经济形势应有清醒的认识,以免陷入被动。

民企要注意四点:第一,控制投资规模,没有市场或市场不确定的不投资;第二,避免发生运行中资本链中断现象,资金融通问题要放在重要位置;第三,产品结构应及时调整,包括企业兼并重组或外迁改建等;第四,注意节约资源,这既可节约成本,又能让企业持续发展。

其中尤为突出的是资金融通问题。现阶段可通过三个途径予以解决:第一个途径是企业互相融资,如深圳的中小企业就组成了互助联盟;第二个途径则是政府提供一些资金,为企业融资担保;第三个途径是加快民营企业的上市步伐,力争登陆中小板上市融资。

只要人民币升值,对出口都不利。但小步升值是大势所趋,企业要适应这一形势。产品结构可做适当调整,同时,要利用人民币升值,进口一些有利于企业发展的原材料和设备。至于削减出口,则需要谨慎。一是因为出口有合同约束,否则是违约。二是出口削减了,市场也就丢了,不容易再收回。

在人民币小步升值的趋势下,民营经济应该认识到,今后不可能再依赖扭曲的人民币汇率来扩大出口了。要抓紧时间,致力于更新技术,降低成本,提高产品质量,加强管理。做到这点,就可以使人民币小步升值利大于弊。

当前就业压力形成的深层次原因 [*]

2008 年 11 月，时值世界金融风暴发生后不久，我正在西欧讲学。一次，一位欧洲的经济学家问我：在西欧国家，一般只要年经济增长率保持在 2%—3%，就业市场基本上是稳定的，不会出现多大的失业问题，为什么中国经济增长率一定要保持在 9%—10% 才不会产生失业严重化的现象；如果经济增长率降到 7%—8%，失业问题就会相当突出，原因何在？他提出的这个问题引起我的思考。我认为，对当前中国面临的就业压力，应当做较深层次的分析，主要应当从体制和结构两个方面来解释。

对于当前中国的就业压力，首先要从体制上探讨深层次的原因

第一，中国与西欧国家在体制上的一个巨大区别，就是西欧国家早已不存在城乡二元体制，而中国至今仍存在城乡二元体制。城乡二元体制是指城乡由于体制不同而割裂开来，在社会经济生活方面存在着因体制不同而造成的巨大差别。如果处于传统的计划经济体制下，城乡人力流动受到严格限制，那么不管农村中的劳动力多么想到城市中来工作，也难以如愿。但从 20 世纪 80 年代以后，随着中国改革开放的推进，尽管城乡二元体制未被取

---

    * 原载于《学习月刊》2009 年第 4 期。

消，但城乡之间的人力流动却放松了，于是就出现农民工进城浪潮。农民工进城，不仅是为了增加收入，而且还为了在城市生活，得到与城市居民一样的待遇，所以只要职业比较稳定，就把家属接进城市。这样，农村劳动力的供给就是源源不断的，而城市对劳动力的需求却是有限的，就业压力就难以缓解。加之，农民在中国人口中的比重大，数量多，一些外出务工的农村劳动力在城市中找到了工作，就会吸引更多的同乡进城，所以就业压力的存在肯定是长期的。西欧国家没有这样的情况，这是因为不仅那里不存在城乡二元体制，而且通过长时间的工业化和城市化，农民在全国人口中的比重已经很小了。换句话说，西欧国家要解决的主要是新增劳动力（劳动力增量）问题，而当前中国要解决的不仅是新增劳动力问题，还有劳动力存量（从农村分流出的、进城找工作的劳动力）问题。

第二，由于中国依然处于从计划经济体制向市场经济体制过渡的阶段，国有企业在国民经济中仍占着举足轻重的地位。民营企业是在20世纪80年代以后陆续发展起来的。在企业规模方面，国有企业主要是特大型和大型企业，它们的技术装备好，资本雄厚，甚至在某些行业成为垄断性企业。但国有企业属于资本密集型企业，吸纳的劳动力是有限的。民营企业绝大多数是中小型企业，其中很多是劳动密集型企业，吸纳的劳动力多。但是，民营企业在许多方面（如税收、融资、政府采购等）尚未得到公平待遇，在经济中处于弱势。一旦经济发生动荡，首先受到冲击的是民营企业；这样更加剧了劳动力市场上供大于求的状况。而在西欧国家，虽然也有国有企业，但数量不多，在经济中起作用的主要是私营企业，只要经济有所增长（哪怕经济增长率只有2%—3%），只要人均GDP增加了，私营企业，包括大量小企业，就会进一步发展，增雇劳动力。

第三，中国是一个耕地面积有限，人均耕地面积很小的大国。如果不从农村分流出大批劳动力，在农村生育率大于零的条件下，人均耕地会更少。为了提高农业的单位面积产量，走规模经营的道路和农业集约化的道路是大势所趋，因此土地流转势在必行。土地流转的后果之一是农业中实际从事生产的劳动力数量会下降，于是又会推动农民进城务工。这种情况在西欧国家是不存在的，因为那里的农民人数已经不多了，农民有自己的家庭农场，面积适中，需要家庭成员全力经营，才能得到好收成，他们不急于进城，也不愿丢掉土地去做工。西欧国家的政府看到了这些，所以近年来一直实行农业支持政策，对农产品价格采取保护性措施，防止农民因农产品价格下跌而受到损失。此外，西欧国家的农村金融业比较发达，不动产抵押贷款制度较为完善，农民如果想在城市中创业，可以通过抵押贷款取得资金，实现在城市中创业的愿望。

第四，第二次世界大战结束以后的几十年间，西欧国家的社会保障制度已逐渐完善，无论城市居民还是农民都能享受到较好的社会保障待遇。进城的农民同城市居民一样，有相同的社会保障待遇。即使他们所在的企业倒闭了，他们失业了，由于有了社会保障，他们一般不会返回农村。当前中国的情况与之不同。城乡社会保障改革刚刚起步，至今仍处在初始阶段，因此，失业的农民工只好返回农村；如果农村的承包土地已经流转出去而又没有相应的社会保障待遇，他们便成为无地无业无社会保障的"三无"农民。这是最令人担忧之处。

从结构方面着手分析，当前中国的就业压力之所以形成并且不容易在短期内消除，大体上有三个原因

第一，产业结构。这是指三次产业在 GDP 中所占比例的变化。西欧国家从工业化开始，经历了 200 多年，最终形成了这样的产业结构，即在 GDP 中，第一产业通常只占百分之几，第二产业占到 20% 多，第三产业则占到 70% 以上。服务业成为最大的产业，它吸收了大量就业者，包括自行创业的中小型服务业企业的业主们。而中国至今仍然处于工业化中期，第三产业发展较缓慢，大约只占 GDP 的 40%，第二产业仍是劳动力力求进入的主要行业。与西欧国家相比，中国服务业发展的相对滞后，是就业压力形成的一个重要原因。需要探讨的是，为什么中国的服务业发展较缓慢？可以从城市化速度较慢和城乡居民大多数收入偏少来分析。由于城市化速度慢，农民

人数多，而且农民的收入偏少，因此对服务业产品的需求只可能缓慢增加。那么，为什么城市化进程缓慢呢？为什么农民的收入偏少呢？这又同城乡二元体制的存在有着直接的关系。由此可以做出判断：产业结构问题在现阶段的中国是同城乡二元体制的存在紧密联系在一起的；离开了体制原因，说明不了产业结构问题。

第二，技术结构。技术结构是指不同层次的技术在所有各种技术中所占的比例大小，以及它们之间的比例关系。技术结构在就业问题上表现为各个不同层次的技术所使用的劳动力人数在劳动力总量中所占比例的大小。在中国长期存在劳动力供大于求的条件下，应当根据国情来适时调整技术结构。具体地说，要因时因地制宜，把劳动密集型企业、资本密集型企业、知识—技术密集型企业三者很好地结合起来而不能有所偏废：一方面，要发展资本密集型企业和知识—技术密集型企业，这样才能建立强大的工业基础，加速实现中国工业的现代化；另一方面，仍要继续发展劳动密集型企业，以缓解经济中劳动力供大于求的矛盾。让中国迅速成为工业强国，以及着重缓解就业压力，是两个不能互相替代的政策目标；然而，在现实经济中，最容易受到冲击的和最缺少融资手段的正是劳动密集型企业，它们规模小，资金薄弱，而且技术水平低。因此，受冲击后，劳动密集型企业倒闭的多，亏损的多，社会失业问题很快就突出了，这是现阶段中国经济的特点。政府部门关注劳动密集型企业，给它们以支持、帮助，是符合中国国情的做法。

第三，劳动者技能结构。在西欧国家，熟练技工在就业的工人总数中大体上占到30%—35%，而在中国，熟练技工在就业的工人总数中只占5%—6%。中国不但熟练技工不足，而且一般技工也不足。因此，在不少城市的劳动力供求市场上，"人找事"和"事找人"两种情况是并存的。不仅如此，熟练技工的短缺还直接影响到中国的产业升级、技术进步和自主创新。除了劳动者的技术水平不适合企业要求以外，劳动者的专业同样存在结构性问题，即某些专业供不应求，另一些专业却供大于求。尽管从总量上说劳动力市场上仍是供大于求，但如果采取适当的措施，能使一些求职者提高技术水平，并使未来的求职者在事业上更符合市场的要求，那就会使就业压力有所减轻。

根据对当前造成就业压力的体制性原因和结构性原因的分析，我们可以得出两个重要的结论

第一，对解决中国的就业问题应当有长期的思想准备，就业压力绝不是短期内就能消除的。短期增加就业的措施，例如政府增加基础设施建设投资，以保证经济增长率不下滑；政府降低存款准备金率和贷款利率，以改善企业的处境；政府要求企业保证不裁员；政府支持失业人员和求职人员自行创业，等等，都是有一定效果的。但更重要的，或者说，从长期来看，改革城乡二元体制和实现城乡社会保障统筹才能缓解城乡就业压力，而扶植民营企业，尤其是民营劳动密集型企业的发展，支持服务业的扩大，加强职业技术教育，才能使更多的求职者找到适合自己的工作岗位。也就是说，长期就业问题的解决要从体制改革和结构调整两方面着手。短期的增加就业的措施和长期解决就业问题的体制改革、结构调整措施的并用，才是真正有效的就业政策。

第二，考虑到中国的国情，包括农民人数众多和就业压力长期存在等情况，中国的城市化到了21世纪中期，也不可能像西欧国家那样达到90%以上的程度，即中国的农民不可能减少到百分之几。主要原因在于中国农民人数众多，如果现有农民的大多数都进城了，无论城里的劳动密集型企业怎么发展都吸纳不了这样多的人就业。可以初步估算一下，从现在起，到中华人民共和国成立100周年（2049年），还有40年。假定城市化增长率为每年0.8个百分点，那么40年之内可以将中国的城市化程度从现有的40%多提高到接近80%。可以设想这是一个多么艰难的任务，就业压力会多大？保守一点，假定城市化届时达到70%左右，就业压力仍然是相当大的。怎么办？解决长期就业另一条对策就是：通过农村土地流转和集约化经营，以及通过集体林权制度改革，农村（包括林区）可以吸收更多的人就业。合作农场和林场、家庭农场和林场，都有可能成为农民创业的园地。这样，他们生活舒适安定，收入较丰，社会保障同城市居民一样，他们就不一定进入城市找工作了。

国际金融危机下的中国民营企业发展 [*]

从三大指标看经济状况

第一个问题，判断经济运行情况有三个主要指标，第一是经济增长率，也就是 GDP 的增长率，第二是就业状况，第三是企业盈利率。

现在我们从 2009 年第一季度情况来看，第一个指标，GDP 的增长率是 6.1%，去年第四季度是 6.8%，现在大体上已经稳住了，国家的投资逐渐见效，因为投资对 GDP 的拉动作用有个滞后期，所以预计第二季度情况会好一些，第三、四季度会更好一些。

再看第二个指标，就业问题仍然是严峻的。就业的周期跟经济增长周期是不重叠的，经济滑坡在前，就业的滑坡在后。因为企业销售情况不好，经济增长率就下降，这时候不会立刻裁员，为什么？他还寄希望于最近能够得到订单，如果人都被裁了，订单来了又怎么办？只有实在等不到订单才裁员，所以裁员是滞后的。当经济回升后，就业不会很快增加，因为企业开始恢复生产，增加生产，它要发掘现有职工的潜力，先把你的潜力发挥出来，发挥差不多了才进人，所以也滞后了。假如第一季度经济增长率到此稳住，那么就业的低谷还没有到来，估计就业低谷下半年才会到来。

---

[*]　原载于《中国投资·企业导刊》2009 年 5 月刊。

第三个指标情况也不好，就是企业的盈利率下降。企业会考虑，如果产品生产出来没有销路就不会生产，如果有销路而赔钱，就会多生产多亏损，所以企业盈利率很重要。

根据这三个指标可以看到国际金融风暴对中国是有影响的，短期内外需可能不会有太大起色。从现有估计看，美国经济已经由于政府的干预而见效了，但是欧洲、东南亚、日本还不行，这都是中国出口的主要市场。所以美国、欧洲、东南亚、日本的情况还要进一步观察。现在主要是扩大内需，应该看到，政府出台的一些政策不是短期能见效的，比如加大社会保障，最近出来了医疗卫生体制的改革，长远来说，老百姓解除后顾之忧，然后就会增加消费，但是短期内不会见效。又比如政府还采取了提高农民收入的政策，但粮食价格的上调只是微调，如果波动太大会有一些连锁反应，粮食价格大幅度上调，理论上可以，但是后遗症仍然存在，需要政府有更多的投入。

多管齐下解决就业问题

第二个问题，缓解就业主要靠民营经济。

第一，农民工问题。现在最困难的农民工是什么人呢？根据北京大学光华管理学院调查，主要是30岁到40岁的农民工，他们离开家在沿海加工企业工作已经十来年了，已经有了一门技艺，并且熟悉了当地的情况和适应当地的生活，现在出口萎缩以后，他们就下岗了。下岗怎么办？有人就回到了家乡。现在国家加大基础设施投资，对中国长远的经济发展肯定是有利的，但是对短期解决就业问题作用不是很明显，因为它所需要的是年轻力壮的劳动力，而且机械化程度很高了，那些返乡的30—40岁的农民工会去吗？首先他们不愿意去，即使愿意去体力也不行了，所以返乡的农民工还是没有工作。怎么办？就要靠小额贷款，一定要有大量的小额贷款机构，农民工回去贷款开小店、开小作坊、办养鸡场、办养猪场等。解决返乡农民工就业问题，要鼓励他们自行创业，有了小额贷款，不仅可以自己就业，而且还可以解决一部分其他人的就业问题。

解决农民工就业问题，还要帮助劳动密集型企业渡过当前难关。我们不能把眼光仅仅放在资本密集型、技术密集型企业，这当然很重要，但是解决就业问题主要还要靠劳动密集型企业，所以要帮助他们融资。

对于城市来说，我一直主张放宽城市对小摊贩的管制。小摊贩卖水果、烤红薯，见城管来了就躲，这样社会矛盾也就突出起来了。小摊贩的确会带来两个问题，第一是环境卫生问题，第二是交通堵塞问题。这种情况下可以多雇环卫工人，随时可以打扫，这样增加了就业，也可以增加交通协管人员，维持交通。

对解决就业问题，我建议凡是年营业额在30万元以下的免去营业税，他一个月营业额才2万元，能够赚10%的利润就是一两千元左右，才够维持生活。所以就不要交税了，这样可以增加就业，方便群众。

第二，大学毕业生的就业问题，有眼光有潜力的民营企业，这时候要多进入，现在用不上不要紧，这是人才的储备，对将来发展有好处。另外也要靠小额贷款，帮助他们自己创业。前两天报纸上登了，创业真难，大学毕业生借了几万元，结果这个税、那个费，所有部门都来要钱，负担太重，所以解决就业问题应该把这个问题解决了。解决就业问题是扩大内需最主要的办法，人都没有工作了怎么扩大内需？

六大措施提高企业盈利率

第三个问题，提高企业盈利率的措施，当然也包括国企，但最重要的是民营企业。

第一，中小企业的融资一定要落实。我们在调查中了解到，现在很多人说中小企业能贷到钱了，其实都是中等偏上的企业，而中等偏下的企业还是贷不上款。有两个数字很有意思，银行贷款增加了1.89万亿元，可是这个钱上哪儿去了？这个钱没有投入实体经济，因为企业存款账上增加了1.6万亿元，也就是存进了银行随时准备用，但是现在没有用，这样就没有投入实体经济。而真正需要钱的企业不会把钱存入银行，所以一定要让需要钱的企业能贷到钱。

第二，要加大对自主创新、产业升级、经济转型企业的扶植。

第三，早日实现出口零税率，一般出口就不要征税。该限制出口的产品（如高耗能产品），那就另外制定高额出口税。

第四，贷款利率还有下降的空间，因为全世界的利率都在往下降。

第五，要给民营企业公平待遇，要一视同仁，民营企业不要求特殊待遇，只要求国民待遇。

2003 年全国政协经济委员会的调查组在全国一些省市调查，最后促成了"非公经济 36 条"（《国务院关于鼓励和引导民间投资健康发展的若干意见》，国发〔2010〕13 号）的公布。"36 条"公布后还是存在一些问题，所以今年五六月我将再次带领全国政协经济委员会到广东、辽宁调查，督促政府认真贯彻"非公经济 36 条"，给民营企业公平待遇。

第六，人民币汇率、利率调整的第一阶段结束了，先稳住了，不要急于再调汇率，再调汇率的话会使企业没有预期。

挖掘潜力　扩大内需

第四个问题，扩大内需。

扩大内需除了增加就业外，很重要的一条，就是要振兴房地产业。房地产业用的钢材占全国钢材消费量的 30%，吸收农民工 7000 万人，为地方政府提供 50% 的税额，房地产占这么重要的地位，所以政府一定要关心。政府应该把多建中低档收入家庭的住房放在第一位，包括廉租房。现在市场的需求很大，如果由政府主导的话，先建设中低档收入家庭的住房，这样就能带动整个房地产活跃起来，房地产活跃起来内需就跟着扩大。

另外一条扩大内需，就是要挖掘民间资本的潜力。现在民间资本的潜力很大，要鼓励他们多办中小型银行，多办乡镇银行。

要挖掘农村住房的潜力，中国农村住房应该可以抵押，据调查，全国农民住房值 18 万亿元，只要 1/3 可以拿出来抵押，农村经济就活了，内需就能扩大。

建设生态文明：人类社会发展的新模式 *

一、人类对环境看法的转变

从人类社会发展模式的演变来看，起初都是只重视从自然界索取资源（资源索取），而不重视环境保护。这不仅是一个认识问题，而且是一个关系到人类生存的问题：当初，不向自然界索取更多的资源，人类无法生存；后来，不重视环境保护，人类同样无法生存。

工业化以前，长时期内人类的生存环境总的说来是良好的。工业化以后，逐步出现生态破坏问题。

从人类社会发展模式的演变来看，工业化开始以后，人类社会首先重视的是向自然界索取资源，即资源的供给。燃料的紧张就是一例。浅层煤矿都已采掘完了，为了炼铁和居民生活的需要，便大肆砍伐森林。直到抽水机的动力问题解决了，才挖掘深层的煤矿。后来，随着科技进步，又有了石油的大规模开采、天然气的使用和核能的开发。这都是资源的索取。

工业化过程中，工厂日益增多，工厂排放的废气、废水、废渣也越来越多。但当初这些并未引起社会的重视。人们关心的仍是资源的不足，如冶炼能力的不足、淡水供给的不足和机械装备的不足，于是尽可能多地索取资

* 此文为 2009 年 11 月 21 日在北京大学光华管理学院关于绿色发展课题研讨会上的发言。

源。最早关心环境保护的人士所注意的，主要是工厂附近贫民区的恶劣居住条件、街道卫生和城市的清洁用水等问题，因为这导致了贫民区死亡率高、流行病蔓延等情况的发生。

进入 20 世纪以后，尤其是到了 20 世纪中期，接连出现了河流鱼类死亡、田间野鸟死亡、工厂附近居民患病，以及开发沼泽地（索取更多的土地资源）引起的生态破坏等事件，专家们对环境问题严重性的揭露引起了社会的普遍警觉。社会上越来越多的人认识到，如果再年复一年地使环境恶化，使生态遭到破坏，不用说后代子孙无法再在这块土地上生存下去，甚至连这一代人的生存都存在问题。

于是从 20 世纪 70 年代起，环境保护成为各国共同关心的问题。环境治理也被各国政府提上了议事日程。

二、政府的两难选择

政府一直面临着两难选择：既要有持续经济增长，又要有好的生存环境。怎样协调持续经济增长同良好生存环境之间的关系，长期以来成为政府关心的重点。政府对环境的态度正是在这种背景下逐渐转变的。

不管政府处于哪一种制度之下，也不管政府采取何种组织形式，在社会各界呼吁加强环境保护的背景下，政府实际上总是处于两难境地，一方面要保持经济的持续增长，另一方面又要维持良好的生存环境。然而，造成生态变化的直接责任者主要不是政府，而是在建设和生产过程中破坏环境、滥采资源以及排放废气、废水、废渣的企业，包括那些生产出有损于生态的产品的企业（如汽车、农药、化肥、纸张的制造商）。在政府看来，如果关闭这些企业，不仅使用这些产品的客户和消费者会感到不便，国民经济更会遭到巨大损失（如产值减少、失业人数上升、税收下降）；如果听之任之，那么生态继续恶化，后果极其严重，同样会引起社会动荡不安。政府必须兼顾经济增长和环境保护。再说，即使政府禁止新建会造成污染的企业，关闭已建的被列为污染源的企业，但已经造成的生态破坏如何恢复呢？已经污染的环境如何治理呢？这些都需要政府有大量人力、物力、财力投入，而在国民经济下滑的状态下，财政能负担这一切费用吗？加之，沙漠化、石漠化之类事件的发生，一般是找不到具体的责任人的，能让哪些企业赔偿损失或支付具体的治理费用？

这样，政府唯有采取协调持续经济增长和保持良好生态环境之间关系的措施，即采取分期分批地治理环境的政策，目标是明确的，但发展模式的转变只可能逐步推进。政府必须有所作为，但又不可操之过急。于是便出现"先污染，再治理"的模式和"边污染，边治理"的模式。尽管这两种模式都优于以前长时期内存在着"对污染和治理都不闻不问"的做法，但都遭到社会有识之士的反对。在这个过程中，鉴于社会的压力，政府才逐渐转向"先规定废气废水废渣排放标准，再批准开工建设和生产"的做法。政府态度的转变是前提。但政府也认识到，在环境保护和治理中，任何操之过急的做法都会造成后遗症，反而会妨碍污染的治理和生态的恢复，然而政府最终仍是艰难地在两难中做出"环保一票否决"的选择。

三、技术与制度并重

在保持人与自然和谐的基础上发展经济，科学技术进步和制度、体制的完善二者缺一不可，并且二者是相辅相成的。人类社会发展模式的转变，既离不开科学技术的进步，也离不开制度、体制的完善。二者相比，制度、体制的完善可能比新技术新装备的引进更加重要。

这样就逐渐形成了人类社会发展的新模式。它不同于人类社会发展的传统模式。数千年来所盛行的传统发展模式是一种单纯向自然界索取的模式，也就是着重于资源索取的模式，结果造成人与自然界之间关系失衡并且使失衡日益加剧。这通常在贫困地区的扶贫开发过程中表现得更突出。传统的贫困地区发展模式依然没有摆脱索取资源的老路和结果，尽管贫困地区的经济增长率上去了，但资源被掠夺性地开采，生态环境遭到破坏，贫困地区并未因此真正走上致富之路，滞留在贫困地区的人们的生活质量反而下降了。

生态问题虽然在工业化以前就已存在，但由于那时经济增长率低，经济增长（主要是农业、畜牧业和手工业增长）对环境的破坏还不严重，所以人与自然界之间关系还不那么紧张。工业化开始后，特别是进入工业化中期以后，人对自然界的索取急剧加大了，工业发展造成生态破坏，农业由于化肥、农药的广泛使用也给生态造成了巨大破坏，还有，居民因使用工业品（如汽车、化工产品等）同样给生态带来破坏。这样就迫使社会发展模式发生转变，即由单纯向自然界索取资源的传统模式转向新的模式。

新模式是一种保持人与自然和谐，并在这种和谐的基础上发展社会经济的模式。或者，简要地说，新模式是一种促进社会经济可持续发展的模式。如上所述，为了转向这种发展模式，科学技术进步和制度、体制的完善是必不可少的。唯有依靠科学技术的进步，才能在人与自然和谐的基础上，逐渐用绿色能源、绿色原材料来改造现有的工业企业，发展新的产业部门，保证国民经济的持续增长。唯有依靠制度、体制的完善，才能逐步形成企业自觉地遵循节约能源、保护环境的原则而进行生产的机制，以达到人与自然趋于和谐的目标。

新模式需要从三个环节上着手推进：一是建设过程，即在工业企业建设期间就应当有严格的环境保护方面的规定；二是生产过程，即在工业企业生产过程中必须严格执行节能减排、保护环境的规定；三是产品销售和使用过程，即在这些过程中防止破坏环境和浪费资源。因此市场绝不是万能的，政府的监督管理绝不能放松。

四、公众参与的必要性

建设生态文明，离不开公众的参与，公众不仅要有知情权、监督权，还要积极投身于环境治理、资源节约、生态教育等工作中，这样才能保证社会发展模式的有效转变。

要实现从传统的社会模式向新的发展模式的转变，要建设以人与自然的和谐为目标的生态文明，公众的参与是非常重要的。

第一，没有公众的参与，环境保护和社会发展模式的转变只可能停留于政府和学术界层面上，而不可能形成一种社会共识、一种公共目标。有了公众的参与，环境保护和发展模式的转变就成为全社会的一致行动了。例如，对工业企业排放废水、废气、废渣的行为监督，家庭生活废品的回收，环境的绿化，对野生动物的保护和濒危物种的拯救，环境卫生，等等，只有在公众参与之下才能取得更好的成效。

第二，公众参与也是对政府是否尽到保护环境和治理环境责任的有效监督。在生态文明建设中，公众应有知情权、监督权。政府换届时，对到届的政府官员在任期内的环境保护和环境治理的政绩的评价，以及对新一届政府在这方面的承诺，包括以后兑现承诺的情况，公众参与起着有力的监督作用。

第三，对一切已经造成或可能造成生态破坏的企业及其领导人而言，公众的监督同样是有效的。保护环境是企业应尽的社会责任，企业违背了这一社会责任，在公众的抵制下，企业不仅会失去市场，甚至会遭到比政府处罚更大的经济损失。

第四，在生态文明建设中，居民生活方式也应随着社会发展模式的转变而转变。例如，在住房的购买方面，居民倾向于节约能源和位于环境较好地区的住房；在汽车消费方面，居民倾向于选择耗能少、排放量低和以新能源为动力的车型；在饮食方面，居民倾向于健康、安全的食品，拒绝食用国家保护动物；在生活用水方面，居民坚持节约用水；等等。由此可见，如果居民生活方式不改变，生态文明建设就不容易取得成效。这就再一次说明公众参与的意义。

在这里尤其需要强调的是，消费同样体现了生态文明的建设。关于生产过程中对生态文明建设的忽视所造成的危害，人们现在认识得比较清楚了，然而消费方式的不当同样会造成对环境的损害，却是人们至今仍易于忽视的。因此，生态文明建设要从自身做起，从家庭做起。比如说，资源节约、废品回收、饮食习惯合理化等，同每一个家庭的生活方式改进有关，不合理的家庭生活方式的转变，是一件有益于社会的大事。

五、经济低碳化的途径

我国应当有实行经济低碳化的对策。这不仅需要从科学技术方面采取措施，更要兼用行政手段和市场手段。

今后，国际社会会越来越关注二氧化碳的排放，经济低碳化将是人类生产和消费活动的方向，也是各个国家进一步发展要遵循的道路。近年来，我国在这方面投入了不少人力、物力、财力，经济低碳化的工作取得了明显的成绩。现阶段我们面临的问题是：如何适应国际社会经济低碳化的要求，使我们在走经济低碳化道路的过程中，既能保证经济的平稳增长，又能不断缓解就业压力，让更多的人得到就业机会。这是一个难题，因为按照经济低碳化的要求，有必要关闭一批小煤窑、小钢厂、小火电厂、小水泥厂、小造纸厂、小化工厂等，这势必会引起相当多的工人下岗、失业，还会使一些地方政府的财政收入减少。在上述这些被关闭的小厂矿中工作的，大部分是农民工，他们的下岗、失业，又会使农民收入下降，使农村本来就较低的购买力进一步减少。这些无论对经济的增长还是社会的稳定，都会产生消极的影响。

那么，应对经济低碳化的途径究竟何在？我们怎样才能既实现经济的低碳化，又保证经济的平稳增长和就业的扩大？这是一个有待学术界继续探讨的课题。在这里，我想谈谈个人的几点看法。

第一，在工艺设计、新产品设计方面，希望有较大的突破。以往在这些设计过程中主要考虑有毒的废水、废气、废渣的排放及其处置问题，而没有注意二氧化碳的排放量和如何使之减少。现在，在设计的创新中不仅要使产品新颖、实用、安全可靠，还要节约资源、减少污染。也就是说，如果把减少二氧化碳排放早就考虑在内，不仅有利于经济的低碳化，而且这本身就是扩大市场和促进增长的途径。

第二，抓紧新能源和新材料的研究开发。新能源和新材料的市场前景是非常广阔的。以新能源逐步代替煤炭和石油，以新材料代替原来在生产过程中可能排放较多二氧化碳的旧材料，都有助于减轻环境承受的压力。而且，通过新能源的推广使用将会使汽车行业得到技术改造，通过新材料的推广使用将会使制造业设备更新，使房地产业和建筑业发生材料革命，都能带动经济的增长。

第三，大力发展环保产业。环保产业有狭义和广义之分。狭义的环保产业主要指环保设备、仪器、各种监测手段以及净化环境的各种物品的制造业，也包括运用环保设备等从事净化环境、恢复受破坏的环境的有关行业。环保产业前景乐观，因为社会对环保产业产品的需求是扩大的，社会对环境治理的期望值是上升的。而从广大的环保产业角度来看，绿化造林、土壤改良、治沙、治石漠化、净化江河湖泊和海岸滩涂、资源回收和利用都包括在环保产业之内。这些工作的进展是有助于经济增长和社会发展的。

第四，运用资本市场推进经济的低碳化。发展环保产业，实行循环经济，走经济低碳化的道路，都是需要持续投入的。庞大的资金来自何处？政府投入的资金毕竟有限，而且财政拨款不可能直接投入广大企业用于更新设备和研究开发等项目。运用资本市场将是企业技术改造的筹资方式之一。这对所有的企业在技术改造方面都有促进作用。特别是对那些从事低排放技术和资源回收技术研究开发、设备制造的企业来说，它们在这方面越有成效，通过资本市场所筹得的资金就越多，发展前景就越好，从而会鼓励更多的企业走这条路。

应当针对低碳化的实施情况采取有差别的税收措施。

比如说，在资源的采掘、原材料的投入生产过程中的排除，对可能引起污染的产品制造以及废品回收方面，要针对不同情况，或者给予不同程度的优惠，或者施以不同程度的处罚。

从以上的分析可以看出，只要措施得当，走向经济的低碳化不一定会导致经济增长率下滑，也不一定会造成大批工人下岗失业。关键在于如何发现和利用实行经济低碳化过程中涌现出来的商业机会。即对关闭、重组、改造一批污染严重、资源消耗率高、经济效益差的小厂来说，未尝不可能涌现新的商机，使就业岗位在结构调整中增加。从长远看，经济的低碳化意味着新的增长点的形成，意味着新的市场将呈现在企业面前。

资产泡沫和投资冲动

——国际金融危机后的思考[*]

一、资产泡沫怪圈的形成和破灭

2008 年发生于美国并迅速波及全世界的国际金融危机，表明近些年在西方的市场经济国家中存在着这样一种资产泡沫怪圈，这就是：

为了刺激经济，实行低利率，引起信贷膨胀；在信贷膨胀的条件下，形成了投资热和消费热，集中体现于资产的炒作，造成了资产泡沫；资产泡沫的形成一方面继续推动投资热和消费热，另一方面使资金链不断延伸，影响到经济生活的各个角落。

但是，资金链越是延伸，薄弱环节就越多，资金链断裂的可能性也就越大。一旦银行和其他信贷机构出了问题，放出去的贷款未能如期收回，整个资金链就断裂了，这样就会导致因资产炒作而卷入债权债务的银行和企业发生债务危机，甚至倒闭、破产，实体经济必然受累，失业人数剧增。

这时，为了挽救陷于困难中的经济，政府不得不采取救市的做法，扩大财政支出，于是财政赤字又增多了。通过财政支出的扩大以及与此有关的低

---

* 此文为 2009 年 12 月 29 日在北京大学光华管理学院博士后年终聚会上的讲话。

利率政策，又为下一轮的信贷膨胀准备条件，资产泡沫在平息一段时间之后会再度形成。

如此循环不已，就出现了所谓的资产泡沫怪圈。

了解了西方市场经济国家中存在的这种资产泡沫怪圈的来龙去脉之后，我们对美国的次贷危机、雷曼兄弟银行倒闭，以及冰岛危机，甚至迪拜危机的原因就会有比较清楚的认识。

要知道，资产泡沫怪圈的形成并非短期的事情，而是多年的信贷膨胀以及由此引起的资产炒作积累而成的。资产泡沫怪圈破灭之后，到真正的经济复苏，绝不是一朝一夕之功。政府的救市虽有些作用，但不是短期就有显著成效的，因为这同投资者和消费者的信心是否恢复到过去的水平有关，也同就业状况是否改善、民间购买力是否增长有关。只有民间的需求，即个人消费需求，才是最终需求，投资热所推动的需求仍然是中间需求。

可以做出如下的判断，2008 年国际金融危机到 2009 年年末，虽然已经触底，但近期还只是缓慢地回升，要说危机已经消失，似乎为时过早。而且余波未平，资金链中下一个断裂口究竟在哪里，影响有多大，还不清楚。2010 年，不管怎么说，至少不会成为走向繁荣的年份，顶多说是逐步走出危机阴影的年份。

二、投资冲动所产生的另一种怪圈

中国是一个转型发展中国家。在转型发展阶段，地方政府对 GDP 增长的积极性大于中央政府，地方政府对经济结构调整的兴趣小于中央政府。由此产生了中国经济中的怪圈，可以称之为投资冲动怪圈。具体地说，它是这样的：

地方政府为了增加财政收入和缓解就业压力，竭力争取项目，增加投资，促使经济增长，于是投资膨胀，信贷量也随之扩大；这样一来，不仅全国范围的投资量剧增，而且造成信贷规模急剧扩大。然后，产能过剩现象就会出现，通货膨胀也随之而来。在内需未能相应扩大的条件下，出口带动经济的作用便越来越明显。通货膨胀和产能过剩并存的状况使中央政府不得不转而采取紧缩政策。经济增长下滑了，就业压力增大了，于是又转向刺激经济的做法。如此周而复始，形成投资冲动怪圈。

2008 年国际金融危机发生前，中国经济就陷入这种投资冲动的怪圈中。国际金融危机爆发并冲击中国经济时，首先反映于出口的剧降，影响到一批出口企业的生产和销售。出口企业通常是产业链条的最终一端，但产业链条上的其他企业，如向出口企业供应原材料、零配件和机器设备的企业，以及为出口企业服务的企业，无疑全都受到了影响。不少企业陷于困难。加之，产业链是靠资金链维持的。产业链断裂，迅速引起了资金链的断裂。流动性过大一下子表现为流动性不足了，因为每个企业为了自保，往往奉行"现金为王"的策略，即持有超正常现金储备，流动性不足正是由于货币流通速度大大放缓而引起的。流动性过大到流动性不足的转变，时间并不长，但却增加了宏观经济调控的困难。

在宏观经济调控中，起作用最大的是政府的巨额投资。2009 年第一季度中国经济开始见底，第二季度反弹，第三季度和第四季度继续回升。但问题在于：如果不破除"投资冲动怪圈"，即使经济增长率保持在 8%—9%，能不能摆脱这一怪圈呢？假定摆脱不了这一怪圈，中国经济的继续增长岂不是会重蹈覆辙吗？

因此，中国面临的问题同西方市场经济国家面临的问题有相似之处，即二者都有重蹈覆辙的担心。区别在于：中国需要摆脱的是"投资冲动怪圈"，西方市场经济国家需要摆脱的是"资产泡沫怪圈"。

三、摆脱这两种怪圈的途径何在

由于西方市场经济国家在国际金融危机发生前陷入"资产泡沫怪圈"中，所以金融业影响大，进而影响实体经济，影响就业。

由于中国在受国际金融危机冲击前陷入"投资冲动怪圈"中，再加上内需不足，过度依赖出口，所以受国际市场萎缩的冲击，出口企业受影响大，进而影响金融业和整个实体经济，影响就业。

因此，在摆脱各自所陷入的怪圈方面，西方市场经济国家的对策和中国的对策不可能一样。当然，加强金融监督管理和完善市场制度是二者都需要做的，即使是发达的市场经济国家，市场制度仍需要进一步完善。

对西方市场经济国家来说，要摆脱"资产泡沫怪圈"，最重要的措施可能是政府职能的重新定位，即需要消除政府不干预经济运行这一传统教条的影响，更好把握政府在经济中的作用，不要只从事"事后介入"而放弃"事前介入"的职能。经济的预警机制是可以发挥较好作用的。"事前介入"比"事后介入"的代价更小且成效更大。

对中国来说，要摆脱"投资冲动怪圈"，最重要的是通过改革的深化，从体制上消除产生这一怪圈的可能性。这是因为："投资冲动怪圈"的背后是体制问题。

与此有关的，主要有以下四方面的改革：

第一，投资决策体制的改革。

投资的决策体制目前是政府主导型的决策体制，应转变为市场主导型的决策体制。关键在于：在投资决策方面，政府愿不愿意让权、放权、还权。

第二，行业垄断体制的改革。

行业垄断在中国往往带有行政垄断的色彩。这样就阻碍了结构的优化，阻碍了企业的公平竞争，而且也容易引起垄断性或半垄断性行业的产能过剩，以及关键性生产资料价格的上涨。

第三，资源价格体制的改革。

资源价格不合理，不仅阻碍了结构调整，而且会浪费资源。结果导致技术落后的企业不可能被淘汰，使得技术进步受阻碍。

第四，民营企业准入政策的落实。

"非公经济36条"尽管已公布好几年了，但民营企业的准入仍是尚未认真落实的难点。应当贯彻"非禁即入"的原则，即只要不是法律禁止的，民营企业都可以进入。至于进入的门槛，要根据行业不同而制定，门槛可以放低一些，这有助于竞争的开展。

政府要为民营经济创造良好的环境 *

长期以来在社会上流行有三句话，无农不稳，无工不富，无商不活。这是根据我国以前长期的经验总结出来的，是有道理的。

根据最近十几年我国改革开放的情况，除了应该继续讲这三句话以外，还应该补充三句话。哪三句话呢？无民不稳，无民不富，无民不活。所以我下面讲三个问题。

一、无民不稳

无民不稳主要是指如果没有民营经济，社会是不能稳定的。过去我们讲无农不稳是从农业在国民经济当中的地位讲的。如果农业衰落了，粮食不够会引起社会不稳。今天我们所讲的，就业问题始终是摆在我们面前的重要问题。没有民营经济，社会不能稳定，因为就业问题不能解决。

中国劳动力的供给是有中国的国情的。2008 年 11 月，我到西欧访问。在西欧讲学的过程中，西欧经济学家不断问我一个问题：在西欧经济每年增长 2%—3%，我们的就业不会出问题。因为每年新到达就业年龄的人就已经填补了退休人员的位置了，3% 的增长率我们就很高兴了，因为非洲来的移

　　* 原载于北京大学民营经济研究院编：《北京大学民营经济新年论坛：民营经济——复苏时期的改革与发展》，2010 年 1 月 23—24 日。

民也有工作做。而我们不懂，中国为什么非要到9%—10%的经济增长率？2008年11月，中国的经济增长率降到了六点几，你们为什么那么紧张，我们不能想象。6%，对于我们是求之不得的，你们6%还不能解决就业问题，怎么回事？

我说，我们跟你们是不一样的。你们工业化已经200多年了，农村的劳动力都释放完了。今天的西欧农民只占全国人口的百分之几，他们有家庭农场，有自己的房子，生活条件跟城市一样，并且在社会福利保障方面也跟城市一样，他干吗要出来打工？来打工是他爷爷干的事情，是他曾祖父干的事情，他才不会来呢。

但是中国不一样，中国城镇化速度太慢，城乡二元体制长期存在。城镇化速度有多慢？新中国刚成立的时候城镇化人口只占20%。新中国已成立60年了，我们的城市人口只增加到45%。还有55%是农民。城乡二元体制不一样，他们随时准备从农村出来。

现在的农民工是新生代的农民工，新生代农民工和80年代出来的第一代农民工是不一样的。80年代出来的人是壮汉，有力气，从事建筑业、修路、采矿，他们的根在农村。在外面赚钱了，要回家盖房子、讨老婆、生儿育女的。

新生代的农民工都是1985年以后出生的一批人，他们心根本就不在农村了，他不仅是因为城市收入比较多才出来打工，更重要的是他向往和城市人一样的社会地位。因为城市有社会保障，我们干吗没有？我的孩子为什么不能到公立学校上学？我的家属也进城了，可是跟城里人看病什么都不一样。所以他要求充分享受和城市居民一样的改革开放成果，他不回农村。这个城市找不到工作，他就在其他城市里转。这种情况下，中国社会就业的压力很大。

怎么解决这个问题？解决这个问题必须靠发展民营经济。因为民营经济提供了新工作岗位。民营经济把新增劳动力的75%都吸收了。如果不靠民营经济解决就业问题的话，中国始终是个不安定的社会。所以说无民不稳，是有道理的。

二、无民不富

什么叫富？富当然首先跟经济发展有关系。如果国民经济不发展，就业问题不能解决，人怎么富？就业问题都没解决，还富什么？另外，国民经济发展了，收入会逐年上升。不仅如此，什么是富？其中一定要认识到创业的重要性。创业致富。创业致富充分表明：每一个民营企业的投资者跟经营者都是在创业，每一个个体工商户都是在创业，甚至每一个农民都在创业。1979年推广农村承包以后，农民的收入提高了。为什么？因为农贸市场开放了，几年之后那些紧缺的农产品，什么鸡鸭鱼肉，农贸市场都有了。他进入农贸市场就是在创业，他的产品是为市场生产的。

养殖大户，种植大户，这更是创业了。今天的民营企业中不少人，有的是过去几年毕业的大学生，他们自己创业了。一出校门就投到创业活动中去了。有些还是过去的打工仔，他们也创业了，因为就业到一定时期以后，他只要有了人脉，有了关系，他懂得了经营，几个朋友聚在一起，他就创业了。今天，很多人创业是跟自主创新结合在一起的。因为创新有专利，他就创业了。创业又带动了就业。

民营经济在这方面的特点是机制灵活，自负盈亏，它有积极性，为创业致富准备了很好的平台。从这里也可以看出，没有创业的精神是不会有创业的成绩的。对创业者来说，一定要善于发现机会，善于开拓市场，善于经营管理。这样的话，我们相信在民营经济的发展中，创业者会越来越多。今后将会形成一个自主创新的高潮，也会形成一个自行创业的高潮。

三、无民不活

什么叫"活"？活，不仅是指市场的完善，市场有活力，而且还指有活力的市场跟机制是连在一起的。可以这么说，市场是个大的搅拌机，各种生产要素投进去以后，就在里面自行搅拌了，最后得到资源的有效配置。

市场是个大型搅拌机，动力来自什么地方？它跟真正的搅拌机是不一样的。真正的搅拌机都有一个外接电源。电源开关一开，搅拌机就转起来了。市场跟大型搅拌机的区别在于没有外接电源。它怎么转动？就看参加市场的企业有没有活力。假定这些企业都是过去那些计划经济下的国有企业，没有活力，都是有病的企业，得了什么病？半身不遂了，老年痴呆了，怎么能把市场转动起来？

但在改革开放以后，无数民营企业进入了市场，它们机制灵活，市场这个搅拌机就转动起来了。这就是活。所以说我们对"活"应该有这样一种理解。

另外，我们知道，通货膨胀有两种形式。一种形式是隐蔽的通货膨胀，另一种形式是公开的通货膨胀。在计划体制下我们不是没有通货膨胀，计划体制下的通货膨胀是隐蔽的通货膨胀。隐蔽的通货膨胀表面上物价没有上涨，但是有钱买不到东西。有钱买不到东西看起来好像没有通货膨胀，实际上是隐蔽通货膨胀。这时市场当然没有活力。

市场经济下的通货膨胀是公开的通货膨胀，有一种通货膨胀叫作结构性的通货膨胀。结构性通货膨胀是由于关键性的产品供给不足造成的。比如说国际输入型的通货膨胀，从商品流动性上分析，就是结构性通胀。国际石油涨价铁矿石涨价了，甚至国际粮价上涨，从而引起了国内物价上升，都是结构性的通货膨胀。

结构性通货膨胀靠什么解决？不是靠紧缩解决的，它是靠增加供给解决的。这样，民营经济又起了重要的作用。因为民营经济信息灵通，市场渠道通畅，另外它有增加供给的积极性。消息灵，市场渠道通畅，又有积极性，这样就有基础了。应该更加鼓励民营企业，鼓励民营企业自主创新，鼓励更多的人创业，这就增加了供给。增加了供给有助于抑制结构性的通货膨胀。

所有这些我们都看得很清楚，无民不稳，无民不富，无民不活。这三句话是符合当前情况的。

我们应该得出一个什么样的结论？既然民营经济在国民经济发展中有重要的作用，那么，当前应该为民营经济参与公平竞争创造良好的环境，要清理不合理、不合时的政策法规。要降低创业的门槛，要实行"非禁即入"。政府在产品采购过程当中应该一视同仁。

　　我们要切实有效地解决民营企业、个体工商户的融资难问题。融资难问题对解决就业是最有好处的。兴建一条铁路，当然对长远经济增长是有必要的，但能解决多少人就业？办一个大型工厂，投资上百亿元，能解决多少人就业？只要政策到位了，融资问题解决了，每一个个体工商户增加一两个帮手，把亲戚、朋友都弄来帮忙。每一个中小企业增加三五个工人，全国会增加几千万人，甚至上亿人的就业。

　　当然，建大工厂是重要的，因为我们需要一些有助于解决短缺问题的大工厂，我们也需要为长远发展准备后劲的高速铁路、高速公路。但解决就业问题必须靠民营经济，所以融资难问题必须解决。

　　中国的城镇化过程是蕴藏着无穷的商机的。我们一开始就谈到了城镇化问题，现在城镇化率是45%，每年提高一个百分点，30年以后我们可以达到75%。那时候全国人口大概是16亿。那就是4亿农民、12亿城市人口。那就是说，这些年内，每年都要有1000多万人进城，包括青壮年，他的家属、老人、孩子。进城就要盖住房，拓宽马路，办学校，办医院，办文化活动场所，建公共服务设施。全世界没有比这个更大的商机了。

　　中国城镇化会带动中国整个经济的向前发展。这种情况下，我们可以看到民营经济在城镇化过程中起了重要作用，因而要扶植民营经济的发展。没有民营经济就不可能实现城镇化。

企业如何抓住新一轮商业机会 *

调整结构谁领先，谁就能赢得机会

经历了 2008 年下半年以来国际金融危机的冲击，到 2009 年年末，中国经济已经回暖，增长加快。世界其他国家与中国相比，经济的复苏比较慢，有的国家甚至仍有较大波动。在这种情况下，中国的企业应当对世界经济形势和国内经济形势有清醒的认识，否则难以抓住新一轮商业机会。

首先要认识到，只有抓紧调整结构，才能有持久的商业机会，并牢牢把握住机会。既然中国经济率先复苏，我们就要趁其他国家的经济尚未复苏或尚未完全复苏之机，赶快调整结构。新一轮商业机会何在？就在于谁在调整结构方面领先。我们千万不要因为自己的经济已率先复苏而放松，去走老路，那样又会陷入"高增长，高通胀，产能过剩，然后不得不紧缩"的困境之中。

不加紧自主创新，就不可能掌握主导权

要调整结构，广大企业就必须走自主创新之路。西方主要国家的企业，现在都把技术进步作为保住原有市场和开拓新市场的最重要手段。中国的企

---

* 原载于上海《文汇报》2010 年 3 月 5 日。

业也应当这样。要知道，产业升级和产品升级的基础就是自主创新。没有自主创新，就不可能在产品设计、原材料选择和制造工艺方面有新的突破，就无法以新产品吸引客户，开拓市场。说得更确切些，没有自主创新，就没有关键技术、核心技术，而关键技术、核心技术正是企业竞争力之所在。如果企业要开拓新市场并不断取得利润，关键技术、核心技术的掌握是最为重要的。

还应当认识到，没有自主创新，缺少关键技术、核心技术，就不可能掌握本行业的主导权。这里所说的行业主导权，用通俗的语言表述，就是"在本行业中我是老大，我说了算"。行业主导权不是靠行政权力赋予的，也不是靠行政垄断性力量造成的，而是依靠企业在本行业中的技术优势取得的。技术优势形成的基础在于依靠自主创新掌握的关键技术、核心技术。

市场份额的保持和扩大，靠品牌。没有自主创新，就不会有品牌，而品牌又要靠持续的自主创新来维护。在激烈的国内外市场竞争中，品牌既是敲门砖，又是防波堤，有了敲门砖，才能打开新市场的大门。有了防波堤，才能保住现有的市场份额，不致被竞争对手抢占。

企业的大发展无不仰赖大智慧

中国企业还需要调整自己的发展战略，其中具有关键意义的是两大战略，一是人才战略，二是营销战略。

在人才战略方面，主要做好两项工作。一是充分发挥现有人才的潜力，调动他们的积极性，提高他们的向心力、凝聚力。二是积极引进人才，在这次全球金融危机过去后，国际上对尖端人才的争夺会越来越激烈，中国要在产业升级、产品升级和技术创新中走在前列，决不能放松人才的引进。国家要制订规划，制定适合当前形势的政策；企业要为引进的人才提供便于他们发挥所长的工作条件，提供生活保障。有了人才的支撑，企业不仅在自主创新上，还能在资本运作和经营管理上不断取得新的成绩。

在营销战略方面，企业一定要懂得，自主创新除了技术领域的创新以外，也包括营销的创新。由于营销工作与售后服务（有时还包括售前服务）通常结合在一起，所以营销创新和服务创新不可分。企业要保持原有市场和开拓新市场，营销战略也需要不断调整，不断适应消费者的要求。

常言说得好，"小富靠勤奋，中富靠机遇，大富靠智慧"。实际上，大富也要靠勤奋、靠机遇，只不过依靠智慧显得更突出。勤奋是一切企业成功的秘诀，商业机会不能错过，机会一失，难以再来。但古今中外，企业的大发展无不仰赖大智慧。希望所有的中国企业都能牢记这一点。

论中国经济发展的动力 [*]

一、改革开放 30 年的经验

从 1979 年以来，30 年的时间内中国的面貌发生了巨大变化，中国建设的成就引起了全世界的关注。中国经济发展的动力在哪里？正在于民间蕴藏的极大积极性发挥出来了。可以举五个例子：

第一个例子：农业承包制。

农业承包制，当初称"大包干"，也就是指"包产到户""包田到户"。1979 年，在一些地方的农村中是农民们自发试行的，成果异常显著，于是各地农民群起仿效，一下子就在全国铺开。几年之后，农贸市场上什么农产品都有了。又过了几年，粮票、油票终于取消了。

第二个例子：乡镇企业。

农业承包制实行后，效率增长，农村有了一批多余劳动力，乡镇企业到处建立，不需要政府投资，农民自己为产品寻找销路。80 年代中期，国内火车、长途客车上处处可见到一群提着大包小包装着样品的乡镇企业推销员。就这样，计划体制外的乡镇企业商品市场形成了。大一统的计划经济的生产和销售格局终于被打破了。

---

* 此文为 2010 年 11 月 27 日在北京大学"经济学理论和中国道路"研讨会上的发言。

第三个例子：经济特区的建立。

在农业承包制的推广和乡镇企业兴起的同时，1980年建立了深圳经济特区。在这里，按市场经济规律运行，高楼一栋一栋拔地而起，深圳建设速度之快，给人们一个启示，只要实行市场经济，中国完全可以赶超西方发达国家。人才、资金纷纷流进了深圳，内地按计划组织生产，深圳更多地依靠市场调节；内地只存在个体工商户，深圳可以有最早的私营企业。这也表明了民间积极性发挥所带来的奇迹。

以上三个例子说明：

在改革开放初期，农业承包制、乡镇企业和经济特区的建立，是丢在平静的中国经济水面上的三块石头，它们激起了层层波浪，从此中国经济再也不可能平静下来了。民间积极性一旦被调动起来，中国经济发展就有了源源不断的动力。

第四个例子：股份制。

从80年代到90年代初，各地相继出现了一些股份制企业。它们最早也是群众自己集资组成的，或原有企业向民间筹集资金后扩建而成的。尽管当时还只是一些中小企业，但仍然是民间蕴藏的积极性的发挥。到处在谈股票、谈上市，经济发展靠人气的积聚，人气代表着民间积极性的高涨。人气要靠引导、培育、爱护，而不能靠打压，人气是难能可贵的。在邓小平同志发表南方谈话以后，群众的这种热情有增无减。股份制的作用终于被公众认可。

第五个例子：集体林权制度改革。

集体林权制度是迟到的改革。1979年农业承包制推出之时，有的地方也把集体山林一起分了。但当时改革开放刚起步，群众对党的政策不信任，害怕政策多变，所以一旦分了山林，就拼命砍树，如果不砍，万一政策变了，山林收回了，岂不是吃亏了？这样，砍树成风，中央不得不禁止集体林权承包。一拖就是20多年。但民间要求承包集体山林的积极性是抑制不住的。进入21世纪初，江西、福建等省开始了集体林权改革的试点。群众称之为"包山到户"。2008年6月8日，中共中央国务院做出了全国范围内实行集体林权改革的决定，承包期定为70年，林地和林木可以抵押，这样一来，

25 亿亩集体山林一下子就活了。林区农民的积极性被调动起来，林区热火朝天，绿化荒山，"爷爷种树，留给孙子来砍"。林下养鸡，林间种蘑菇、种中药材，这就是创业。从此，中国的林业发展进入了新阶段。

为什么民间积极性的发挥会促进中国经济的迅速发展？这是因为人民有改善生活的基本需求，他们总希望自己下一代能够在比自己这一代好的环境中生活和工作，他们还希望有机会施展自己的才能，实现自己的目标，以自己的成就表明自己的价值。民间的积极性就是由此而涌现的。

然而，民间积极性的发挥需要有合适的制度条件。没有合适的制度条件，就不会有机会的公平，也就不会有民间积极性的迸发。充分的社会流动，包括水平流动和垂直流动，只能产生于合适的制度条件下。这就是民间积极性得以发挥的最重要前提。

1978 年 12 月中共中央召开的十一届三中全会的伟大意义，就在于把中国引上了改革开放之路，从此民间积极性有了发挥的可能性。

以农业承包制为例。1959—1961 年的三年困难时期，一些省市并不是没有出现过"包产到户"的做法。但当时是遭到批判、打击的。倡导"包产到户"的基层干部受到了处分，试行"包产到户"的农民同样陷入了困境。民间积极性刚刚露头，就被扼杀了。十一届三中全会以后，情况才发生实质上的变化，民间积极性在农业承包制方面的发挥才有了制度条件。

股份制的推广不也如此吗？没有邓小平的南方谈话，没有中共十四大、十五大的召开，股份制能迅速推广吗？民间的积极性能这样迅速地迸发出来吗？

无论农业承包制的推行还是股份制改革的进展，都使蕴藏于民间的积极性极大地发挥出来，并成为推动中国经济发展的动力，使民间积极性转化为亿万群众的自觉行动，改革开放 30 年的历史证实了这一点。

不可忽略的是：政府在这方面的作用是重要的。政府的作用大体上可以归纳为以下五点：

（一）发现

发现是指发现民间有积极性，关键在于体制条件是否具备。只要具备了体制条件，民间的积极性就会被调动并发挥出来。

（二）引导

由于蕴藏于民间的积极性具有自发性，所以需要引导。政府引导民间积极性，实际上是对民间积极性的一种爱护，不要让它受到误导而遭到损失。

（三）扶植

对于因民间积极性迸发而出现的一些新生事物，例如为适应林权制度而产生的林业专业合作社，政府应当加以扶植，包括在融资方面给予支持。

（四）推广

在试点成功的基础上，及时总结经验，予以推广，这是政府应尽的责任。

（五）规范化

不规范化，就不可能使民间积极性所取得的成果进一步成长，这方面最明显的例证就是股份制的推行促成了《公司法》《证券法》的通过。

二、下一步经济发展中需要解决的若干重大课题

下一步经济发展中，包括"十二五"规划，甚至包括"十二五"以后的连续几个五年规划，都有若干重要课题需要研究、需要解决。下面分别予以说明。

（一）自主创新和产业升级

要实现经济转型和提高经济增长质量，以及为了增加中国产品的国际竞争力，我们应当加大自主创新和产业升级的力度。问题是：在西方发达国家，自主创新和产业升级都是在长期工业化的过程中逐渐实现的。我们能不能在较短的时间内实现自主创新和产业升级的目标呢？

为了加速自主创新和产业升级，有必要通过扶植优秀企业和完善资本市场。优秀企业，包括国有企业、混合所有制企业和民营企业，所有这些企业，都是中国的企业，都是民族企业，要一视同仁，调动它们创新的积极性。凡是在自主创新和产业升级方面做出成绩并且有巨大市场潜力的，都应得到支持。同时，资本市场要继续完善，形成完整的资本市场体系，使优秀企业在创新过程中更好地运用资本市场。

（二）就业问题

在西欧国家，一般只要年经济增长率达到3%，就业就不会发生大的问题，而中国2008年第四季度的资料表明，如果年经济增长率降到6%左右，失业问题就严重了，农民工就回乡了。为什么？关键在于中国农村劳动力不停地向城市流动，而西欧这种情况在很多年前就结束了。西欧工业化已两三百年，农村多余劳动力已释放完了。今天西欧国家农业人口只占全国人口的百分之几，他们有自己的家庭农场，有住宅，城乡生活条件一样，社会保障覆盖全社会。那里的农民是不会进城打工的。中国则不同。农民为了增加收入，为了取得和城市居民一样的社会待遇，他们一有机会，就想进城找工作。今天出来的农民工，被称为新生代农民工，他们同20世纪80年代出来打工的农民工不一样了，他们认为自己的根不在农村，心也不在农村。所以就业压力始终存在，那么，当前解决中国就业问题的杠杆究竟在哪里？

为了缓解就业问题，有必要促进民营经济发展和支持微型企业。民营企业是吸收新增就业的主要场所。认真落实"非公经济新36条"，实现公平竞争，放宽市场准入。全国有1000万家中小企业、3000万家个体工商户，只要生意好做了，每家中小企业多雇几个人，每家个体工商户多增加一两个帮手，全国一下子就可以增加几千万人的就业岗位，可以大大缓解就业压力。对于雇工人数少、资本少的微型企业，要大力扶植。微型企业是指雇工十几个人以下，创业时资本金在10万元以下的很小很小的企业。要采取特殊的优惠政策，如减免税费、解决融资问题等，以增加大学毕业生、农民工、退伍军人、下岗职工、库区移民、残疾人的创业和就业。

（三）环境保护和生态建设

根据西方发达国家的历史经验，"先发展，后治理"模式或"边发展，边治理"模式，都是有害的，而且也是不经济的。中国必须走出一条把环境保护和生态建设放在首位的可持续发展道路。但经费来自何处？怎样才能使可持续发展成为可行之路？

为了加强环境保护和生态建设，有必要一方面鼓励民间资本介入，另一方面形成公众参与和监督的机制。环境保护和生态建设需要大量投入，仅靠政府投入是不够的，要鼓励民营企业进入这一领域。此外，要调动公众的积极性，形成公众参与和监督机制，形成社会一致的环保行动（如资源回收、文明消费、节水节能、保护野生动物、环境绿化等）。

（四）城镇化过程中公用事业建设的资金筹集

在城镇化过程中，农民会持续不断地进城。如果今后每年提高城镇化率1个百分点，那么30年后，即到2039年，中国城镇化率可以从2009年的46%上升到76%。要知道，每年提高城镇化率1个百分点，意味着每年有1000多万人进城，其中包括青壮年、老人、少年、儿童。要盖多少房子，办多少学校、医院、文化设施，还有水、电、气、暖供应……"土地财政"走到了尽头，"地方债务"也难以承受，公用事业建设如何筹集资金呢？

为了筹集城镇化过程中公用事业的建设资金，有必要设立公用事业投资基金，大力吸引民间资本进入这一领域。在城镇化过程中，建立公用事业发展投资基金是国际上通行的做法。在中国，可以由财政部、国家发改委作为牵头发起人，适当投入财政资金，基金投资人包括金融机构、社保基金和其他机构投资者，然后发行金融债券，即"中国公用事业发展债券"，吸引民间资本。一旦民间资本纷纷进入城镇化过程中的公共建设领域，参与公用事业的建设，城镇化就可以按顺序推进了。

（五）人才建设

人力资本存量不包括在GDP指标内，但却是比GDP总量更能说明问题的指标。中国人力资本存量是不如西方发达国家的，因为人力资本存量是人口数量与人均技术水平的乘积。要做到人力强国，必须大力培养各级人才。为此，我们应当从何着手呢？

为了培育更多的人才和吸纳国外留学的人才，有必要及早形成教师和研究人员积极性得以充分发挥的机制。关键在于要尊重教师和研究人员的创新精神和辛勤劳动，充分调动他们的积极性，高等学校和研究机构要减少行政干预。要有适当的激励机制，要发挥协作的潜力。

（六）通过民间消费的增长，走向经济的良性循环

以投资为主，可以拉动经济增长，但这只表示中间需求的扩大。靠出口拉动经济固然是最终需求，但过分依赖出口，却会使我们受制于人。促使经济走向良性循环，必须先做到投资和消费并重，然后主要靠民间消费的增长拉动经济。如何做到这一点，关键何在？撬杆何在？

为了扩大民间消费，有必要增加廉租房、平租房、平价房的供给，同时让农民得到房产证。政府承担廉租房供给任务，政府支持平租房、平价房的建设，这样就能减少中低收入阶层的住房不足，同时，让农民得到房产证，可以抵押、转让、出租。农民有多余住房可以出租，这既可使农民有经常性的财产性收入，扩大消费能力，又有助于缓解城镇居民住房需求压力，还可以让农民"带资进城"，自行创业。上海市嘉定区和山东省威海市的农村住房制度改革的经验值得总结、推广。

（七）使有限的耕地产生更大的效率

中国耕地有限，而有些耕地由于各种原因，亩产量低下。加之，农民工外出，或有些迁居城内开店开作坊了，种田人手不足。这个问题如何解决？要改良耕地，使单位面积产量提高又需要大量投资，钱从哪里来？这些都要从长计议。

为了使耕地产生更大的效益，有必要逐步推进双向城乡一体化。西方发达国家的城乡一体化都是双向的，中国现在只在浙江义乌市有试点，迟早也应由单向城乡一体化转向双向城乡一体化。这可以鼓励城市中企业和投资者"带资下乡"，经营现代农业，发展物流产业。这样，农业经营的效率会上升，有限的耕地可以提供更高的产量。

总之，民间蕴藏的极大积极性正是中国经济迅速发展的动力。可以深信，只要采取有利于调动民间积极性的措施，让民间积极性发挥出来，无疑将会形成新的创新高潮和创业高潮，中国经济必将以新的面貌展现在世人面前。

转变经济发展方式的几个问题[*]

一、调结构

转变经济发展方式的重点是调结构。

应当树立这样一个观点：GDP 总量固然重要，但 GDP 结构更重要。GDP 结构的合理意味着经济发展质量的提高，也表明技术前进的方向。能真正代表一国国力的，不仅是 GDP 总量，而更重要的是 GDP 的结构。

我们不妨以鸦片战争时期为例。鸦片战争时期，中国和英国相比，中国的 GDP 总量比英国大很多，但 GDP 结构却没有英国合理。中国庞大的 GDP 总量主要是由什么组成的呢？是粮食、茶叶、棉花等农产品，还有手工制造的各种棉布及其他产品，包括丝绸、瓷器等。而进行工业化革命已经半个多世纪的英国，它的 GDP 包括了钢铁、蒸汽机、火车、轮船和各种机器设备；以棉纺织品来说，英国是机器生产的，英国工艺品的质量是世界先进的。这样一比，不难发现英国的 GDP 总量虽然不大，但结构是合理的，符合当时技术前进的方向，这决定了英国的国力走在世界前列。

人力资源也有结构性的问题。同样以鸦片战争时期为例。那时，中国的人力资源丰富，因为人口总量大，但结构不行。为什么？因为绝大多数农

---

　* 此文为 2010 年 12 月 15 日在云南省昭通市第三届"中国贫困地区可持续发展战略"论坛上的发言。

民和妇女都是文盲，而知识分子中，大多数人以读"四书五经"为主，一心想考科举，他们不懂经济管理，对科学技术也是门外汉。而英国当时的情况是：工业化革命之后的几十年来，初等教育普及了，中学教育质量提高了，大学教育进一步发展，技术教育也推广了。这样，英国每年培养出不少科学家、工程师和懂得经济管理的专业人才，而且熟练技工不断增多。中英两国人力资源结构的差距不言而喻。

可见，我们要转变经济发展方式，就必须调整结构，包括经济结构、产业结构、产品结构以及人力资源结构。我们不仅要成为世界制造中心，而且要力争成为世界创造中心。这些都同自主创新、产业升级有关。我们要成为人才强国，首先是人力资源的结构要合理。两天前，我到楚雄考察时发现，楚雄正在集中力量大办职业技术教育，想把楚雄打造成为职业技术人才和熟练技工的输出基地。我觉得这是具有战略眼光的，也符合当前的产业调整方向。

二、扩内需

要保证经济可持续发展，一定要扩大内需。这是因为，我们过去的经济增长主要靠投资，靠出口。民间消费应该是带动经济发展的最重要方面，但这只是在最近几年才开始有所重视。当前我们必须扩大内需。

首先，要不断提高劳动收入在国民收入分配中的比例，包括提高工资水平，提高农民收入。为了增加农民收入，要继续提高国家对农产品的收购价格和对农民的各种补助标准。

但真正实现努力扩大内需，增加农民收入的关键在哪里？关键是要找着帮助农民增收的撬杆。撬杆又在哪里？在于给农民发产权证。这是扩大内需的好办法。发给农民的产权证主要有三项：（1）农民承包土地的使用权证；（2）宅基地的使用权证；（3）房产证。就拿房产证来说吧。今年我带了全国政协经济委员会的调研组到一些省市调研。在农村和农民座谈时，农民反映道：城镇土地是国有的，城镇居民祖传的房子有房产证，新购的商品房也有房产证；农村土地是集体所有，但农民祖传的房子没有房产证，新盖的房子也没有房产证。所以农民意见很大：为什么国有土地上的住房有产权证，而集体土地上的住房却没有产权证？

农民的住房没有产权证，会产生什么问题？农民说：想抵押，房子不能抵押；想转让，没法转让；想出租，出租也难，因为没有房产证，租金不高，而且还有风险。什么风险呢？租出去的房子，如果租房者不付租金，或以后一直住下去，因为没有房产证，打官司也纠缠不清。面对这样的窘境，农民只能用一把锁将房门锁上，带上家属外出打工。于是，就出现了"两个老鼠的故事"。什么叫"两个老鼠"呢？上锁后，房子变成老鼠窝了，这是"第一个老鼠"。进城后的农民，两手空空，因为家里的房子不能抵押贷款，于是就只能租人家的地下室住，这就变成了"第二个老鼠"。还有更糟糕的，上锁后的农民住房，被人家私自撬开后，变成了堆放炸药的场所、地下鞭炮加工厂，有的住房还被用来炼地沟油、聚众赌博，甚至从事卖淫嫖娼活动。

我们在山东省威海市考察时发现，离市中心不远的几个行政村合并变成一个社区，这个社区的名字还挺好听的，叫"小城故事"社区。"小城故事"社区是新盖的农民新村，每家有两套房子，自己住一套，还有一套房子出租。我们到那里时，真是热闹啊，农民们有的正在装修，有的正在搬家，买家具，买家用电器，买地毯和窗帘，因为他们有财产性收入了，每月可以收取房租了。今年6月5日，上海《文汇报》报道了上海市嘉定区的情况，嘉定区给每户农民发三套房，一套60平方米，一套80平方米，还有一套是110平方米。自住两套，出租一套，家庭人口少的可以出租110平方米，家庭人口多的至少也可以出租60平方米，这让农民的收入真正有了保障，农民的购买力立刻增加了。

给农民发房产证，不一定统一由房产局发，也可以由住房和城乡规划建设局发。我在山东烟台调研时发现，农民的房产证有的是由房产局发的，有的是由住房和城乡规划建设局发的，虽然发放渠道不一样，但我觉得同样是非常可行的。在烟台的莱阳市农村,住房和城乡规划建设局发的房产证虽然在四大银行不能抵押贷款,但在农村信用社是可以抵押贷款的,这也符合农民的借贷需求。还有,在烟台的龙口市,龙头企业和行政村融合发展,农民用土地入股,企业给农民分配不同的工作:农民有的种葡萄,有的种蔬菜,有的进工厂,有的做建筑工,有的从事物流。农民的住房有公司发给的房产证,他们的房产证在公司内部可使用。农民的收入包括:(1)土地入股有股息、红利;(2)在工厂或农场林场工作有工资;(3)农民空闲的房子可以出租。这样,农民收入提高了,内需也就扩大了。

三、促进就业

促进就业最好的办法,就是大力发展民营经济、大力扶持微型企业。现在全国每年新增的就业岗位有 75% 在民营经济中。但民营经济仍面临融资难、领域准入难、税费负担较重等困难。现在全国有 3000 万个体工商户,有 1000 万家中小企业、民营企业,只要政策放宽一点,税费减免一点,融资上帮助解决一点,个体工商户的生意就好做了。这样,发展壮大后的每家个体工商户只要从邻居家、亲戚家里招一两个帮手,全国一下子就可以解决几千万人就业。全国 1000 万家中小企业和民营企业,只要每个企业增加三五个人,又可以解决好几千万人的就业。所以,促进就业的关键在政策。

同时,还要大力扶持微型企业。在国外企业中,不但有大中小型企业,还有微型企业,什么叫微型企业?从最近重庆市有关大力扶持微型企业的规定来看,微型企业必须具备两个条件:一是包括业主和雇工在内的工作人员在 20 人以下;二是创业资本金在 10 万元以下。重庆扶持微型企业的主要做法是:对微型企业减免税,政府为企业提供银行贷款担保,出钱为企业进行职工培训和相关技术培训,并简化企业登记、注册及银行开户等手续。这样的举措,使重庆出现了蓬蓬勃勃的全民创业热,大学毕业生、农民工、退伍军人、下岗工人、残疾人、库区移民等纷纷成了跃跃欲试的创业者。昭通离重庆比较近，可以到重庆看一看、学一学。

四、稳定物价

最近几个月物价猛涨，稳定物价已经成了转变经济发展方式、促进经济可持续发展的当务之急。稳定物价采取什么措施呢？一项重要的措施就是把适度宽松的货币政策改为稳健的货币政策，使货币流通量回归到正常的水平。为什么不改成从紧的货币政策呢？这是因为，一旦改成从紧的货币政策，可能重蹈 90 年代中期的覆辙，因为突然从适度宽松货币政策改为从紧货币政策后，会出现烂尾楼、三角债、银行不良资产增加，甚至通货紧缩等现象。所以现在需要实行稳健的货币政策，使货币流通回归到正常水平。同时，积极的财政政策不变，这样经济可以稳定增长。

现在，导致物价上涨的主要因素是农产品价格上涨，而农产品价格上涨是有其特殊原因的，比如说，城市没有菜地了，谁种菜？现在北京的蔬菜要从山东、海南调运，流通成本高了，菜价当然就贵了。还有，西方发达国家有两种商品储备，一是国家储备，二是商业储备。而我们国家只有一种储备，也就是国家储备，但国家储备的东西毕竟是有限的。西方发达国家的大型超市，必须要有明确的商业储备。这样，短期内出现商品短缺问题不会引起恐慌。当前物价上涨的另一个因素，就是炒作，炒绿豆、炒大蒜、炒苹果。这是市场管理上的问题，必须打击囤积居奇的做法。可以相信，通过这些工作，物价可以逐渐被稳住。

五、城镇化过程中公共建设资金的筹集

公共建设资金的筹集，是在城镇化发展过程中一定会遇到的问题。"土地财政"的路已走到尽头，还有多少土地可以卖？地方"债务财政"实际上是把还债的期限向后推，这届政府推给下一届政府、再下一届政府。这样不

能解决问题。在这个方面应该学习国外的做法。国外城镇化过程中是这样融资公共建设资金的：在建设过程中，政府当然要对廉租房、社会保障性的住房，以及对义务教育、环保设施承担责任，政府应投入。但城镇人口增加后的供水、供电、供热、供气等公用事业要花费很多钱，资金怎么筹集？可以成立城镇公用事业建设投资基金。政府拿出一定的资金作为种子基金，银行等金融机构可以投入一部分资金，基金成立和启动后，可以发行债券，向民间大量筹资，这样就能解决问题了。

六、制度性贫困问题的解决

制度性贫困，或者叫体制性贫困，是经济学中的一个专门名词，主要是指由体制所造成的贫困。体制性贫困主要表现在四个方面：第一，由于体制的束缚，人民群众没有脱贫致富的积极性。如果想自己去寻找致富之路，可能受到打击，这样，积极性就被压抑下去了。第二，缺乏社会流动的渠道。这种社会流动的渠道在社会学上分为垂直性流动和水平性流动。正由于缺乏垂直性流动渠道和水平性流动渠道，人们无法改变现状。常言道，树挪死，人挪活，说的就是这个道理。第三，市场的限制。比如说，资本短缺、人才外流，贫困地区没有发展的空间。发展要资本，没有资本；发展要人才，人才都走了。我前几年到西北去，西北的人在讲，哎呀，现在不但"孔雀"东南飞，连"麻雀"都东南飞了！什么是"麻雀"？就是指熟练工人、班组长，他们也往东南飞了。市场是讲选择的。市场经济中，如果国家不实行向贫困地区倾斜的政策，贫困地区的发展是困难的。第四，就是仅仅靠资源，吃老本，吃资源，吃光为止。资源枯竭以后怎么办？没有考虑。所以，当前我们研究贫困问题一定要研究体制性的贫困，并提出解决方案。

我相信，以上这几个问题，既可以帮助我们了解当前的形势，也能够使大家对下一步的扶贫工作怎么做进行一定的思考和讨论。

中国经济发展十问[*]

一、资本大量进入资产市场怎么办?

国际金融危机后，中国经济首先回暖。但进入实体经济的资本并不多，大量的资本流入资产市场。这是每次金融危机后，都会呈现的一个普遍现象。尽管经济回升了，实体经济的盈利情况并不清晰明朗，投资者仍在迟疑观望。于是大量资金流入楼市、股市和其他资产进行炒作。到目前为止，这种现象还没有完全消失。因而，形成了泡沫。如不警惕，一旦泡沫再次破裂，将有可能出现二次探底。因此，一年以来，不少经济学家呼吁要警惕二次探底。

解决问题的办法就是要让民营企业、民间资本有足够的信心进入到实体经济领域。"非公经济新 36 条"的公布实际上就为它创造了前提。长期以来民营经济担心受到不公平待遇，担忧投资前景没有保证。所以切实可行的措施就是要认真落实"非公经济新 36 条"，为民间资本进入实体经济领域创造制度保障，以此分流资本大量进入资产市场的问题。

---

* 原载于《全球化》2011 年第 1 期。

二、怎样扩大内需?

扩大内需是重要的,因为我们的经济不能再单纯依靠投资增长来拉动经济,更不能把希望寄托在出口贸易上。出口贸易也是重要的,但如果变成出口依赖型的经济增长就是不可持续的。投资需求只是中间需求,最终的需求还应是居民的消费需求。扩大内需的办法有很多,最要紧的还是要提高农民的收入。比如家电下乡和农机补贴,但都不解决根本问题。再如国家提高农产品的收购价格也是有用的,但提高的幅度仍不算大。国家还有其他的一些措施,都能够提高农民收入,但都不是主要的,最主要的是要给农民财产权。农民没有什么财产,自己辛苦盖了房子没有产权证,这应该引起重视。党的十七大一再提出要让农民有财产性收入,而现在农民没有什么财产。所以首先要给农民发房产证,有房产证了,整个内需扩大问题就解决了。

2010年6月5日,上海《文汇报》第一版刊登了上海市嘉定区的经验,把农民的房子拆掉以后盖了新村,每户农民分三套住房,面积都不大,60平方米一套,80平方米一套,110平方米一套,农民自己选两套住,一套出租,三年以后房子可以自由买卖,这是上海经验。在山东威海离城市不远的农村里有一个社区,是由几个行政村合并而成的,叫"小城故事"社区,农民们盖了新村,每家人分两套房子,大概都是100平方米的,自己住一套,出租一套,农民有了房产证,就可以出租房子,他们的收入就大幅度提高,内需就扩大了。农村的土地是集体所有,山东莱阳的农村是真正的农村,农民的住房同样发房产证。有房产证农民就可以抵押了,抵押就有钱了,可以用于扩大再生产,内需也就扩大了。

三、就业问题如何得以缓解?

就业问题的主体人群是下岗工人、进城农民工、大学毕业生、残疾人、库区移民。要通过大力发展中小企业,特别要发展扶植微型企业来缓解就业压力。微型企业是包括业主本人在内，雇工人数加在一起不超过 20 个人的，创业投资的资本金 10 万元以下的企业。对微型企业要实施更为优惠的政策，包括财政补助、减免税收、职工培训、银行贷款的政府担保、开业、登记注册简化手续、银行开户快办等。这样有利于形成创业高潮，带动就业。因此，中国要解决就业问题，就要靠发展民营经济，发展微型企业。假定有大量的微型企业，每个微型企业可以雇到 20 人的话，中国的就业问题就会缓解很多。

四、经济发展方式转变的要点是什么？

经济发展方式的转变主要靠产业升级，自主创新。重点是要培育一批优质的民营企业，促进其走在创新前面。从深圳的经验来看，民营经济的自主创新是很有潜力的，要充分发挥其潜力，加强培育优质民营企业。同时，既要完善既有的资本市场，又要开发新的资本市场，从而形成完整的资本市场体系，包括主板、中小企业板、创业板、第三板（第三板是指未上市公司的产权的流通场所）。这有利于加快中国经济的快速转型。

五、怎样对待当前农产品价格上涨的趋势？

当前农产品价格上涨是所有人，特别是城镇中的工薪阶层所担忧的事情。

稳定农产品价格主要靠什么？主要靠增加供给，供给不足价格就势必会上涨。解决这个问题时，不应靠限价，限价并不能从根本上解决问题。因此，一方面应实行有差别的信贷政策，发展农业、扩大供给；另一方面应鼓励民间资本进入广大农村，民间资本进入后，情况就会大为改观。

六、如何应对人民币汇率的变动？

人民币大幅度升值是不可行的，因为我们的经济难以负荷人民币的大幅升值。但小幅升值是可以的。小幅升值实际上就是放宽浮动上下限，由市场在其中起作用，可能升也可能降，升升又降降，降降又升升。

对此，我国的国际贸易要相应地做两个调整。首先，根据国际贸易形势的变化调整出口的产品和出口的地区，使其更为多样化。其次，加紧自主创新，进一步放宽领域，加大民间资本介入高端出口产业，认真贯彻"非公经济新36条"。带动自主创新的新高潮，进一步实现产业优化升级。

七、地方财政怎么来应对城镇化和城镇化进程中需要解决的民生问题？

目前，我们正在进行城镇化，城镇化进程中要循序渐进地解决民生问题，如教育、卫生、公共福利、社会保障和整个生活条件的改善等。解决问题的关键还在于民营资本的参与，先有序地进行一些试点，发行公共建设投资基金，吸引民营资本参与到第三产业和公用事业的建设中来。要让民营经济预期到将来的收益。假定是垄断性的，只让政府部门和国有企业承担，城镇化进程将会遥遥无期。

八、怎样满足中等收入以下居民购买住房的基本生活需求？

中央政府反复出台了一系列限制房价增长过快的措施，提出了"限制投机性购房"的措施。这是必要的，但也是不够的，还应增加供给，增加更多的廉租房和平价房。廉租房和平价房政策是政府采取的积极有效的调控手段，值得肯定。但不应采取谁报价高谁就中标的方式，其结果只能使得地价越抬越高，房价日益高涨。

我认为，应该采取政府采购的方式，根据市民的购买力规定土地的价格、面积，房子的规格、质量。谁报价低，质量好，就让谁中标。

九、中国经济长期增长的动力是什么？

中国经济增长的主要动力在于充分调动广大群众的积极性。在中国可以酝酿群众的积极性，并充分地调动起来。1979 年的农村承包责任制，调动了广大农民的积极性。乡镇企业的兴起调动了广大农村的积极性。股份制也调动了群众的积极性。所以中国经济增长的动力还在于公众的积极性。一定要吸取以前的经验教训，避免挫伤积极性，要激发群众的创业积极性，增强群众促进中国经济增长，以及提高自己生活质量的积极性。一旦积极性发挥出来了，中国巨大的增长潜力也就实现了。

十、在经济增长中怎样加快生态建设？

当前最要紧的是加快生态建设，要继续推行集体林权制度改革，加快改革国有林场的产权制度。

集体林权制度改革后，农民开始自发植树造林。如湖南、江西、福建、云南这几个省，他们规定了 70 年承包期不变，上一代种树下一代收成。这既增加个人的生活收入，又满足市场的需求；既改善了环境，又激发了地方林权制度改革。因而，要进一步把激励林权制度的改革经验通过试点推广到国有林场，从而形成经济发展和生态建设并重的良好局面。

关于中国企业文化的几个问题 *

中国企业文化的哲学基础是什么？如何把握企业文化与"效率""公平"等重要学术范畴的关系？企业文化建设和消费文明建设之间存有什么样的关联？企业在这方面可以发挥什么样的作用？如何服务于"和谐社会"等目标？如何融入"可持续发展""低碳经济"和"生态文明"等更多的新理念？这类问题多年来一直发人深思，值得更多重视。本文拟就以下六个问题进行探讨：（1）"认同"和企业凝聚力；（2）"效率"和企业管理模式；（3）"公平"和企业内部矛盾的化解；（4）处理企业和政府之间关系的原则；（5）家族企业的继承与现代化问题；（6）中外企业文化的趋同性与差异性。

一、"认同"与企业凝聚力

任何一个企业，不管是什么时代和什么国家的企业，也不管它是私人创办的、合伙建立的还是政府设置的，企业的投资者总希望这家企业自成立后能够兴旺发达，而不愿它垮掉、倒闭、破产。如果企业职工和投资者缺乏凝聚力，人心涣散，那么资本再雄厚，技术再先进，也无法避免企业萎缩和被淘汰的命运。所以企业文化的核心总是把增强企业凝聚力放在首位。中国的

＊ 此文是作者为王超逸研究员主编的《比较企业文化学原理》一书所写的序言。原载于《北京大学学报》（哲学社会科学版）2011 年第 1 期。

企业如此，西方的企业如此，日本的企业同样如此。

我们可以把企业（不管是大企业还是中小企业，甚至是微型企业）看成是一个群体，职工每一个人是这个群体的一员。认同，就是这个群体的一员承认自己同群体是一致的，他把自己看成是本企业的一分子。认同的程度有高有低，认同程度的高或低反映了一个成员对群体关切程度的大或小。从一些案例可以了解到，一个企业在走向兴盛的时候，职工的向心力是高涨的，离心力相对来说不那么明显；而当一个企业走向衰弱时，向心力减弱了，离心力增大了，这反映了职工们对企业这个群体的认同程度发生了重大的变化。职工的向心力就是企业的凝聚力，它是因认同程度的加强而加强的。无论什么样的企业都必定关心这个问题。

企业当然是希望职工同本企业同甘苦、共患难的。尤其是在企业遇到困难时，更希望职工们能同心同德，共渡难关。企业文化在这种场合更能显示其重要性。人们常说要"同甘共苦"，其实，"同甘"与"共苦"并不是一回事："同甘"靠制度，"共苦"靠精神，靠认同。也就是说，在企业兴旺时，企业如何分配盈利，使职工们"同甘"，这必须依靠规章制度，一切按规章制度办；而在企业陷入困境时，企业如何渡过难关，仅靠规章制度是不够的，职工要跳槽，企业能拦得住吗？规章制度这时不一定能保证企业闯过这一关。更重要的是，这种情况下要靠职工的自觉，靠职工的认同感。只要职工从心里把企业当成自己的家，凝聚力就产生了并能发挥作用，这就是企业文化的力量。

由此看来，各国的企业文化的共性之一在于培育职工的认同感和增强企业的凝聚力。不同之处在于：主要依靠什么方法来做到这一点。比如在西方基督教社会中，企业可能倾向于从宗教信仰方面来加强文化建设[①]；在日本的某些时期，政府和企业曾经用"忠君爱国"的信念来增加企业的凝聚力。[②]

---

① 参见王超逸主编的《比较企业文化学原理》一书第九章"基督教文化与西方工业模式"。
② 参见王超逸主编的《比较企业文化学原理》一书第十章"日本文化的特质"。

二、"效率"与企业管理模式

效率，从经济学角度考察，是指资源的有效配置和有效利用。资源的闲置、资源的无效配置、资源的不合理使用等，都是低效率或无效率的反映。

任何一个企业都会重视效率的变化，因为这关系到企业的现状和今后的命运。效率下降意味着企业竞争力的削弱。在市场的角逐中，竞争力下降的企业是注定没有前途的。即使是垄断企业，迟早也会被改组，被合并，甚至被淘汰。

效率显然同企业管理模式紧密地联系在一起。从《比较企业文化学原理》一书第十六章、第十七章、第十八章有关美国企业文化的形成和发展过程的阐述可以了解到，美国企业文化的发展与美国企业管理模式的演进几乎是平行的、并进的。而企业管理模式的演进又以提高企业效率为核心，以达到增强企业竞争力为目标。

经济学对效率的解释经历了三个阶段。第一阶段着重解释的是生产效率，即一定的投入会有多少产出，或一定的产出需要多少投入，投入产出之比反映了生产效率的变化。第二阶段着重解释的是资源配置效率，即在投入量不变的前提下，用 A 方式配置资源会有 N 产出，用 B 方式配置资源会有 N+1 产出，而用 C 方式配置资源则会有 N−1 产出。资源配置效率和生产效率是并存的，也是并重的。第三阶段出现了一种新的效率概念，即所谓 X 效率和 X 负效率。X 效率和 X 负效率概念的产生同实证的效率分析有关。从投入产出之比看，从理论上推算，那么多投入本来应该有那么多的产出，但实际效果却并非如此：有时产出更多了，但大多数情况下则是实际产出少于理论推算的产出。为什么会多了一部分产出或少了一部分产出？ X 是未知数，于是多了一部分产出被解释为 X 效率的作用，而少了一部分产出被解释为 X 负效率的作用。

显然，三种效率都同企业管理模式有关。企业管理模式的不断改进，或者可以提高生产效率，或者可以提高资源配置效率，或者可以提高 X 效率或减少 X 负效率。同时，三种效率又同企业文化有关。生产效率的升降与职工的积极性联系在一起，资源配置效率的升降不仅关系到职工的积极性，而且在更大程度上关系到管理层的积极性，因为管理层主要从事资源配置工作。那么为什么会形成 X 效率和 X 负效率？那就直接同企业管理模式和企业文化有关，X 负效率的产生尤为明显。

根据经济学的解释，一个企业之所以会产生 X 负效率，主要有三个原因：第一，企业目标和职工个人目标不一致，从而使职工缺少积极性；第二，职工个人与个人不协调，矛盾重重，以致效率普遍低下，或彼此效率抵消；第三，职工个人的惰性作怪，发挥不了积极性。针对这三个原因，企业管理模式和企业文化建设应当：第一，使企业目标与职工个人目标尽可能一致；第二，通过各种活动和多方面的工作，使职工个人与个人之间减少隔阂，消除成见，使人际关系趋于协调；第三，通过奖惩规则的实施，特别是职工激励制度的完善，调动每一个职工的积极性。

可见，不同文化背景下的各国企业，可能会采取不同的方式来减少 X 负效率，X 负效率的产生和对 X 负效率的重视则是共同遇到的问题。

三、"公平"与企业内部矛盾

不同时代、不同国家和在不同的本土文化传统的影响下，对公平的看法往往是有差异的，这种差异不可避免地在不同的企业文化中表现出来。

按照经济学的解释，公平首先意味着机会的均等，即在经济生活中，人们都站在同一条起跑线上，客观上不存在对一部分人的歧视，包括对不同宗教信仰的歧视、对不同种族成员的歧视、对妇女的歧视等。假定这一认识被大家所接受，那么企业文化就应当表现出对机会均等的追寻和竭力使机会均等的原则得以实现。然而在各国工业化的过程中我们所能看到的事实则是：相当长的时间内，在一些国家的企业中，对不同种族成员、不同宗教信仰者的歧视是明显存在的，对妇女的歧视也同样存在；只是随着时间的推移，这些歧视才逐渐被淡化，或被法律所禁止，企业文化也相应地同现实保持一致。可见，在最初这些歧视存在的时候，企业文化并未肯定这些歧视是不合理的。时代进步了，企业文化也随之改变。

又如，按照经济学的解释，收入差距的存在并不一定意味着分配的不公平。收入分配协调只不过是把收入差距保持在职工们认为可以接受的范围内。但是，这一与公平有相当密切联系的收入分配协调的概念本身是模糊的。假定职工分为不同技术等级，那么谁也说明不了这一等级的职工与另一个等级的职工的工资差别多大可以被认定为"公平"。假定职工由于工龄不同而在工资上有差别，那么也没有人能说清楚工龄相差一年的工资收入差别多少才算是公平。既然收入分配协调概念是模糊的，那么"公平"的界定也只能模糊一些而无法量化。

从企业实际情况来看，企业内部矛盾有不少是由公平问题引起的。机会是不是均等？收入差距是不是合理？这些都可能造成职工之间的隔阂、个人之间的不服气，以及对管理层的不满意。这种情形历来都存在于企业中。于是就产生了不同文化背景下的企业文化的共性，即企业文化的任务之一在于化解企业内部矛盾，主要是化解职工们对公平的认识不一致而引起的职工之间的隔阂和对管理层的不满。基于各国文化传统不一样，各国的企业会采取符合本土文化传统的化解企业内部矛盾的做法，但这并不否定企业文化的共性的存在，即任何时期企业文化都把化解企业内部矛盾（尤其是因职工们对公平的认识不一致而造成的企业内部矛盾）作为增强企业凝聚力的途径之一。

四、处理企业与政府间关系的原则

企业总是存在于一定的政府监管的环境之中。企业界流行过这样的观点："哪怕是最坏的政府，也比无政府好。"这是因为，如果没有政府，社会极有可能出现秩序混乱，企业不但不可能正常经营，甚至连企业投资人的生命财产安全都难以得到保证；相形之下，即使存在的政府是一个横征暴敛、贪污腐败的政府，企业处境非常艰难，但企业的经营仍能继续下去。当然，企业希望的是有一个好政府；如果只能在坏政府和无政府之间做出选择，根据"两害相权取其轻"的原则，企业是绝不会选择无政府的。

由此看来，企业必须妥善处理自己同政府之间的关系。假定企业无权选择什么样的政府，即好政府还是坏政府都不是企业自己能够决定的，那么，企业就不得不采取自保的方式来维持自身的利益，适应现实，把自己的损失降到最低点，争取在尽可能维持自己生存的前提下，保全自己，再求发展。古往今来，任何一个国家的私人企业都必须学会"先生存，再发展"的处世之道。企业文化，从保护企业利益和职工利益的角度出发，也自然而然地会把妥善地处理企业和政府之间的关系作为企业生存之道、发展之道。这一点同样可以被看成是不同文化传统之下企业文化的共性之一。

要知道，企业经营需要良好的法制环境。有了良好的法制环境，企业就懂得什么是可以做的，什么是不可以做的。与此同时，企业经营也需要良好的社会道德环境。有了良好的社会道德环境，企业就懂得什么是应该做的，什么是不应该做的。企业和政府之间关系的处理，离不开企业的自律。法律的约束通常被认为是硬约束；法律底线是否被突破，既关系到企业对法律的自觉遵守，也关系到企业对法律的强制遵守。在这里，自觉遵守和强制遵守是统一的。说到极点，"法律底线就是生死线"，企业的生死兴亡全系于此。道德的约束通常被认为是软约束，因为道德规范主要靠企业的自觉遵守。然而不能忽略的是，企业同样不能突破道德底线。因此，"道德底线也是生死线"。不顾道德底线而为所欲为的企业，最终会被客户所抛弃，被职工所疏远，被社会所鄙视。

这就告诉人们，即使企业为了保全自己，为了求得"先生存，再发展"，但在处理自己和政府之间关系时，依然需要有法律的约束和道德的约束，而不能突破法律底线和道德底线。企业文化中必须始终贯彻守住法律底线和道德底线这一原则。这也是各国企业文化的共性。

五、家族企业的继承与家族企业现代化

私人企业在任何时期和任何国家都会遇到继承问题而无一例外。从这个意义上说：继承问题是每一个企业所无法回避的大事。不言而喻，继承问题同企业管理模式是分不开的。有什么样的企业管理模式就会有什么样的继承制度或什么样的选择接班人的制度。

私人企业在开始创立时一般都是家族企业或家庭企业。创业者大多数是强人、能人，他们依靠家族凝聚力，加上本人有组织能力和经营能力，家族企业诞生了，成长壮大了。于是家族企业转入第二代手中。第二代中的继承人可能从小是在企业创业阶段就参与了决策和经营管理活动，也积累了一些经验教训，加上本人也有一定的组织能力和经营能力，所以企业通常会继续成长，然而，到了第三代和第四代手中，情况就可能发生变化。首先，企业规模比创业时大多了，要管理好这样一个大企业，对接班人的要求比过去严格多了，后代家族成员不一定具有第一代或第二代那样的魄力、号召力和能力。其次，家族成员越来越多，难免会出现互不服气和竞相争夺企业最高权力的斗争，内部不协调和裂痕的产生看来是不可避免的。最后，后代家族成员从小就过着富裕的、娇生惯养的生活，他们未必能适应家族企业壮大后所面临的复杂局面，于是出现了家族企业的危机。

从古到今，家族企业由盛到衰的例子数不胜数。意大利经济学家帕累托在100年前提出的"精英分子循环理论"，或中国历史上多次被人们提及的"富不过三代"的例证，说明了企业始终停留在家族经营制框架内的局限性。企业文化在这方面的关切程度之所以一直很大，绝非偶然。

不同时期、不同国家、不同文化传统基础上的企业文化对企业继承问题的注意，无疑是企业文化建设的共性之一。选择接班人"唯贤"还是"唯亲"是家族企业的一件大事，几乎所有的企业文化研究者都倾向于"唯贤"，

同时考虑到家族企业的特点，对血缘关系也不能不予注意，从而结合企业管理模式的演进，出现了"亲中选贤""贤中选亲"或"委托代理制"等解决企业继承问题的可供选择的方案。而对家族的年轻成员则有一套让他们从小就接受良好的教育，从完成学业后就到本企业接受实习、锻炼、逐级实践等行之有效的做法，更重要的是企业应当建立一套科学的决策体制和监督、制衡体制。这样方能从旧式的家长主导制逐步过渡到符合现代企业制度的家族持股制或家族控股制。

不能否认家族企业转向家族持股制或家族控股制同"委托代理制"并存的大趋势。但在具体的做法上，各国在不同的文化传统影响之下会有差异。但这既不否定企业文化建设的共性的存在，更不否定家族企业管理模式随时代而演进的必然性。

六、中外企业文化的趋同性与差异性

以上已经就中外企业文化的共性发表了我的几点看法。这里所涉及的一个可能引起争议的问题是：在中外企业文化中，是企业文化的差异更重要，还是企业文化的共性更重要？据我所知，许多企业文化研究者和企业文化工作者都认为二者同样重要。这大体上是同实际情况相吻合的。但如果再深入一步进行分析，能不能得出下述推断，即时代不同了，企业文化的差异和企业文化的共性不会总是停留在"同样重要"的位置上，企业文化的差异和企业文化的共性的相对重要性不会持久不变？我的看法是：企业文化的共性可能比企业文化的差异更重要，更受到人们的关注。

为什么我会有这样的看法？简要地说，有以下三点考虑：

第一，随着经济国际化的发展，在今后一段时间可以明显地看到各国经济交往范围的扩大和经济交往的频繁，从而企业之间的相互联系日益增多。这势必导致不同文化传统影响下的企业文化的变化，即属于企业文化共性方面的内容，会越来越受到重视，而属于本土文化的特点则会逐渐被淡化。也就是说，在经济国际化的大背景下，企业文化的共性的相对重要性是会不断增大的。

第二，随着全世界对生态环境问题的越来越重视，对人们的生活质量问题的越来越强调，不同文化传统影响下的企业文化都会把节能减排、保护环境、走经济低碳化道路和实现经济社会的可持续发展作为企业文化的重要内容，从而生态文明建设也会相应地越来越受到企业界的重视。尽管不同文化传统影响下的各国企业文化今后仍会存在各种差异，但由于经济低碳化的趋势和实现经济社会可持续发展的压力是任何一个企业都无法抗拒的，否则企业迟早会被国际社会所抵制，被本国政府依据法律法规而取缔，或者因自身无法继续经营而关闭，所以任何一个企业迟早都会自觉或不自觉地向有成绩的经济低碳化企业学习。这是直接关系到今后企业生死存亡的头等大事。谁都扭转不了这一趋势。因此可以展望，企业文化必将适应这一趋势而发展，企业文化中的共性问题也会越来越凸显出来。

第三，随着科学技术的进步和市场竞争的不断激化，企业的管理模式今后也会适应科学技术进步和市场竞争激化的形势而发生变化。比如说，在新的形势下如何增加企业凝聚力，如何调动职工和管理层的积极性，如何化解企业内部矛盾和构建和谐的企业氛围，如何以双赢的方式来协调企业同政府之间的关系，如何以更妥善、更有效也更符合现代企业特点的方式来处理家族企业的继承问题等，都会在企业文化发展中被突出，因为这些属于企业文化共性的问题的解决，对新形势下企业的兴衰是至关重要的。这不仅从另一个角度说明了企业文化的共性继续存在的原因，而且还说明了有关这些企业文化共性问题的研究会继续受到重视并被进一步充实的原因。

当然，企业文化共性的相对重要性的日益增大，并不否定不同企业文化在各自文化传统的影响下都会显示自身的特色。企业文化的共性和差异性的并存将是持久的。

中国将经受长期成本推进型通胀的考验[*]

在西方国家，有关成本推进型通货膨胀的研究主要是20世纪70年代以后开始的，因为当时美国发生了滞胀，而滞胀的主要因素是成本推进型的通货膨胀。治理成本推进型的通货膨胀，凯恩斯的宏观政策是没用的，因为凯恩斯政策只对需求拉动型通胀有作用。

一、中国首次遭遇成本推进型通货膨胀

中国经济当前遇到的新问题是成本推进型通货膨胀。我国计划经济时代也有通货膨胀，但那属于隐蔽的通货膨胀，表面上物价没有涨，但有钱买不到东西。改革开放过程中，中国也出现了通货膨胀，主要是需求拉动的通货膨胀。针对需求拉动的通货膨胀，采取紧缩政策是有效的，但后来紧缩过了头，以致20世纪90年代后期的时候，又发生了通货紧缩的现象。

最近几年才开始出现成本推进型通货膨胀，尤其是从2010年开始变得尤为明显。造成成本推进型通货膨胀的原因有四个方面：一是原材料短缺引起价格上涨；二是农产品供不应求引起整个成本上升；三是劳动力成本上升引起物价上涨；四是土地价格和房产价格上升推动生产、生活成本增加。

---

* 原载于《中国国际经济交流中心会员通讯》2011年第2期。

对成本推进型的通货膨胀，紧缩性的宏观政策是没有多大作用的。宏观紧缩政策不能解决原材料的短缺，不能解决农产品价格上涨的问题，也不能把劳动力成本上升的问题消除掉，可能对房价、土地价格上涨有一定的抑制作用，但既然土地和房产价格已经上升了，相应成本还会继续推动总价格的上升。所以，这是我们当前需要注意的新问题。

二、中国劳动力成本上升出现的新变化

"十二五"规划要注意的重要问题是劳动力成本上升。改革开放以来，中国经济取得的成就得益于保持中国出口竞争优势的廉价劳动力。但是，现在工资成本呈现上升趋势。从国家政策来讲，最低工资标准是不断提高的，因为要增加劳动收入在国民收入中的比重。

从农村现在的情况来看，农民考虑的问题已经不单纯是城里工资比农村高就行，与20世纪80年代出来的农民工不同，那时出来的农民工，只要城里工资比农村的收入多，他就愿意出来打工，所以农民工的供给是源源不断的。现在情况已经不一样了，有三个方面值得注意。

1. 集体林权制度改革以后，农民成为林区的创业者。因为林区承包70年不变，山都划了界，包山到户，农民在承包的林里可以养鸡，可以种蘑菇，还可以种树。他把那些同村的或者附近的农民都吸引到山区，这样他是本人创业，而其他来工作的人是就近就业，他何必花那么多成本到城市打工呢？所以，农村劳动力是不够的，比如从湖南、江西到广东的打工人数就减少了。

2. 小城镇发展起来了，县城也发展起来了，这些地方也需要劳动力，农民工就不必坐火车外出打工了，与其和家人长期两地分居，还不如就近打工。就近打工对他们来说，既方便，又容易照顾到家，而且收入也不低。

3. 沿海一带雇不到人，现在新疆也雇不到人了。以前新疆摘棉花都是从河南、陕西、甘肃、宁夏等地区招人过去的。今年摘棉花劳动力短缺，这些

地方的人都不去了。即便是加了工资，他们还要计算整个收益和成本。

劳动力成本上升不是坏事，从政策上讲，中国的经济规模这么大，工资标准应该提高，因为廉价劳动力成本的时代已经结束了。但是问题在于劳动力成本上升是具有刚性的，一上去就下不来了，而且是在逐步提高。这种刚性如果累计起来看，不谈物价上涨以后工资应该上涨的因素，即使物价不变，劳动力成本同样还会上升，因为劳动力供给越来越有限。因此，有的经济学家预言，"10年之后中国将缺少蓝领，中国城市将雇不到保姆"。这不是危言耸听，现在已经这样了。这会造成什么样的结果呢？很多企业已经机械化了。例如，新疆现在还有一部分人靠摘棉花为生，如果长期找不到摘棉工的话，那就要采用美国的技术，用摘棉机，通过喷农药和化学药品，把棉花叶子全打掉，然后用机器来摘。另外，缺少保姆怎么办？现在北京市雇保姆已相当困难了。

三、中国劳动力成本上升带来的重要启示

当然，最近几年还不会产生这个问题，这既是一个新的挑战，也是新的机遇。对此，我们必须转变经济发展方式。为什么要加快转型呢？从三个方面来讲是需要这样做。

1. 对企业来讲，应该由此得到一种认识和启示，靠低廉劳动力成本参与出口的时代从此结束了。我们应该靠自主创新、产业升级、技术进步，使我们的产品打入国际市场。

2. 对广大农村劳动力来讲，他们也认识到了干粗工是没有前途的。工资始终是低下的，因此要加快自我技术提升和能力训练。目前，各地都把劳动力职业技术教育培训工作放在重要位置。我到广东调查了解到，凡是职业技术学院毕业的学生，99%都就业了。人力资源结构非常重要，这对中国长远来说是一个重要的问题。举个例子，鸦片战争的时候，中国的人口是4亿人，英国当时才1000多万人。可是人力资源结构不一样，中国的农民和妇

女绝大多数是文盲，这还不算，中国的知识分子都是读"四书五经"的，整天忙着考科举，没有几个懂现代科学技术、经济管理和经营。而英国就不同，英国工业化已经开始半个多世纪了，在此期间，英国的义务教育、中学教育、大学教育、技工培训，不断培养出很多科学家、工程师，人力资源结构就不一样。对我们来说第二个启示是加快人力资源结构的调整，要成为工业强国，还要成为人力资源强国、人才强国。

3. 对中国来讲，意味着在劳动力成本上涨的背景下，现代服务业将会有更好的发展机会。比如请不到保姆，加快了家庭服务的智能化。工人在减少，熟练技工增多了。整个现代服务业同样有发展，这些都给我们很多启示。

承接产业转移和次发达地区面临的机遇与挑战 *

一、承接产业转移是次发达地区发展的契机

产业在地区之间转移是一国工业化过程中常见的现象，而且主要出现于加工制造业。加工制造业的企业之所以会内移，甚至跨国转移，除了某些与行政效率有关的原因以外，主要考虑的是成本增长问题。资源开发性企业也有转移问题，这主要是因为资源枯竭或深层采掘困难（如开采成本过高或技术达不到要求所致），从而需要转移到新的地区去。此外，在资源枯竭地区还需要培育后续产业，使当地就业问题缓解，使财政继续有收入，使经济能继续发展。但这不是本文所要探讨的主要问题。本文的探讨对象是加工制造业企业的转移以及与此有关的问题。

在成本推进型通货膨胀形势下，产业向次发达地区转移更为必要。从企业的角度看，需要降低的是用工成本、土地使用成本、房屋购置和使用成本、物流成本等；从宏观经济的角度看，产业转移将是优化地区间资源配置的机会。

促进产业地区间转移的第一个成本因素是用工成本。关于用工成本的上升，原因是多种多样的，包括因发达地区生活费用上涨较快而引起的工资成

---

* 原载于《中国市场》2011 年第 11 期。

本上升，因技术工人短缺而引起的工资成本上升，因一般劳动力供给不足而引起的工资成本上升，以及因社会保障措施推广实施而引起的工资成本上升等。一般来说，经济发达地区的工资成本总是大于次发达地区，所以产业由发达地区向次发达地区转移，是合乎经济规律的。至于技工短缺和一般劳动力供给不足的现象，也可以从经济发展中所遇到的新情况来进行解释，这就是：无论是技工还是一般劳动力，近年来都有就近就业的趋势，他们认为远离家乡，会造成夫妻分居和子女无法照顾以及家中老人无人赡养等问题，而就近就业既可以获得收入，又能照顾家庭，节省生活支出；反之，如果把妻子儿女老人接到发达地区的城市中，则支出浩大，自己是负担不起的。此外，近年来还出现了创业比打工强、自己当老板比给别人打工强的趋势。农村中的能人，会经营会管理的能工巧匠，宁肯到城镇开店开作坊开小工厂也不愿意加入雇工行列。这种情况也减少了向发达地区输送技工和一般劳动力。

正是在这种形势下，发达地区的企业，尤其是劳动密集型的企业，为了求生存求发展，出于降低用工成本的考虑，会将企业转移到次发达地区，其中也包括从沿海发达地区的城市往省内的次发达地区转移。这对次发达地区是一个发展的契机，不能错过这一承接产业转移的机会。

促进产业地区间转移的第二个成本因素就是土地使用成本和房产购置、建设成本。发达地区的地价和房价上升，既是需求拉动型通货膨胀的结果，又是成本推动型通货膨胀的原因之一。地价推动房价，房价上涨必然推动职工生活费上升，进而推动工资上升。房价上涨还意味着企业需要缴付的厂房租金、店铺租金和写字楼租金的上升。相形之下，次发达地区的市县地价和房价要比发达地区低廉，这也是促使企业转移的重要原因。特别是原有企业需要扩建时，或者投资者打算建立新的加工制造业企业时，土地价格、房屋建设成本，再加上拆迁成本，更是企业关注的因素。

促进产业在地区之间转移的第三个成本因素就是物流成本。无论从原材料、燃料供应，还是从企业产成品向销售市场的运输来看，近年来企业都感到物流成本在总成本中的比重有上升的趋势。这样，企业将从自身所在的位置、原材料燃料购进地和产成品销售地之间的距离、运输成本的支出等因素进行分析，以决定企业转移与否。企业如果从长期考虑，会认为扩大市场更为重要。企业转移不仅要着眼于物流成本的降低，更要考虑市场扩大后的收益。假定企业转移以后的位置接近于原材料、燃料供应地，而且有一个潜在的大市场，它就会认为企业的搬迁是合适的。未来的市场和迁移后的物流成本相比，未来的市场比迁移后的物流成本更加重要。如果迁移后的物流成本可以降低，那么对企业转移的吸引力就更大了。

二、次发达地区在承接产业转移方面的优势分析

次发达地区作为产业地区间转移的承接者，一般拥有较丰富的劳动力资源、土地资源和矿产资源。这是次发达地区的资源优势。次发达地区要善于利用自己的资源优势，承接产业转移。但重要的是，上述这些资源方面的优势，至今在较大程度上还只是潜在优势，而不等于现实优势。所以当前的一项重要工作就是要逐步把潜在优势转变为现实优势。

要使潜在优势实现向现实优势的转变，需要资本、技术和人才。资本可以引进，也可以在当地筹集。技术和人才可以引进，同样可以在当地提供、发掘和培养。怎样从外面引进资本、技术和人才？怎样在当地筹集资本，提供技术和人才？这才是关键所在。总的来说，一靠体制和政策，二靠政府诚信，三靠资本、技术和人才能在本地落脚的基础设施和工作、学习、生活的适宜环境。对于引进的人才和本地培养出来的人才来说，本人的工作环境和家属的生活条件、子女的就业条件同等重要，否则很难把他们长期留下来。

要把潜在的资源优势转变为现实的优势，最重要的始终是体制和政策，而体制是重中之重，有什么样的体制才会出台什么样的政策，才能让有效率、讲政府诚信、重法制的官员留在岗位上并得到重用。在体制和政策方面，尤其应当一提的是对产权（包括知识产权）的保护。产权清晰并受到保

护，对资本的引进和聚集，对技术的采用和鼓励创新，对人才的使用和培养，都有着极其重要的意义。

土地资源、矿产资源、水利资源、旅游资源、风力资源等，都可以转化为资本。由于资源是有未来收益的，资源转化为资本就是指以未来若干年的资源换取现实的资本投入。修高速公路就是一个例子。修一条高速公路，可以给予投资者今后若干年的收费权，这样，投资者就会筹资融资进行这条高速公路的建设。另一个例子是旧城区的改造，以改造后的城区节约下来的土地作为开发商未来的收益，从而开发商也就会筹资融资为旧城的改造、扩建提供资本，旧城区的改造就可以展开。同样的道理，新城区的建设、工业园区的建设、物流园区的建设等，都是资源转化为资本的例证。这是一种市场化运作的模式。准备承接发达地区产业转移的次发达地区，是可以仿照这种资源转化为资本的做法的。

在承接产业转移过程中，次发达地区一定要注意生态保护和环境治理问题，切不可只顾短期利益而以牺牲环境作为代价。建立工业园区、商贸服务区和物流园区来承接相关产业的转移，不仅是可行的，而且也被一些地方视为有效的。建立这些园区来承接产业转移的好处是：

第一，便于政府集中提供服务，减少政府管理部门和企业之间的中间环节，既节省时间，又提高办事效率，因为政府和园区管理机构是为企业服务的，管理就是服务。

第二，进入这些园区的不仅有转移进来的企业，还有新建的企业、扩建的企业，大家都进入园区，企业之间的信息交流加快了，相互提供的商业机会增多了。

第三，基础设施、能源、热能的使用效率，土地利用效率，运输效率都提高了。对企业来说，这是成本的节约。对政府来说，这是资源配置的合理化。

第四，就是前面提到的，便于环境的保护和治理。如果污染分散，不便对污染的治理，而且代价要大得多。从另一个角度看，承接产业转移的地区，由于让转移的企业进入工业园区，也便于对它们的污水、废气、废渣的处理情况，以及减少二氧化碳的排放量的情况，更有效地进行监督，并采取相应的措施。

次发达地区在承接发达地区的产业转移方面，是有自身的优势的。对于这种优势，人们一般只看到资源优势，因为这些都摆在面上，容易被发现、被利用。实际上，次发达地区在承接产业转移方面的优势绝不限于此。潜在的资源优势固然重要，但比这更重要的或更具有吸引力的，可能是以下两个后发优势：

一是次发达地区可以采纳发达地区发展工业的经验，汲取它们在工业发展中的教训，这就是次发达地区的一种后发优势。这一优势还在于：在汲取发达地区工业发展中的教训的同时，更应多考虑从体制上寻找弥补之道，即对现存的不合理体制进行改革，从而在承接产业转移和产业升级方面闯出一条新路。要知道，在工业发展已有较好基础的地区，在深化经济体制方面要有改动，困难通常要比工业不发达的地区大一些。也就是说，承接产业转移的次发达地区有较大的可能性在经济体制改革方面有所突破，尤其是在西部和中部某些试验区内。这就是以动态的眼光来考察产业转移，即次发达地区可以通过改革某些不合理的经济体制来迎接发达地区企业的进入。

二是次发达地区的后发优势还在于它拥有一个有很大潜力而至今尚未得到有效开发的市场。这样，次发达地区一方面依靠较低廉的成本吸引着待转移的企业，另一方面，从较长远的角度来看，次发达地区将会以有很大潜力的、待开发的市场来吸引待转移的企业。潜在市场的开发依靠民间购买力的增加。如果在产业转移过程中，次发达地区的就业增加了，城乡收入差距缩小了，农民收入提高了，其结果将是民间购买力的逐渐上升，市场也一定会逐渐扩大。与此同时，地方财政收入会相应地增长，用于地方建设的资金会增多，城镇化的速度会加快，这些也都是对次发达地区市场的扩大有积极作用的。

三、次发达地区怎样为承接产业转移创造条件？

概括地说，提高劳动力素质，城乡土地统筹，培育本地的民营企业家队伍，发展本地的金融，尤其是农村金融，以及创造良好的文化氛围，是目前和今后一段时间内次发达地区为承接产业转移迫切需要解决的问题。

（一）提高劳动力素质

如上所述，发达地区的一些产业之所以想转移到次发达地区，是因为所考虑的首先是降低用工成本，并且能在较低工资的条件下招到合适的工人。然而实际情况往往是：次发达地区的劳动力供给量要大于发达地区，但劳动力素质却不如发达地区，这样，较低的工资成本这个长处又被劳动力素质较差这个短处抵消了，甚至会弊大于利。

但这并不足以成为发达地区的企业向次发达地区转移的障碍，因为次发达地区劳动力素质较低是可以弥补或改善的。比如，在企业迁移过程中，企业及早开展对所招募的当地职工进行认真的技术培训，使他们提高技术水平，达到本企业所要求的工人技术标准。企业为此而花费的技术培训费用是值得的。又如，在企业迁移过程中，企业可以把企业原有的骨干职工，包括技术优秀的工人、领班的工人、业务熟练的职员一起迁移到所要迁移的地方去，保持本企业技术上的优势，以及管理和营销方面的特色。尽管为了稳定企业中的骨干职工而需要多支出一些费用（如发给随企业迁移的职工一定的补贴和租赁或新建骨干职工的家属宿舍），那同样是值得的。

重要的是，次发达地区在今后较长的一段时间内仍然有比较多的劳动力供给，这是由中国的国情所决定的，也是由中国的城乡二元体制和中国城镇化进程所决定的。至于那种所谓"中国廉价劳动力时代已经结束""中国的人口红利已经殆尽"或"中国的蓝领工人时代一去不复返了"等言论，并不符合当前中国实际情况。尽管有些发达地区的城市不容易招到青壮年劳动力，但这主要是由于本地的青壮年劳动力大多数已有工作，或务工，或务农，或经商，或开办小作坊，外地青壮年劳动力又不愿意前来做工，因为工资与生活费相比，被他们认为是不合算的，而且他们更愿意就近务工，以便同家人团聚，而不打算长期远离故土，远离家人。从企业的角度看，企业更愿意使用学历较高（比如说高中生）的农民工，愿意使用职业技术学校的毕业生。这表明，在中国，低素质劳动力的时代确实已临近结束，因为低素质劳动力的出路越来越窄了，而技工时代在中国才刚刚开始，中国即将面临这样一个时代，即把大批低素质劳动力转化为技术工人的时代。次发达地区的政府应当看清这一形势，把握这一趋势，继续发挥本地区劳动力相对丰裕的优势，大力发展职业技术教育，提高劳动力素质，以迎接技工时代的来临，为承接产业转移做好准备。

（二）城乡土地统筹

城乡统筹发展的核心是城乡土地统筹。这正是从中国国情出发来考虑的。中国耕地资源不多，而且农民外出打工以后，由于青壮年劳动力离乡外出，承包土地的利用率低，所以一边是土地少，不够用，一边是土地闲着，或只有很低的产量，浪费了土地。在城镇化推进过程中，城乡统筹的核心问题就是土地流转、土地重新规划和土地的充分利用。

根据一些地方（包括发达地区和次发达地区）的经验，在承包土地流转和宅基地置换之后，作为农村建设用地的宅基地中一部分因农民迁居新村而腾出来，复耕为耕地，耕地面积扩大了，多余的指标通过地票交易，把适宜发展工业、商业服务业、物流业和城镇住宅建设的耕地转变为城市建设用地，这样，既不突破耕地面积红线，又使得工业园区、商贸服务区、物流园区、住宅区有地可用。这对于次发达地区承接产业转移显然是一种支持和土地保证。

城乡土地统筹以后，对农业的发展也是有利的。以后，农村中仍会有一些散户，他们不愿外出，不愿迁居城镇，而宁肯继续经营自己承包的小块土地，从事农业经营。散户总是有的，要尊重他们的意愿，尊重他们的土地承包权。但今后，除散户外，主要有三类农业将进一步发展。

一是农民中的种植能手、种植大户。他们会种田，又愿意种田，当附近的其他农户外出务工经商后，他们以转包或租赁的形式把外出务工经商的农户所承包的农田集中到自己的名下，实行规模经营，既降低了成本，又提高了单位面积产量。他们转包或租赁来的耕地多了，就雇一些工人，采取机械化经营的做法。在种粮食或种蔬菜的地区，这种形式的农业很有发展前途。

二是农民专业合作社。这是农民自愿组建的合作社，在规模化组织的基础上，农民通常采取土地入股的形式，账目公开，管理民主，土地利用率提高了。有些农民专业合作社，不仅在生产上进行合作，而且在营销和生产资料供应上也进行合作，农民一般有两份收入，即入股分红和月工资。

三是农业企业。这些农业企业往往是科技型的企业，它们承包或租赁了一定面积的荒地、沙化地、盐碱地、滩地、低产田，以高科技改造这些土地，使之成为单位面积产量不断增加的农田，或把这些土地改造成为建设用地。可见，紧缺的土地资源是可以依靠高新技术和长期投资解决的。

（三）培育本地民营企业家队伍

次发达地区承接发达地区产业转移的过程中，培育本地的民营企业和民营企业家队伍是十分必要的。这是因为当发达地区的企业迁移到次发达地区以后，骨干职工可以从发达地区带来，管理经验和管理人员也可以一并带来，但配套的生产营销方面的合作企业却不一定迁入，因此，在次发达地区需要有一些能与迁移过来的企业配套的、为之服务的合作企业，这将有赖于本地的民营企业家的努力。由于产业转移提供了若干商业机会，而且这些商业机会是转瞬即逝的，本地的民营企业不抓住它们，很快就会被外地的民营企业所代替。

培育本地民营企业家队伍的另一个重要意义在于：要让更多的企业迁入次发达地区，一定要推进本地区的城镇化建设和扩大本地居民的购买力。城镇化推进过程中，次发达地区城镇的居住条件、学校和医院等设施、城镇环境保护和环境卫生状况、文化设施以及商场供应状况都会改善，这是吸引到发达地区企业迁入的重要因素，这里同样存在许多商机，本地的民营企业家切不可错过这些商机。至于本地居民购买力的上升，则意味着本地市场的扩大，这是从长远来说有利于发达地区企业转移到本地来的因素。正如前面已经指出的，次发达地区市场的扩大是企业转移的吸引力。本地的民营企业一定要懂得这一道理。

当然，本地民营企业家的成长同他们信誉的树立密切相关。信誉是无形资产，只有树立了良好的信誉，本地民营企业家才能同迁来的企业之间建立持久的合作关系。

（四）发展本地的金融，尤其是农村金融

金融的重心近年来一直在上移，县域和县域以下没有大中型的金融机构，至少国家控股的大银行是不在基层的。这种情况又不利于次发达地区承接产业的转移。迁入的企业需要有较好的融资条件，为迁入企业服务和配套的本地民营企业同样需要有良好的融资条件，城镇的建设也离不开金融机构的支持和帮助。如果某个次发达地区的融资条件太差，不仅会影响发达地区的企业迁入该地区，而且即使迁入，也难以生存和发展。

农村金融的重要性，主要在于缩小次发达地区的城乡收入差距，增加农民的创业机会和提高他们的收入，进而为扩大市场做准备，因为前面已经谈到，发达地区的企业之所以愿意迁入次发达地区，其着眼点一是降低成本，二是希望次发达地区今后能提供一个广阔的市场。假定次发达地区能做到农民的"三权"（土地承包权、宅基地使用权、房产权）、"三证"（土地承包使用权证、宅基地使用权证、房产证）可以抵押，那么农民经济就活了，通过银行或信用社的抵押业务，可以得到货款作为创业资金。这是提高农民收入和扩大市场的重要保证。

现实中的难题在于：银行发放了抵押贷款，担心农民到期还不了款，他们的房屋和土地都落到银行手中，不好处置。如果这个问题不解决，或者银行望而生畏，不敢涉足农民抵押贷款业务，或者银行被未归还贷款的抵押品（土地、房屋）所缠住，使自己陷入困境，难以脱身。为此，有必要建立县级的农村信用担保中心和地市级的农村产权交易中心。有了县级的农村信用

担保中心，由它对申请抵押贷款和信用贷款的农民进行信用调查并给农民做担保，银行就敢于贷款出去。有了地市级的农村产权交易中心，农民用于抵押的土地、房屋就可以通过它进行转让，银行可以收回贷款本息，于是他们就放心了。可见，这是活跃农村金融的有力举措。

（五）创造良好的文化氛围

次发达地区的不同省份（市、区）、不同地级市和不同县域，各有各的文化历史背景、民族风情，构成各自的特色。要成为发达地区转移的企业所选择的迁入地，应当说有一个共同的条件，这就是要充分发挥自己的特色，形成良好的文化氛围。

地区经济发展，既需要"硬实力"，也需要"软实力"，二者缺一不可。基础设施是"硬实力"，资本、机器设备、技术、厂房都是"硬实力"。人才是"硬实力"，但人才的素质、敬业精神、奉献精神、积极性和主动性、与人共事合作的能力却是"软实力"的充分体现。"软实力"还包括政府效率高低，法制建设的成就和人们的法制意识，地方的文化氛围、文化传统，当地居民的朴实作风，当地社会的和谐程度等。因此，要把发达地区的企业引进次发达地区，不仅要着眼于次发达地区自身的"硬实力"的建设，而且还要着眼于次发达地区的各种"软实力"的建设。也只有这样，才能使次发达地区的经济迈上一个新的台阶。

四、产业转移和产业升级的关系

对次发达地区来说，承接发达地区的产业转移，只能被认为是一个阶段的任务，并不是次发达地区工业化的目标或经济发展的目标。没有一个省（市、区）是可以依靠承接发达地区的产业转移，而成为工业先进和经济发达的省份的。也就是说，次发达地区可以抓住承接发达地区产业转移这个好机会，根据本省（市、区）的实际情况，发展高新技术的产业，实现本地产业的升级，并在自主创新方面取得成就。假定一个省（市、区），仅仅满足于承接发达地区的产业转移，而不能使本地企业在自主创新方面取得成就，不能实现本地的产业升级，尤其是不能结合本地的区位优势和本地的资源禀赋，发展自己的有特色的产业，而仅仅停留于产业转移水平上，那是远远不够的。

当然，产业转移在现阶段对次发达地区来说仍然是必要的，这既考虑到可以借此促进本地的经济增长，增加就业机会，增加地方财政收入，提高本地城乡居民的收入，并且提高劳动力素质，同时也意味着次发达地区可以借助于产业转移的机会，加快本地就业人才的成长，培育起一批民营企业家，以及促进本地金融业的发展，进而为本地新产业的建立和为产业的升级创造条件。

由此可以再做进一步分析，以说明产业转移和产业升级之间的关系。

第一，即使是新产业在次发达地区的建立和次发达地区产业的升级，也不是单纯依靠次发达地区本地的企业（包括国有企业和民营企业）独立完成的。这更可能是本地和外地的资本合作、技术合作、人才合作的结果，而外地的企业家和本地的企业家则是这种合作的组织者和经营管理者。产业转移以及产业转移以后外地企业和本地企业的合作过程，使双方有了相互了解的机会，这样就有可能在双方进一步合作的基础上为新产业的建立和产业的升级而共同出资、出人、出力。

第二，前面已经指出，发达地区准备转移的企业是了解到次发达地区潜在的优势而决定转移的。但产业转移过程中，特别是实现了产业转移后，这些企业对次发达地区的潜在优势和今后的市场前景会有较深入和较全面的了解，于是它们愿意在这样的地区继续投资或加大投资，其中既包括原有企业的自主创新、产业升级，也包括新建的高新科技企业。本地的企业可以在资本、技术、人才、营销方面提供帮助，成为紧密的合作伙伴。

第三，在次发达地区承接产业转移的过程中，由于加强对人才的引进和对本地人才的培养，以及由于加大了职业技术培训工作，使本地技工人数增多，这些都对今后的产业升级有利。如果说次发达地区专业人才的存量和增量都在增长，技工的存量和增量都在增长，那就表明次发达地区在以后的发展中有了较好的条件，发达地区的企业会继续向次发达地区转移，外地的资本也会选择这一人力资源丰富的地区作为高新技术产业新建的地点。这就是次发达地区经济运行进入良性循环的体现之一。次发达地区的政府对此应有足够的认识，并早做准备。

第四，对次发达地区而言，更重要的是，通过承接产业转移，整个经济的运行开始进入良性循环的轨道。上述的人才和技工存量、增量的增长及其效应，只不过是次发达地区经济运行进入良性循环的体现之一。次发达地区整个经济运行的良性循环是指通过承接产业转移，次发达地区的就业增加了，GDP 总量增加了，产业结构调整了，地方财政收入增长了，民生改善了，居民收入和居民购买力上升了，从而又引起就业的继续增加、GDP 总量的继续增加……在整个经济运行转入良性循环之后，在经济持续稳定增长的基础上，产业结构也将继续调整。按照经济发展的规律，繁荣是靠繁荣支撑的，因为繁荣必然带来投资的增加和消费的增长，这就为市场的继续增长、产业的升级、企业竞争力的增强提供了保证。

归根结底一句话：次发达地区要重视对产业转移的承接，因为这是产业升级的准备阶段，也是整个经济运行进入良性循环的起点。

论创意和创新的制度条件 *

一、没有创意就没有创新

常听到有人说："发明是科学家的事，创新是企业家的事，创意则来自天才。"创意总是先于创新。任何发明和创新都以创意为突破口。创意首先体现于设计思想的超前、设计思想的领先，要设计出别人所没有的甚至想都不敢想的新工艺流程和新产品。具有创意的产业，才能占领本产业的制高点，也才能引领本行业发展的新潮流。创意引领发明，引领创新。这就是说，没有创意就没有创新。

如果没有科学家的努力，创意只会停留于设计阶段，不会转化为发明。如果没有企业家的努力，研究的成果只会停留于实验室阶段，不可能对经济产生巨大作用和结出丰硕的果实。企业家的最大功绩在于把创意和发明引入经济，落实于创业行动。

创业就是建立有核心竞争力、拥有自主知识产权并且能继续开拓市场的市场主体。经营和管理是两个不同的概念。管理，是在资本存量为既定的条件下，如何配置人力、物力、财力，以提高效率；经营，则是以资本存量增加为目标，力求以现有的资本存量去促使资本增值。一个成功的企业家，不

---

* 原载于《第十三届北大光华新年论坛会议手册》2012 年 1 月 8 日。

仅擅长于管理，更要擅长于经营。这才是创新和创业之道。

市场是可以创造的。创造市场，靠的是经营，而不能单依靠管理。管理同样是重要的，但对于一个企业家来说，经营更为重要。资本用活，主要靠经营；资本增值，也主要靠经营。中国企业家中不少人还没有弄懂这个道理。

二、没有创新就不可能立足于价值链的高端

对企业家来说，盈利率不管怎么说都是重要的，否则会引起投资者的不满，经理人也不能再得到投资者的信任。价值链有低端，也有高端。企业唯有立足于价值链的高端，才不至于成为一个单纯的加工者，这时利润大部分归于有创意和创新的其他企业，知识产权属于他人。加之，如果企业处于价值链的低端，只能收到加工费，盈利的空间很小。要让企业的产值增加，利润增多，企业就必须走自主创新之路，拥有自己的知识产权。

立足于价值链的高端，还必然会提高本产业的整体质量。这是因为本产业中的各个市场主体，彼此既是竞争者，又是合作者，或存在配套关系，或相互提供服务。这样，本产业中的企业越是拥有更多的自主创新成果，就越会加快本产业的资产重组，进而本产业的整体质量会提高，这具体反映于本产业将形成新技术下的产业链，带动新产业链上各个环节的企业升级、转型。现代市场的竞争态势是：最优才有前途，才有出路，次优同样会被排斥，会被淘汰。形势逼人，市场是最优者的市场，最优者就是本产业的领跑者。

这就告诉我们：在创意、发明、创新的道路上，谁都不能满足于现状，都需要在现有基础上继续前进，不能止步。

三、没有合适的制度条件，既不可能有突破性的创意，也不可能有重大的创新

制度条件是不可缺少的，可以从以下五个方面来分析。

实现一个由市场主体投资的体制创新，是需要投资的。创新成功以后的扩大生产更需要投资。如果市场主体没有投资的自主权，那么创新不可能取得实际的成效，市场占有率也不可能增加。因此，必须把政府主导改为市场主体主导，这一转变十分重要。

要有一个公平竞争的市场环境创新，同样是需要投资的。创新成功以后的扩大生产更需要投资。如果市场主体没有投资的自主权，那么创新不可能取得实际的成效，市场占有率也不可能增加。

要有一套政府在税收、信贷、奖励方面帮助创新者的优惠政策，政府可以根据自己的发展战略和产业政策，实行轻重缓急的区别对待。政府给予的优惠，同样排除所有制歧视和企业规模歧视。任何超国民待遇，都不符合公平竞争原则。

要有一套严格的知识产权保护制度，不仅要有严格的知识产权保护制度，而且要依法执行，使知识产权保护落到实处，否则会使创新落空。

要有一套激励创新者的机制，包括企业内部的产权分享制度。以乔布斯来说，他是一个创新的领头人，他有一个庞大的创新团队，产权激励和分享把这个庞大的团队的积极性全都调动起来了。由此可见，对于创新来说，合适的制度条件是关键所在。

扶植小微企业的最佳政策是免税 [*]

一、背景

据我考察，近两三年内小微企业发展较快，创业者包括农民、返乡农民工、大中专学校毕业生、下岗工人、退伍军人，还有残疾人、退休职工、家庭妇女等。小微企业吸收了许多人就业，为地方增加了产值，方便了群众生活，也促进了城镇化。

在有的市、区、县，政府为了帮助小微企业的发展，开辟了小微企业创业园，吸引小微企业迁入。小微企业创业园很受小微企业主欢迎。他们反映：进了小微企业创业园，政府的服务到位，水、电、煤气供应齐全，道路状况良好，进货销货都便利；进了小微企业创业园，许多小微企业聚集在一起，接触多了，信息交流也多了，大家都有好处，都有机会找到新的商机。

二、分析及对策

然而，我在考察中也了解到，小微企业同其他较大规模的民营企业一样，当前同样遇到困难。据反映，它们大体上有以下五种困难。

1. 订单在减少，特别是出口外销的订单。这主要是受到西欧国家和美国

---

    *　原载于《人民政协报》2012 年 6 月 21 日。

经济不景气的影响。有的小微企业主说，自从去年第四季度以来都是如此，小商品（玩具、生活用品、小五金产品、礼品、节日用品、鞋袜帽子等）不再像过去那么红火了。

2. 用工成本上升。小微企业主说：现在很难雇到合适的工人，即使雇用了，别的地方出的工资高一些，他们就换工作。

3. 物流成本上升。包括仓库租金、运输费用、装卸成本等都上升了。

4. 融资难问题一直未能很好解决。小微企业通常得不到银行贷款，只得求助于民间借贷，而民间借贷的利率要高出许多。

5. 税费名目多，负担重。我问这些小微企业主：当前你们认为什么是最重要的？是不是解决融资难问题最重要？他们的回答出乎我意料。他们认为，开办小微企业，摆在首位的是要有钱可赚。

仔细想想，这些小微企业主的话是有道理的。订单减少，要靠技术创新打开销路，但技术创新，哪有这么容易？而且技术创新需要时间，不是立竿见影的事情。

用工成本上升和物流成本上升，靠小微企业自身难以缓解。劳动密集型企业内迁，也许有助于规模较大的民营企业降低用工成本和物流成本，但不一定适合于小微企业。何况，小微企业内迁，迁到哪里去？有合适的地点吗？内迁需要一笔投资，这划得来吗？

缓解融资难，有一定的用处。在需要资金的时候，小微企业不必求助于民间借贷，从而可以降低融资成本。但如果企业因用工成本和物流成本等上升过快，再加上销路减少，市场紧缩，他们是不会请求贷款的，而是宁肯减产、停产、关闭。

由此看来，现阶段对小微企业最好的扶植措施是免税。免税实际上是给小微企业一种选择：如果选择停产，就享受不了免税优惠；如果选择继续生产，有了免税优惠，可以盈利；如果选择扩大生产规模，免税优惠更多，盈利也可能更多。在这种情况下，政府尽管减少了税收，但小微企业继续生产和扩大生产规模，将会维持就业和增加就业，政府仍将受益。

扩大内需十论 [*]

中央经济工作会议将经济工作重点确定在拉动内需方面，这是一项极有针对性的决策。怎么拉动内需呢？这里谈谈我的看法。

一、扩大内需主要指扩大民间消费

扩大内需主要指扩大民间消费，也就是说，要提高民间消费在经济增长中的作用。扩大投资可以扩大需求，扩大政府消费也能够扩大需求，但是与扩大民间消费相比，二者都有一定的限制条件，并且副作用大，后遗症也可能存在，历史经验已经证明了这一点。

二、扩大民间消费是一个渐进过程，不能靠一时突击

扩大民间消费是一个渐进的、持续推进的过程。不是靠一时突击，就能提高民间消费能力的。如果一时突击提高民间消费能力，比如，靠政府发钱，靠向其他国家掠夺，都会造成不好的后果。历史上有两次教训：第一次是公元前 4 世纪末，马其顿国王亚历山大控制了希腊以后，渡海攻打波斯帝

---

    * 原载于《新华文摘》2012 年第 7 期。

国，波斯帝国灭亡，波斯帝国王宫中的金银宝藏都落在了亚历山大手里。他怎么花？一部分发给希腊各个城市（除了斯巴达，因为它不支持亚历山大）；一部分老兵退役，要大量发钱，而且都是大量现金；官员又分了一部分。这些钱到民间以后，造成了消费品价格上涨，连续100年都是通货膨胀，这是历史上有记载的。可见，用这种方式来花钱，最后造成的是通货膨胀，因为供给没有上去。第二次是16世纪到17世纪时，西班牙占领了拉丁美洲（除巴西以外），因为一些金银矿被开采了，这些钱运回了西班牙，成为王室成员、官员、军官等家庭的私有财产，但是西班牙国内供给不足，就向法国、荷兰、英国去买消费品，引起整个西欧的物价上涨达200年之久，这就是"价格革命"。这两个例子告诉我们，我们要随着经济的增长逐步扩大民间消费能力，使供给和它相适应，这样才会出现一个稳定发展的状态。

三、从以投资拉动为主转变为以民间消费为主的经济增长，其中必须有一个过渡期

我们要从现在以投资拉动为主转变为以民间消费为主的经济增长，其中必须有一个过渡期，如果突然从投资拉动变成民间消费拉动，消费力量还不够，中国经济就会下滑，可能会降到5%，那是不行的。所以，我们首先要经历一个过渡阶段：投资和消费并重的阶段，然后再到民间消费为主的阶段。历史上有没有这个例子？有的。最典型的例子：第二次世界大战结束以后，西欧和美国的增长是投资与消费并重的，共同拉动经济长达20多年。这是因为，战后，西欧经济因遭到破坏，需要重新建设。为什么能做到消费和投资并重？因为20世纪30年代危机以来就一直被压抑的个人消费在战后恢复了。家家都要重新盖房子、买汽车，这样，消费有了，再加上投资，二者并重是可以做到的。所以当前我们的扩大内需、扩大民间需求，应由投资为主过渡到投资与消费并重，再到民间消费为主。

四、当前扩大内需主要是提高低收入者的收入

当前扩大内需主要是提高低收入者的收入。低收入者的收入边际消费倾向是高的。但要尽可能让更多的低收入家庭转为中等收入家庭。因为中等收入家庭消费趋于多样化，低收入家庭的消费基本上是单一的，就是吃、穿、住，而中等收入家庭则不一样，消费多样化了。只有这样，才能使我们做到长期增长的稳定性。

五、扩大内需必须先解除中低收入家庭的后顾之忧，这就要实现城乡社会保障的一体化

要扩大内需，必须先解决中低收入家庭的后顾之忧，这就要实现城乡社会保障的一体化。20世纪30年代大危机的时候，在西方经济学界发生了一场争论，当时主流经济学派是新古典学派，有两个经济学家，一个是罗宾斯，一个是坎南。就如何解决当前的失业问题，他们说有办法：一个人的工作两个人做，一个人的工资两个人分，一个人的饭两个人吃，就解决了。可是，当时年轻的瑞典经济学者米尔达尔，跟他的同事一起向瑞典政府提交了一个报告，认为解决瑞典的社会问题必须先解决老百姓的后顾之忧，具体政策是大盖平价房出售、大盖廉租房出租，让人人有房子住，再加上失业救济、教育免费、公费医疗、养老金保障，这些政策是瑞典成为福利国家的开始。

第二次世界大战结束以后，西方经济学者再次开会讨论30年代初期两派经济学家的论断谁对谁错（30年代初，凯恩斯主义还没有出来）。大家一致认为，新古典学派是错的，瑞典学派是对的。新古典学派错在什么地方？一个人的工作两个人做，一个人的饭两个人吃，一个人的钱两个人花，这不会增加社会购买力，这是靠企业内部来解决就业问题的办法，对社会失业问题是没有效果的，所以瑞典学派在这方面是对的。可见，要扩大消费，就要

解决消费者的后顾之忧。消费水平的提高增加了就业，一批人就业后就有收入，收入花掉，别人就可以就业了。别人有收入再花掉，更多人就就业了。这就是就业乘数理论。

六、要让农民有财产性收入

要让农民有财产性收入，这是增加农民收入、扩大民间消费的一个重要途径。产权要落实到户。最近几年进行了集体林权制度改革，林权落实到户，林权证发到农户手里，这样，农民的积极性就调动起来了。假定不是这样，比如，搞集体林权制度改革，只是承包到乡、承包到村，就不会有今天这样的效果。

七、兴办小型微型企业是扩大内需的重要方法

各民间创业，兴办小型微型企业是扩大内需的重要方法。要调动这种积极性，要给予支持，包括金融支持。农民的家庭果园、家庭菜棚、家庭作坊、家庭养殖场，一直到家庭林场，都是小微企业，它们是与市场直接联系的。提高农民收入，可以通过经营自己的林场、菜棚、果园、养殖场等形式来进行。这样，农村经济就活了，小城镇的经济也就活了。

八、让社会垂直流动，保持渠道畅通，这是促进居民收入增加的重要手段

让社会垂直流动，保持上下流动渠道畅通，这是促进居民收入增加的重要手段。20世纪70年代以后，西方经济学界出现了二元劳工市场理论。什么叫二元劳工市场？就是说，市场分上等劳工市场和下等劳工市场，上等劳工市场的职业是"好职业"，下等劳工市场的职业是"坏职业"。"好职业"

和"坏职业"的区别在哪里？工资这个多，那个少；福利这个多，那个少；这里有发展前途、有提升机会，那里没有；还有，就是这里可以不断学习知识、增强自己的能力，那里只是简单地重复劳动。今天的中国可能有这样一种情况，社会流动渠道堵塞，父母干这个职业，儿子也干这个职业，孙子也干这个职业，父子世袭。农民出来打工，世世代代都还是农民工。流动渠道不畅，应该怎么办？怎样避免社会阶层的凝固化？首先要创造公平竞争的环境，所有人都竞争上岗、择优录用，没有例外。另外，"好职业"数量应不断增加，让"坏职业"逐渐变成"好职业"，比如，可以改善工资待遇，提高服务标准，改善工作环境，提供学习机会等，这些对增加农民收入、低收入者的收入，都是有好处的。

九、要增加教育投资，使教育资源均衡分配

没有一定的投资推动不了民间消费，特别是要增加教育投资。教育资源分配不均衡，这是一个大问题，会造成就业不均衡，就业不均衡进一步造成收入不均衡，收入不均衡就造成生活不均衡，生活不均衡了，那下一代也就处在不平等的起跑线上了。

十、对奢侈品的认识要逐步改变

对奢侈品的认识要逐步改变，要随着时代的变化而改变。30年前，戴一条金链子、戴一条珍珠项链、用一些化妆品，这就算奢侈了，就是过奢侈生活了。现在变了，现在人们出国旅游，特别是去欧洲旅游，会购买很多东西，其中很多都是奢侈品，或者叫作"高档消费品"，这种现象是挡不住的。与其扩大外国的消费，不如创造条件让大家在国内买，所以，要降低这些产品的进口税，而前提就是对奢侈品的认定要跟上时代发展，要有所变化。

2014—2018

第 三 辑

信誉是最重要的社会资本[*]

一、经济学中的社会资本概念

经济学中的社会资本是一种无形资本。与我们当前媒体上使用的"社会资本"不同，那里指的是民间资本，是有形的。经济理论上所使用的"社会资本"，是与物质资本、人力资本相对而言的一种无形资本。

人际关系是任何一个人都可以拥有的社会资本。

人际关系广，人际关系好，这就表明社会资本多。广东、浙江就是这样的例子。

人际关系是靠信誉支撑的，因此信誉是最重要的社会资本。只要个人有信誉，别人愿意同你来往，拉你一把，扶你一手，你就有社会资本可用了。反之，即使你有了朋友、同乡、同学，信誉差，别人不同你来往，你的社会资本也就消失了。

二、社会资本在经济中的作用

无论在市场活动中还是在非市场活动中，谁都离不开人际关系，也离不开信誉。

---

　　* 原载于《北大光华新年论坛手册》2013 年 1 月 6 日。

非市场活动占据了一个人一天的主要活动时间，如果失去信誉，失去亲朋好友，失去合作伙伴，那么生活就会变得很不尽如人意，无生活质量可言。市场活动更是如此。

就市场而言，不管什么样的人际关系，都应该看成是合作互助关系。这种合作互助关系，可能是有形的，比如有合同、有默认，也有约定等，但也可能是无形的。按照社会的惯例来处理，大家都处在同一个市场环境中。这全靠信誉来维持。

实际上，人们之间各种有形无形的合作互助关系，都建立在互信的基础上。由此来看，"诚信为本"意味着任何一个人都必须以诚信作为自己的社会责任。互信就是双方都以诚相待。这也是双方都尽到了社会责任。

社会资本在经济中起着重要的交流、相互支持和互利合作的作用。如果人人在市场经济和非市场活动中都坚持诚信原则，大家的社会资本都会增加，物质资本、人力资本和社会资本的结合就更顺利了。

三、社会资本、物质资本、人力资本三者间的关系

物质资本、人力资本、社会资本三者共同创造财富和收入。离开任何一项都不行。当然，物质资本、人力资本仍是基础性的。

仅有物质资本和人力资本，而缺少社会资本，财富和收入的创造只能是有限的。为什么有限？因为这反映某个人或某个企业实际上得不到别人的帮助，他是在孤独地创造财富和收入。

市场范围越大，交易关系越多，社会资本越显得重要。

这表明，在现阶段的中国，社会资本对人们的意义比以往任何时候都更突出。

物质资本和人力资本都可以用数量来表示，而社会资本，尤其是信誉，难以用数量来表示。

如果一定要反映社会资本多和少，以信誉为例，可以用社会中的个人信

用记录来反映。信用记录可以作为评价一个人的诚信的依据。

四、信任危机的严重后果

一个人信誉不好，影响个人的发展；而社会普遍缺乏信用，将影响社会的发展与进步。

为什么个人或企业会不顾信誉？一是被利益所诱惑；二是存在侥幸心理，以为这样做成本小、盈利多，被发现的概率小，何况被罚或赔款也低于可能获得的好处。这种想法是错误的。要知道，一个人的信誉是最重要的社会资本。

不仅如此，如果社会普遍缺少信用，将发生社会信任危机，正常的社会经济运行将严重受损。假如信任危机发生了，社会将陷入无序状态，社会生活也将因无序而陷入混乱状态。

西方有一句谚语："你骗了所有的人，最后你发现你被所有的人骗了。"这表明失去社会信任的任何人，最终都会被社会所抛弃。失去社会信任的任何企业，同样会有这样的下场。

增加社会信任度，这是一个关系到民族生死存亡的大问题，不能认为这是小事。

五、社会资本是多年累积而成的

任何人，从小到大，社会资本靠多年积累而成，人际关系就是如此。你帮助别人，你也会得到别人的帮助，不管是有形的帮助，还是无形的帮助。社会的成长过程正是这样。

任何人，从小到大，信誉也靠多年积累而成。企业信誉同样如此。

信誉的积累绝不是一朝一夕之功。以一家企业来说，品牌是最值钱的，这是多年努力经营才有的成绩。为了保住信誉，企业从上到下都要珍惜品牌。

信誉是多年积累的，信誉由好变坏，很可能就在一次，如大堤溃塌一样。这就告诉企业和个人，不要以为一次做出有损信誉的事没有什么大碍，也许一次不慎，就把多年积累下来的信誉全毁了。

维护诚信是所有人的社会责任，因为没有诚信就不会有合作、互助、互惠和共赢。既然诚信如此重要，并且事关人人应尽的社会责任，所以在这个问题上切不可有所松懈。

六、道德底线和法律底线

任何一个人，不管从事何种工作，都应守住道德底线和法律底线。

法律底线当然至关重要，但守住道德底线同样重要。失信、违约，任意撕毁协议、欺骗，都等于自毁道德底线，同时也就自毁人际关系。

任何一个企业，不管哪一个行业的，也都应该守住道德底线和法律底线。

同任何个人一样，企业一旦不顾道德底线和法律底线，对人对己都造成损害，这是置社会责任于不顾的做法。

政府工作人员同样应该牢牢守住道德底线和法律底线，这是最起码的社会责任。政府部门任何一个工作人员的行为，都代表政府的形象。所以，政府工作人员都必须加强个人的自律。政府形象决不能因个别工作人员的违背法律和社会道德准则而损毁。

守住道德底线和法律底线，这只是最起码的社会底线，但也是对每个人的最低要求。

自律当然重要，但如果没有严格执法，违法不究，没有舆论的监督、社会公众的监督，社会无序状态将继续存在。

社会责任当然不只是守住两条底线，至少这是起点。

也就是说，一个具有社会责任感的个人、企业或政府工作人员，应当以守住法律和道德的两条底线为起点，对自己有更高的要求。守住这两条底线，就是所有的社会成员，包括所有的企事业单位必须遵守的社会责任。

怎样跨越"中等收入陷阱"？ [*]

　　"中等收入陷阱"包括发展制度陷阱、社会危机陷阱和技术陷阱三个"陷阱"。从世界上某些发展中国家的发展经历可以看到，世界银行报告中提到的"中等收入陷阱"确实存在。中国进入中等收入国家行列的时间并不长，中国会不会遇到"中等收入陷阱"并落入其中？这已经成为人们关注的热点问题之一。我们认为，只要应对得当，改革措施及时到位，中国完全可以跨越"中等收入陷阱"。但是，除了"中等收入陷阱"外，就没有其他类型的"收入陷阱"吗？中国在跨越"中等收入陷阱"以后，就能保证此后不会再遇到"高收入陷阱"吗？这些问题都需要予以讨论和研究。

一、"中等收入陷阱"概念的提出

　　有一些发展中国家在由低收入国家行列进入中等收入国家行列之后，经济往往长期停滞不前，总在人均 GDP 4000—5000 美元徘徊。因此，世界银行在《东亚经济发展报告（2007 年）》中提出了"中等收入陷阱"（Middle-Income Trap）概念。

　　"中等收入陷阱"就是指有些中等收入国家经济长期停留于中等收入阶

---

　　* 原载于《中国经济改革警示录》，厉以宁、石军等著，人民出版社 2013 年版。

段，原有的发展方式中的矛盾积存已久，终于爆发出来了，原有的发展优势渐渐消失了，它们迟迟不能越过人均 GDP 12000 美元这道门槛，不能进入高收入国家的行列。例如，东南亚的菲律宾、马来西亚，以及拉丁美洲的墨西哥、阿根廷、智利，都长期落入"中等收入陷阱"之中。

据世界银行的专家分析，落入"中等收入陷阱"的国家遇到了以下困难：

1. 由于国内工资收入水平上升，这些国家无法同低收入国家的廉价劳动力竞争，某些低收入国家在劳动密集型工业品的出口竞争中，比中等收入国家生产的同类商品具有优势，在吸引外资方面也更有吸引力。

2. 由于这些国家缺乏能与发达国家竞争的优势产业、先进技术和自主创新的产品，它们的困难加大了，它们迈入高收入国家行列的机会几乎没有了。

3. 这些国家已经丧失当初由低收入国家向中等收入国家挺进时的那种艰苦拼搏的精神和斗志。一般民众开始更多地追求福利社会的成果，总希望政府把更多的资源用来实现福利社会的各种目标，否则就对政府不满，于是胃口越来越大，难以自拔。一般民众不了解福利社会主要在高收入阶段才能逐步实现。

4. 这些国家政府官员的贪污腐败盛行。人们亲眼看到政府官员的贪污、受贿、敲诈勒索、滥用职权牟取私利等情况，他们的信心大大下降，官民矛盾激化，引发社会动乱。他们或者移民国外，或者消沉、失望甚至绝望，他们不再像当初创业阶段那样致力于经济振兴了。一般民众的消极、颓废、失望、绝望情绪成为落入"中等收入陷阱"的国家的又一致命伤。

"中等收入陷阱"就是这样出现的。在这里，不妨再做进一步分析，"中等收入陷阱"，实际上包括了三个"陷阱"，即"发展制度陷阱""社会危机陷阱"和"技术陷阱"。

下面，分别对这三个"陷阱"做些探讨。

（一）避免"发展制度陷阱"

"中等收入陷阱"中的第一个"陷阱"是"发展制度陷阱"，要靠深化改革来避免。已经或正在落入"中等收入陷阱"的发展中国家，主要是从传统社会走向工业化社会的国家。在它们从低收入国家行列进入中等收入国家行列时，不一定经历了传统制度的激烈变革阶段，从而可能还保留着较多的传统社会的特征，传统势力和传统的社会组织形式仍起着很大的作用。这些特征和势力往往在农村尤其是经济落后的山区、边远地区表现得相当顽强，它们成为这些国家"发展的制度障碍"，也就是"发展的制度陷阱"。

一个明显的例子就是土地制度依旧保留着工业化以前的状况。基本上有三种不同的表现：

一是传统的社会组织把持着土地，让土地的氏族共有性质长期不变，实际上农村的土地仍掌握在最有势力的氏族和家族长者手中，农村和农业尚未受到市场化和工业化的影响。

二是农村和农业已经受到市场化的影响，农村中所发生的土地关系变化表现为一些有势力的家族对土地的占有，从而形成了大地产制度或新建的种植园制度。大地产通常采取租佃制生产，佃户没有地产，沦为失地的阶级而成为新建种植园的劳动者或者是雇工。雇工没有土地，他们靠微薄的工资为生；或靠在种植园内领得一小块份地，自行耕种，作为工资的替代品。

三是在一些国家或地区经历过初步土地制度改革，农民曾分得一小块土地，但在市场经济中，农民中间发生了两极分化，土地兼并加紧进行，有些农民因种种原因渐渐丧失了土地，又成为无地的农民。

无论哪一种情况，土地分配的不均和贫富差距的增大都成为一些发展中国家的"发展的制度障碍"或"发展的制度陷阱"。

除了土地问题迟迟未能解决以外，"发展的制度障碍"或"发展的制度陷阱"还表现在以下这些方面：

1. 传统组织和氏族、家族势力根深蒂固，阻碍了市场化的继续推行，地方政权大多数受到这些势力的操纵，成为大地产主人或种植园主人的工具，地方政府官员成为大地产主人或种植园主人的代理人。公平竞争的市场秩序在广大地区尤其是偏远地区难以建立。

2. 这些国家中，传统社会的限制和土地制度的不合理，使农业劳动生产率低下，农村的收入增长率大大低于城市的收入增长率。农村购买力普遍低下，造成内需不足，限制了工业化的继续推行，市场化步伐相应地受到严重限制。

3. 发展中国家要进一步发展经济，必须有财政的支持。然而在这些国家，由于市场经济发展受阻，财政通常十分困难，只能靠增税来维持，而财政收支经常有巨大缺口，财政赤字无法弥补，结果形成了财政赤字与经济增长率低下交替的恶性循环。

4. 发展中国家要进一步发展经济，必须有金融的支持。然而在这些国家，金融业的发展通常是畸形的：一方面是资本找不到合适的投资机会，没有出路；另一方面是资本严重不足，高利贷盛行。造成这种畸形金融状况的制度障碍主要是金融机构或者被外资控制，或者被官僚和权贵们控制，民间金融不得不转入地下活动。

5. 在这些国家，发展的制度障碍还在于社会垂直流动渠道被严重阻塞了。社会垂直流动渠道通常比社会水平流动渠道更重要。这是因为，如果存在着居民迁移受限制的户籍制度，农村或集镇的居民不能自由迁往城市居住并在那里就业，其后果主要反映为城市生活环境恶化，出现贫民窟或棚户区，社会治安状况不佳等情况。如果社会垂直流动渠道畅通，则可以调动低收入家庭成员努力学习和工作，以及自行创业、发家致富的积极性。反之，社会垂直流动渠道的严重阻塞，将会对经济的发展和社会的安定产生消极的影响。社会垂直流动渠道的严重阻塞，主要是制度性的问题，往往和垄断的存在、利益集团势力强大，以及社会上种族歧视、身份歧视、宗教与文化歧视、性别歧视等有密切关系。

如何克服发展的制度障碍？如何避免落入"发展的制度陷阱"？对发展中国家而言，唯有通过"补课"，也就是通过对传统体制的改革，才有出路。这里包括对不合理的土地制度的改革、完善市场经济体制的改革和从制度上消除各种歧视。

然而，深化改革对这些发展中国家而言，绝对不是一件容易的事情。阻力越来越大，主要原因是：改革拖得越久，利益集团的力量越来越扩张，为改革所付出的代价也会越来越大。

以这些发展中国家的土地制度改革为例。如果在工业化开始前，或者在工业化刚开始时，对传统的土地关系就进行调整，使"耕者有其田"的主张得以基本实现，同时采取立法措施保护农民财产，限制以强凌弱式的土地兼并，也许后来就不会造成那么严重的"发展的制度陷阱"。如果在发展之初，采取土地赎买政策，让拥有大地产或大种植园的地主取得土地赎金而转投于工商业，也不至于使后来的土地重新分配方案遇到那么大的阻力。然而，改革的最佳时机一旦错过，以后再改革就会困难得多。

何况，以后要深化改革，谁来主持这场改革？利益集团及其代理人和支持者是不愿这么做的，因为他们的切身利益必然会因此受到损失。谁来主持和推进改革的深化呢？单靠少数有正义感、责任感的知识分子，他们力不从心，不可能实现这项任务，在激烈的政局动荡中，他们会很快被排挤掉，或者被逮捕、被流放国外，或者被杀害。如果单靠下层社会的穷人，特别是贫困农民来从事改革的深化，很可能酿成暴乱，打出极左的旗号，实行极端的"均贫富"政策，甚至演变为一场内战，不仅无济于事，而且只能使局势越演越乱。

这就是这些落入"中等收入陷阱"的发展中国家的深刻教训。

（二）避免"社会危机陷阱"

"中等收入陷阱"中的第二个"陷阱"是"社会危机陷阱"，要靠缩小贫富差距、缩小城乡收入差距、缩小地区收入差距和社会管理创新来避免。"社会危机陷阱"是怎样形成的？原因很多，归结起来，无非是贫富差距扩大、城乡收入差距扩大、地区收入差距扩大和缺乏社会管理创新所造成的。

在这里，首先要从这些发展中国家经常遇到的失业和通货膨胀难题谈起。

对于发展中国家而言，就业压力始终是存在的。经济发展到一定程度后，农村青壮年，包括农村妇女在内，走出农村寻找工作的人越来越多，因为早离开农村在城镇中找到工作的人生活得到改善，会有示范效应，会吸引更多的农村青壮年男女向往城镇，不断走出农村，结果是求职人数超过城镇的就业岗位数，就业成为城镇不得不面临的巨大压力。

同样的道理，在经济发展到一定程度后的发展中国家，由于投资需求增大，财政支出增大，便有了需求拉动型的通货膨胀压力；由于土地、原材料、燃料供给紧张，房地产价格上涨，生产成本上升，又有了成本推进型的通货膨胀；加之，在发展中国家经济发展过程中，它们同国际市场的关系日益密切，它们越来越卷入全球化的浪潮，所以无论从商品流通渠道看，还是从资本流通渠道看，它们都有可能发生国际输入型的通货膨胀。多种形式的通货膨胀相继发生，使发展中国家国内民怨沸腾，使公众不断增大对贫富差距扩大的不满、对政府的不满、对执政党的不满。

还应当注意到，如果发生的是成本推进型的通货膨胀或国际输入型的通货膨胀，那就会同失业交织在一起，形成失业与通货膨胀并发，也就是通常所说的"滞胀"。"滞胀"必将使这些国家的中产阶级受到打击，状况恶化，更重要的是使失业者和低收入家庭愤怒、绝望，"社会危机陷阱"不可避免地形成了。

"社会危机陷阱"的出现，造成社会动荡加剧，农村更加穷困，城市贫困人数增多，失业者增多，经济增长因城乡居民购买力下降而无法实现，因此政局会发生急剧变化，街头政治活跃起来，激进分子煽动大众起来推翻政府，并提出极端的政治主张。有钱人家相继移居国外。这时，任何想改革和发展的政治家都感到束手无策，不知从何着手。这些发展中国家只得长期落入"中等收入陷阱"之中，无法自拔。

就这些发展中国家的实际状况而言，要迈出"社会危机陷阱"，必须进行重大改革，然而，在"发展的制度障碍"刚出现时，尽管改革的困难已经比经济发展初期大很多，但只要政府的决心大、魄力大，仍有可能推进，而到了"社会危机陷阱"出现后，改革的难度就更大了。在"社会危机"影响下，政局已很不稳定，再谈"改革中发展"或"发展中改革"，都使得政治家不知所措，通常转而以"自保"为第一目标。

比如说，由于贫富差距日益扩大和利益集团的势力比过去强大得多，这使得想进行改革的人员左右为难，如果不想得罪穷人一方，就会得罪利益集团一方，任何改革措施都难以使双方满意，有时甚至会使双方都不满意，改革因此半途而废。

要缩小城乡收入差距，在那些土地关系严重有缺陷的发展中国家，必须对现存的土地制度进行改革，但无论是住在农村的还是住在城里的大地主家族或大种植园主利益集团，全都反对土地改革，甚至连妥协的、折中的土地改革方案也被他们反对。这是发生"社会危机"的发展中国家最难解决的问题。

要缩小地区收入差距，一定要从解决三个问题着手：一是增加贫困地区的就业机会，二是改善贫困地区的投资条件和发展条件，三是向贫困地区输入资本。但这三个问题都是不容易解决的。要增加贫困地区的就业机会，就必须增加投资；要改善贫困地区的投资条件和发展条件，同样必须增加投资。发展中国家没有足够的资本，巧妇难为无米之炊。那么，贫困地区能不能依赖本地区以外、本国以外的资本输入呢？这也是不容易做到的，因为必须有安全可靠的投资环境，必须有盈利前景，还必须有在盈利前景的吸引下愿意前来投资的企业家和愿意为企业家融资的金融机构。资本是不可能自动流入动荡中的贫困地区的。

为了保证贫困地区能有一种适合于各项改革措施有效地推进、改革和发展过程保持正常的社会秩序，社会管理工作应有所改变。这通常是指在贫困地区、经济落后地区和失业人数较多的城镇，推行农村和城镇社区的居民自治，采取各种化解民间矛盾尤其是地方贫富隔阂、官民隔阂的社会管理创新的措施。对于民间的突发事件，要采取应对预案，早做准备，早做疏导，早进行化解。在一些发展中国家，对民间突发事件如果处置不当，很容易发生大的骚动，最后加深社会矛盾，甚至激发更大的社会冲突。加之，在一些发展中国家，社会动荡往往同当地的民族矛盾、宗教矛盾、氏族或家族矛盾、地方派系矛盾纠缠在一起。因此，民间酿成的社会冲突必须在刚开始时采取适当的对策，及早化解，社会管理创新就显得格外重要。

（三）避免"技术陷阱"

"中等收入陷阱"中的第三个"陷阱"是"技术陷阱"，要靠技术创新和资本市场创新来解决。一些落入"中等收入陷阱"的发展中国家之所以长期经济停滞，摆脱不了困境，同技术上难以有重大突破有关。虽然它们认识到，如果技术上没有重大突破，缺少自主创新、缺少产业升级、缺乏技术先进的优势产业，是难以使人均 GDP 跨越中等收入阶段与高收入阶段之间的门槛的。然而，在这方面，它们往往无能为力。为什么？这主要是因为：技术创新必须同资本市场创新结合。如果缺少这种结合，这些发展中国家，即使已有一定的制造业基础，要想在尖端技术方面有重大突破，也是可望而不可即的。这就是"中等收入陷阱"中的"技术陷阱"。

要知道，技术上要有重大突破，必须有尖端的科研和技术人才，而在不少发展中国家，尖端人才是远远不足的。为什么会发生这种情况？一是由于社会垂直流动渠道的严重阻塞，利益集团势力强大，通常缺乏鼓励人才脱颖而出的机制，所以科技领域的高端人才被埋没了、受压制了。二是由于工资待遇、福利待遇、社会保障和工作环境的影响，不少在国外学有所成的人才不愿回国工作，而愿意受聘于国外，留在国外长期不回。三是由于本国培养的人才也受到国外机构的吸引，不断流向国外。这样，尖端人才的严重不足是很自然的。

一些发展中国家之所以在尖端技术领域和产业升级方面有巨大的困难，还由于本国的资本市场发育不全。简单地说，落入"中等收入陷阱"的发展中国家的资本市场是先天不足、后天失调，再加上金融专业人才短缺，金融监督松弛，腐败丛生，投资者望而生畏，把创业投资视为畏途。

这些国家的富人尽管拥有较多的财富，但从来都把不动产的持有看作是首要目标。即使从事实体经济领域的投资，也一直把采矿业、建筑业和劳动密集型制造业作为重点，很少涉及风险较大和自身又不存在优势的先进技术设备制造业和新兴产业，因为他们对这方面投资并无把握。

在发达的西方市场经济国家，从来都要依靠较完善、较完整的资本市场体系来为技术创新的开展与推广进行融资。然而在这些发展中国家，如上所述，既由于资本市场不完善，又由于富人作为投资主体不愿涉及风险较大的行业，所以不仅资本市场发展不起来，而且高端技术、自主创新、新兴产业也难以取得重大进展。富人作为投资者，太急功近利了，只想迅速获得暴利。如果股市看涨，他们常常带着投机的想法，大量涌入，徒然增加资产泡沫；一旦股市看跌，他们又匆匆撤离资本市场，造成资本市场无声无息，不起作用。这在一定程度上归因于发展中国家一直缺乏有战略眼光的、有志于振兴民族经济的企业家。另外，这也在一定程度上归因于一些发展中国家的政府几乎从不关心改善资本市场的现状，使得先天不足，后天又缺少对资本市场的关心和扶植，使资本市场未能在技术创新和新兴产业崛起中发挥应有的作用。

二、没有信心，就谈不上发展优势的创造

这里涉及所谓"红利"已经消失或正在消失的问题。

"红利"，实际上是指一个国家或地区在特定发展阶段所具有的发展优势，以及利用这种发展优势所带来的好处。比如，"人口红利""资源红利""改革红利"（或称"体制红利""制度红利"）都是发展优势及其运用所带来的结果。

因此，"红利"的消失就是指发展优势的消失。无论是"人口红利""资源红利"，还是"改革红利"的消失，对任何一个国家或地区来说，都应当被认为是经济发展过程中的正常现象。每一个国家或地区在经济发展到一定阶段都会出现这种现象，原有的"红利"的消失并不是某一个国家特有的问题。

重要之处在于，经济发展方式在经济发展到一定阶段时就必须转变。如果原有的发展方式不能及时转换，那么在原有"红利"消失后，经济便会逐

渐陷入困境。由此可知，每一个国家或地区都面临发展方式相应转换、发展战略重新制定以及产业结构及时调整等迫切问题。通常所说的经济转型正是这个意思。经济转型及时、顺利，"红利"消失这一关就闯过去了，否则经济将继续陷于困境之中，难以摆脱。

可以说，一些发展中国家如果认识不到经济及时转型的必要性，如果只是留恋原有"红利"或优势而不愿尽力转型，那只会造成以下三个恶果：

1. 继续发展经济的信心丧失了，认为既然原有的"红利"已经消失，发展的优势已经不存在，那就很难再有所作为了。

2. 由于信心的丧失，所以国内实体经济领域的投资者将会纷纷撤走投资，或者把企业迁移到较晚发展起来的国家，结果，国内投资总额减少，使本国经济的发展碰到投资不足的难题。同时，由于投资不足，与实体经济发展有关的专业人才也随着流向国外。

3. 或者，由于本国实体经济空心化了，实体经济产业被投资者认为是没有发展前景的产业，大量资金转到了虚拟经济领域，使经济中的泡沫增加了，经济有可能陷入更深的陷阱之中。资产泡沫的破灭，也会使经济更加停滞不前，使以后的经济发展更加缺乏后劲。

（一）从"旧人口红利"走向"新人口红利"

"人口红利"是指一个国家或地区在经济发展过程中因人力资源的存在而产生的发展优势及其体现。

但人力资源的优势在一个国家或地区的经济发展过程中是会转换的。常见的情况是，在经济发展前期，一个国家或地区人力资源的优势表现为大量廉价劳动力的存在。当时，有四个就业条件适合于这些国家或地区廉价劳动力的运用，于是就出现了廉价劳动力资源所带来的"人口红利"。这四个就业条件是：

第一，国内自然条件适合于经营种植园，生产谷物、甘蔗、水果、棉花、橡胶等农产品，而国内的廉价劳动力大量存在，只要有人（无论是本国投资者还是外国投资者）愿意经营种植园，就不愁雇不到廉价劳动力。

第二，国内有丰富的矿产资源，包括铁矿石、有色金属、煤炭、石油、天然气、稀有金属、贵金属、钻石、宝石、建筑用石料等，有人愿意投资于采矿业，本地廉价劳动力的充裕供给可以满足投资者的需求。

第三，发展中国家在发展前期，在制造业方面主要根据本国的实际情况，以轻纺工业、食品工业等劳动密集型工业为主，需要廉价劳动力作为工人，对他们的技术要求不高。这样，对发展中国家的劳动力稍加培训就可以适应投资者的需要。除劳动密集型工业可以吸纳就业以外，大量个体手工业作坊和小商小贩的存在，也可以使劳动者获得就业的机会。

第四，建筑业在这个阶段的较快发展，也为廉价劳动力提供了就业岗位。如修建公路、铁路、港口设施、住宅、商店、工厂以及其他公用设施的建设，都使得廉价劳动力的使用带来"红利"。

上述这种"人口红利"都是同廉价劳动力的大量存在和被使用分不开的。在发展前期，廉价劳动力资源的丰富成为生产成本低廉的主要依据。一些发展中国家正是依靠生产成本低廉而开拓市场，增加资本积累，进而使GDP逐渐由低收入阶段接近中等收入阶段，再迈入中等收入阶段。

然而形势是会变化的。在那些逐渐由低收入阶段接近中等收入阶段和迈入中等收入阶段的国家或地区，廉价劳动力资源的优势会逐渐消失，原有的"人口红利"也逐渐随之消失。工资低廉不再成为这些国家或地区吸引投资者前来投资的独特因素，因为又出现了一些较晚发展起来的国家和地区，那里同样存在丰富的廉价劳动力资源，而且他们的工资更低，生产成本更低，从而对外来投资者更有吸引力。加之，有些一直依靠廉价劳动力资源而使收入已摆脱低收入阶段的国家或地区，多年以来忽视人力资本的投资，即不注意提高自己的劳动力质量，仍然以提供廉价劳动力为满足。这就使原来的"人口红利"减少了，最后消失了，使这些发展中国家或地区陷入经济停滞的状态。这种例子并不少见。

怎么办？难道就此对今后的经济发展失去信心？信心丧失能解决问题吗？这是一个对"人口红利"缺乏正确认识的问题。

要知道，一个国家在发展的不同阶段都会有适应于当时的人力资源优势。廉价劳动力优势和"旧人口红利"消失后，熟练劳动力优势将取而代之，"新人口红利"将成为发展新阶段的特征，经济将随着经济发展方式的转换而继续发展下去，这是已有先例的。任何一个国家或地区都应当有此信心。

再说，当人均收入不断随着经济持续发展而上升的时候，特别是当人口随着城镇化的推进和城镇化率越来越高以后，人口增长率一般都会出现下降的趋势，于是开始出现人口老龄化和青壮年人口在社会总人口中所占比例下降的现象。这又从另一个角度说明了"旧人口红利"消失的原因。

"人口红利"的新旧替代是不可避免的。所以发展中国家和地区必须坚定信心，争取早日创造"新人口红利"。

措施之一是，增加人力投资，扩大职业技术培训，使工人的技术素质有大幅度提高。应当了解到，为什么当初劳动力廉价？这正与他们素质低、技术水平低、效率低有关。所以把低素质、低技术水平、低效率的劳动力进行职业技术培训，通过增加人力投资而使越来越多的工人成为技术工人非常必要。

措施之二是，让已经就业的和等待就业的工人有提高自身技术素质的积极性。这不仅取决于企业与职工双方都能认识到提高工人技术素质对于企业生存与发展的意义，而且也取决于企业与职工双方都认同工资应同绩效挂钩的重要性。如果职工工资不同绩效挂钩，只能导致许多职工认为自己努力学习、刻苦钻研、提高技术水平是没有太大意义的，这就有碍于他们向上进取的主动性、积极性的发挥。

措施之三是，农村进城务工人员的不平等待遇是阻碍"新人口红利"产生的一个重要因素。这主要因为，他们的权利遭到限制，甚至在某些方面还遭到身份歧视。在这种处境之下，他们刻苦学习的积极性也就逐渐消失了。

在这个问题上，还要懂得这样一个道理，即应当重视小微企业在发展中国家经济进一步发展中对技工的培养所起的作用。这里所说的小微企业是指自行投资、自主创业的小型微型企业，业主本人往往就是熟练工人、高级技术工人。英国工业革命开始于18世纪70年代，最早的蒸汽机、机器设备、铁路运输车辆（机车和载人载货车辆），都是前所未见的。它们是谁最先设计并制造出来的？主要是手工作坊的小老板或熟练手工工匠，如水车匠、钟表匠、磨坊匠、唧筒匠等。手工技艺是家传的，或者是以师傅带徒弟的方式，师傅手把手地教出来的。这样，久而久之，熟练工人越来越多，他们的技艺越来越好。兴办职业技术学校，那是后来的事情。直到现在，中型企业和小微企业在西方发达国家中仍占有重要地位，它们不但缓解了就业问题，而且还是大型企业的合作伙伴，为后者生产零部件等。许多小微企业以自己的技艺为特长，生产名牌产品，也向社会输送手艺高超的熟练工人，包括为特定的顾客定做商品的独特的熟练工人以及修理汽车、摩托车、游艇与一些家用电器的能工巧匠。因此，发展中国家在转向"技工时代"的过程中，不要忽视小微企业在这些方面的作用。

（二）从"旧资源红利"走向"新资源红利"

"资源红利"是指一个国家或地区在土地资源、矿产资源、森林资源、淡水资源、草场资源等方面的优势。在经济发展前期，这些资源一般都比较丰富。以土地资源为例，那个时期可利用的土地数量一般都比较多，土地价格也相当低廉。这就是资源优势，其结果体现为"资源红利"。

应该看到，这些也许是"旧资源优势"。除非个别确实是地大物博的国家，"资源红利"会长期存在，否则经济发展到一定阶段，某些资源会越来越紧张、短缺，一定时间以后，原有的资源优势和"资源红利"都会逐渐消失。

"新资源红利"从何而来？新的资源优势和"资源红利"都来自先进的科学、先进的技术，以及对这些科学技术的运用。在一个国家境内，自然界提供的资源一般来说总有用完的时候，只有智力资源、人才资源是无限的。先进的科学和技术来自智力资源、人才资源。增加开发、利用智力资源和人才资源的投入，才能使科学技术越来越进步。一旦先进的科学技术研究成果应用于实际，新的资源优势就形成了，新的"资源红利"也就产生了。

比如，在淡水资源严重不足的沿海国家，如果海水淡化的成本降低了，这将是一个巨大的突破。又如，新能源的开发和应用、沙地的改良、石漠化的治理、草场牧草良种化等，都是有助于"新资源红利"产生的科研开发活动。

在某些方面，新的"资源红利"往往是同新的"人口红利"结合在一起的。

新的"资源红利"同新的"人口红利"相结合之处在于：没有大批科学研究人员、专业人才、熟练技工，就谈不上科技领域的新突破，也就不会出现新的"资源红利"。人才为本，资源优势才能显现。从这个意义上说，新的"资源红利"和新的"人口红利"相辅相成，谁都离不开谁。科研队伍和技术人员队伍的成长是新的"人口红利"产生的前提，也是新的"资源红利"产生的必要条件。

正由于新的"人口红利"和新的"资源红利"都要依靠专业人才的大力培养，也要依靠庞大的熟练工人、高级技术工人队伍的形成，因此，如果不建设新的、有效的职业技术教育制度，如果不打通社会垂直流动和社会水平流动渠道，使优秀人才能脱颖而出，如果不重视教育经费在 GDP 中比例的逐步上升，怎能使专业人才、熟练工人、高级技术工人队伍迅速成长和扩大呢？

为了实现更多的科学技术领域内的突破，一是需要有更多的新发明，二是需要把新的发明应用于经济领域，使这些科研成果在经济中产生效益。前者靠发明家，后者靠企业家，这两种人才缺一不可。

也就是说，社会需要有更多的发明家和更多的企业家，需要有更多的人加入成功的发明家队伍，加入成功的企业家队伍。成功的发明家，可能终身从事科学研究工作和技术创新工作，也可能在科技发明之后从事企业家的活动，他们自己创业，成为出色的企业家。

成功的发明家和成功的企业家的成长，都需要有合适的制度环境。比如说，乔布斯之所以能够成功，主要不在于他个人的聪明才智，也不在于他个人的魄力、勇气和决断，而在于他成长在一个适宜于人们施展才能的制度环境中。那里有产权激励的体制，有严格的知识产权保护制度，还有比较完善的资本市场，于是在乔布斯的周围形成一支庞大的科研开发的团队，整个团队的积极性被调动起来了。这样才形成了技术创新的热潮。

于是就必然涉及"新改革红利"问题。

（三）从"旧改革红利"走向"新改革红利"

从以上所述可以懂得，在"新人口红利""新资源红利"和"新改革红利"中，"新改革红利"是最大的红利，也是具有关键性的红利。

"改革红利"又称"制度红利"或"体制红利"。这是指通过改革，制度或体制得以调整，让制度或体制能释放出更大的能量，推动经济的前进。

每一项改革总是适应经济发展过程中当时的特定状况而出台的。改革的"红利"体现于消除了原有制度或体制对生产力的束缚，使经济继续发展、前进。

要知道，任何一种改革措施实行了一段时间之后，改革带来的优势或"红利"总有越来越少的趋向。这是难以避免的。道理很简单：在一定体制之下，改革措施总会有从适应当初的形势到逐渐不适应新形势的变化，因为任何改革都适应于某种客观形势，后来由于形势改变了，原有的改革的效力的递减也就成为必然。原有的"改革红利"逐渐消失，是普遍现象，而并非只有某一个国家才发生的情况。

可以把原有的改革措施带来的优势或红利称为"旧改革优势"或"旧改革红利"。这里，新与旧都是相对而言，而不问有效期的长短：有的改革红利可能存在的时间相当长，有的改革红利可能只存在短暂的时间，这无非是因为形势变化的快慢不同，以及改革措施的效应有大有小的缘故。所以当"旧改革红利"行将消失之日，也就是原有改革措施的优势潜力耗尽之时。

改革，就是制度调整。制度调整必须及时推进。继续推出新的改革措施，继续进行制度调整，才能保证新的"改革红利"或"制度红利"的出现。

民间从来都蕴藏着极大的积极性，这是改革的最大动力。不继续进行制度调整，就是对民间蕴藏的极大积极性的漠视，甚至是压制。

三、中国完全可以跨越"中等收入陷阱"

中国至今仍然是一个发展中国家，而且由低收入国家行列进入中等收入国家行列的时间并不久。在中等收入阶段继续前进时，中国会不会遇到"中等收入陷阱"并落入其中，这已经成为人们关注的热点问题之一。希望中国能够跨越"中等收入陷阱"，这虽然是一种愿望，但也只是一种假定，因为这里还有若干假设条件，需要探讨。

假设之一：在中国经济发展的现阶段，如果遇到"发展的制度障碍"，该怎么对待？是继续推进改革，清除这些制度障碍（如城乡二元体制、市场的不公平竞争环境等），还是犹豫不决，不敢或不打算采取有效措施，或者认为这些方面的障碍在现阶段的格局下不可能阻碍中国经济的继续前进？只有采取第一种对策，下定决心，大力推进相关的改革，才可以跨越"发展的制度障碍"而不至于落入"中等收入陷阱"。

假设之二：要对中国现阶段和在经济继续发展的过程中的社会冲突的状况和趋势做出实事求是的估计，要正确对待已经露头的社会不和谐的迹象，既不要视而不见或听之任之，也不要惊慌失措。正确认识，正确评价，正确对待，是最重要的。如果认为贫富差距、城乡收入差距、地区收入差距等问题确已到了必须正视而不能忽略的程度，那就应当迅速采取有效的措施来一一缓解，以增加社会的和谐程度。这样就可以防患于未然。否则，不是没有可能导致社会不安定和社会矛盾激化，从而落入"中等收入陷阱"的。

假设之三：在中国今后经济发展过程中，如果绕不过"技术陷阱"，不能在自主创新、产业升级、新兴产业壮大和尖端技术等方面有重大突破，如果资本市场依旧是不完善、不完整的体系，技术创新得不到资本市场有力支撑，那么即使跨越了中等收入阶段，但在高收入阶段仍会长期停留在较低水平的高收入阶段。这可能反映出中国资本市场并没有发挥在促进技术创新中应有的作用。也就是说，中国的产品能以"中国制造"而开拓国际市场是必要的，今后仍应继续在"中国制造"方面努力，不能丢掉"中国制造"的成果。但中国又不能以"中国制造"为限，而应当努力在某些关键性行业和产品上以"中国创造"代替"中国制造"。

假设之四：在中国，必须摆脱过去长时期内支撑经济增长的旧模式，也就是主要依靠政府投资的旧模式。中国应当摆脱过多依赖投资来拉动增长的旧模式，转向投资与消费并重的拉动增长的模式，再进而实现以消费需求带动增长为主、投资需求带动增长为辅的拉动增长的模式。这样才会形成经济的良性循环，才能避免经济的大起大落，避免失业与通货膨胀的交替出现，也才能避免失业与通货膨胀的并发。否则，即使中国过几年人均 GDP 超过了 10000 美元，仍不能认为中国经济走上了稳定、健康增长的道路。

假设之五：中国民间蕴藏着极大的积极性，中国之所以在改革开放之后能够在发展中取得这样显著的成绩，全依靠改革开放以来调动了民间的积极性，一个重要的原因是民营经济作为国民经济的重要组成部分迅速成长壮大了。如果今后循着这样一条道路走下去，致力于发展民营经济，培养一批又一批有战略眼光的、有志振兴民营经济的企业家，中国一定能跨越"中等收入陷阱"，进入高收入国家行列。反之，如果认为民营企业的发展到此为止了，民营经济将受到抑制，民间积极性将受到挫伤，这不仅会阻碍我国经济的继续成长，而且还会引发一系列社会问题，最突出的是会发生失业、贫困地区返贫、社会动荡激化等问题，这样，中国落入"中等收入陷阱"的可能性也将成为事实。

四、"中等收入陷阱"问题的提出为今后发展经济学的研究提供了明确的方向

从世界上某些发展中国家的发展经历可以了解到，虽然世界银行报告中

提到的"中等收入陷阱"确实存在过，但只要应对得当，改革措施及时到位，中国完全可以跨越"中等收入陷阱"。

但是，除了"中等收入陷阱"外，就没有其他类型的"收入陷阱"吗？中国在跨越"中等收入陷阱"以后，就能保证此后不会再出现"高收入陷阱"吗？这些问题都需要讨论和研究。

其实，近代和现代有些最不发达国家人均GDP长时期停留在1000—2000美元上下，无法摆脱困境。这种情况可能比"中等收入陷阱"更为普遍，更值得关注。

一个国家的人均GDP跨越了3000美元这道坎以后，再往前看，人均GDP 5000美元、10000美元、12000美元不又是无数道坎吗？如果经济到此就止步了，难道不仍然是"中等收入陷阱"在作怪吗？

再说，人均GDP达到12000美元被认为是划分中等收入阶段和高收入阶段的一条分界线，跨越了人均GDP 12000美元就算是高收入国家了。在高收入阶段，难道不会发生所谓的"高收入陷阱"吗？未必如此。当初，希腊人均GDP迈上了12000美元以上台阶时，世界银行为此大肆宣传，并向希腊表示祝贺，认为这是一个重大的进展。2011年希腊人均GDP超过20000美元了，可是它又遇到种种困难，经济增长停滞，失业率猛涨，民怨沸腾，社会动荡，不得不向欧盟国家伸出求援之手，这是"高收入陷阱"的一个典型例子。西班牙、意大利、爱尔兰的情况同希腊相差无几，甚至像日本这样的高收入国家，人均GDP超过40000美元以后，也遇到经济长期停滞的困难。当然，一个高收入国家的经济停滞也许是因为受到国际金融风暴的冲击，或者是受到国际经济衰退的影响，但时间稍长而一直难以摆脱停滞、衰退，必定有深刻的内在原因，因此称它们落入了"高收入陷阱"，是有道理的。

那种认为一个国家的经济增长只要越过某个门槛就会顺利地增长下去的说法，并没有足够的说服力。世界银行报告中提出的"中等收入陷阱"概念，就属于这一类说法。这使人们回想起20世纪60年代初期西方经济学界围绕着美国经济学家罗斯托的"起飞"和"由起飞进入持续增长"的假设而进行的一场争论。罗斯托的观点是：在人类经济增长过程中，最主要的一个阶段是"起飞"阶段，"起飞"意味着一个国家从传统社会进入现代社会即工业化社会的关键时刻，越过了这一关键时刻，经济就可以持续增长了。用参加这次争论的西方经济学家们的比喻说，这就像飞机起飞一样，在起飞时必须加大油门，使飞机升空，一升入天空，据说就可以顺利飞行了。经济的"起飞"也如此，为了"起飞"，必须费很大的劲，一旦"起飞"成功，就能顺利向前飞行。当时，在讨论会上，大多数经济学家不同意罗斯托的"起飞"学说。

现在看来，罗斯托关于"由起飞进入持续增长"的假设缺乏根据。一些发展中国家落入"中等收入陷阱"或一些高收入国家陷入"高收入陷阱"的事实表明了这样一点：经济发展的任何阶段，都会发生因社会矛盾深化和制度障碍的存在而引起的经济停滞状态。那些认为一国经济增长只要越过某个门槛就会顺利增长下去的说法都是没有根据的。换句话说，在经济发展的任何收入阶段，都会有门槛，都会有"收入陷阱"。能不能闯过去，要看有没有适当的制度调整，有没有社会的安定，有没有技术创新和资本市场的密切结合。

今天，中国完全可以跨越"中等收入陷阱"，难道以后不会遇到"高收入陷阱"吗？在我们跨越"中等收入陷阱"之际，应当站得更高些，看得更远些，为以后跨越可能发生的"高收入陷阱"早做准备。

总之，"收入陷阱"已成为发展经济学中值得注意的新课题了。无论是"低收入陷阱""中等收入陷阱"还是"高收入陷阱"问题，其中都包含了丰富的内容，值得人们认真研究。

现阶段中国经济改革的四大关键[*]

就现阶段的中国经济改革而言，究竟应当首先抓哪些方面的改革呢？我认为，以下四大改革，应当是具有关键意义的。

一、城乡二元体制改革：可以带来最大改革红利的大事

当初建立计划经济体制时，有两大支柱：一是国有企业体制，二是城乡二元体制。这两大支柱支撑着整个计划经济。在城乡二元体制下，户籍分为城市户籍和农村户籍，城乡被人为地割裂开来，城市和农村都成为封闭性的单位，生产要素的流动受到十分严格的限制，城市居民和农民的权利是不平等的，机会也是不平等的。在某种意义上，农民处于"二等公民"的位置。尽管中国的经济体制改革开始于推行农村家庭联产承包责任制，但这只是否定了城乡二元体制的一种极端的形式（人民公社制度），而没有改变城乡二元体制继续存在的实际状况。

时至今日，距农村家庭联产承包责任制改革已经 30 多年了，无论从完善社会主义市场经济体制的角度来看，还是从协调社会发展，让广大农民共享改革发展的成果，使农民与城市居民政治权利平等的角度来看，对城乡二元体制进行实质性的改革都是急需的。

---

　*　原载于《市长参考》2013 年第 6 期。

因此，在党的十八大召开以后，首要的、具有关键意义的经济体制改革无疑是走向城乡一体化的改革，其中包括城镇化的推行、土地确权、城乡社会保障一体化、教育资源的均衡配置、户籍一元化等改革与发展措施。这是关系到"以人为本"原则得以贯彻的大事，也是可以带来最大的改革红利的大事，切不可等闲视之。

二、市场化改革：使企业处于公平竞争的环境中

改革开放以来，尤其是 1992 年邓小平同志南方谈话以后，市场化改革一直在推行，并且取得了很大成绩，这是不可否认的事实。但应当注意到，市场化改革距我们的目标模式仍有相当大的距离。为什么会有差距？主要是由于认识不足。

对于经济，要正确看待内生力量和外生力量的区别。正如一个人，如果这个人健康，一定是内生机制健全、完善，靠内生机制的调节就可以保持身体的健康。必要时也需要服药打针，但这种外生力量的作用毕竟是辅助性的。经济生活同样如此。市场机制健全、完善，是基础性的。宏观经济调控虽然是必要的、不可缺少的，但不能主要靠宏观经济调控措施来治理经济，否则经济活动越来越受政府的财政政策和货币政策的支配，从而违背了市场经济体制下以市场调节为基础性调节的原则。

另外，要想确立社会主义市场经济体制，就必须赋予企业自主经营的权利和地位，而不能依旧像过去那样视企业为政府的下属单位和附属机构，不让企业与企业之间存在竞争关系。实际上，现实生活中依然存在着所有制歧视，存在着行业垄断。这些都不符合市场化的要求。必须深化所有制改革，使企业处于公平竞争的环境中，彼此既有合作，也是竞争对手。

三、国有资本配置体制改革：有助于提高国有资本的使用效率、配置效率

国有企业体制的主要弊端主要表现在以下五个方面：一是政府干预太

多，二是自行运转机制不灵活，三是行业垄断性强，四是法人治理结构不健全，五是创新能力差。由于国有企业资本雄厚，上述弊端的存在使得国有企业的盈利状况同国有资本总额是不对称的。按机会成本理念，以"不赚就是赔""赚得少也是赔"的标准来衡量，国有企业的业绩从整体上说是不佳的。

怎么改？正确的改革思路应该是：把现存的国有企业体制改为国有资本配置的新体制，也就是要进行国有资本配置体制的改革。在这种改革思路的指导下，今后，改造国有企业体制的着重点不在于如何调整国有资产监督管理部门的权限，而在于把它的权限规定为只管国有资本的配置，而不再管国有企业的运作。国有企业尽可能改制为股份制企业，其中又尽可能改制为上市公司。它们同其他非国有的或非国家控股的股份制企业、上市公司一样，一律自主经营管理，由股东大会、董事会、总经理、监事会行使各自的权力和承担各自的责任。

新的国有资产监督管理部门之下，可以设置若干个国家投资基金公司，分工（主要按行业划分，也可以是综合性的）管理国有资产的配置状况，并可以撤出对某些经营不善的企业的投资，也可以增资到某些盈利的或产能短缺的企业中去。国家投资基金公司是国有资本具体的投资主体，它们负责对本公司所投资的股份公司资本经营效果的考核。而对国家投资基金公司的运营和本投资基金公司所属国有资本配置效果的考核，则由国有资产监督管理部门负责。这样既有利于产业结构的优化，又有利于国有资本配置效果的增加，更有利于促进对国有资本已经进入的股份制企业、上市公司对自身业绩、设备更新、创新能力和盈利效果的关注。

四、收入分配制度改革：重点一定要放在初次分配上

收入分配制度改革是当前急需推行的关键性改革措施之一。首先需要弄清楚的，是把重点放在初次分配方面，还是把重点放在二次分配方面。我的观点是，初次分配的改革更加重要。

收入的初次分配照理说是市场机制起作用的结果，只要确实由市场机制按人们提供的生产要素的贡献大小（所提供的生产要素的数量、质量和作用）进行收入分配，那依然是符合市场规律的。在市场调节下所出现的收入分配差距，再在政府主持下进行二次分配调节。

然而在中国现阶段，市场机制受到各种因素的影响，包括历史因素的影响、经济生活中的行业垄断性继续存在的影响、计划经济体制对初次分配的工资标准和级差的影响、劳动力市场上买方和卖方力量的极不对称的影响等，所以不可能真正形成由市场调节作为基础性调节所谓均衡条件下的工资率。

比如，农民初次分配收入是在非均衡条件下形成的。这可以从四个角度来解释。第一，农民还没有成为真正的市场主体，因为农民只有土地的承包权、使用权，而没有产权，不能用于抵押、转让。土地流转在很大程度上要受到市场外因素的干预，农民的土地收入受到多方面的限制。农民甚至不可能对未来的收入前景有预先的策划。而利用土地的"寻租"行为的负担恰恰落在农民身上。第二，农民工可以在城镇和企业中工作，但他们却是劳动力市场中最弱势的受雇群体。农民工与城市居民的身份不同，农民工的权利受限制，雇用农民工的单位或企业相对于农民工而言是强势的。双方地位的不对称性，更大于城市居民中的受雇者们。第三，农民种植农产品或饲养家畜家禽并从事销售所得到的收入，由于农民们所处的是弱势地位，无法争取到合理价格，常常被压低价格。这就使农民初次分配收入减少。第四，二元劳工市场的存在使求职者受歧视，农民工只能进入低级劳工市场，无法进入高级劳工市场。在这方面，农民受到的歧视比城市居民求职者更为突出。上述这四个角度的分析清楚地表明，农民和农村外出务工人员所处的地位是十分不利的。他们初次分配的收入少，也就不奇怪了。

由此得到的看法是，在现阶段的中国，要进行收入分配制度的改革，重点一定要放在初次分配上，因为这是导致社会收入差距连续扩大而且难以治理收入差距过大问题的重要原因。二次分配制度改革的重点，当前应是城乡社会保障的一体化，即今后不应再存在"初次分配有收入差距，二次分配反而进一步扩大了收入差距"的怪现象。

自主创新和产业升级：中国制造业的必由之路[*]

一、创新和创业的制度环境：自主创新和产业升级的前提

对任何一家企业，不管是国家控股的公司还是家族经营的民营企业，利润率都是重要的。利润率是吸引投资者前来的磁石。利润率下降，甚至亏损，必然引起投资人的不满，经理人一定会失去投资人的信任。企业不得不认真考虑，如果利润率连续下降，问题究竟出在何处？

实际上，这是一个在很大程度上涉及企业在价值链上处于什么位置的问题。价值链有高端，也有低端。如果企业处于价值链的低端，成为单纯的加工者，那么，利润大部分将归有创意和创新的其他企业，知识产权属于他人。这样的企业一般只得到加工费，盈利的空间是狭窄的。

所以，有眼光、有抱负、有实力的企业，要让利润率增长，就必须走自主创新之路，让产业升级，并拥有自己的知识产权。企业要尽可能立足于价值链的高端。现代市场的竞争态势是："最优才有出路，最优才有前途。"这意味着，次优者在市场中会被排挤，会被淘汰。形势逼人，市场从属于最优者，是最优者的天下。只有最优者，也就是控制了本行业、本领域的制高点，站在价值链的最高端，才是本行业、本领域的领跑者。

---

* 原载于《全球化》2013 年第 12 期。

企业还应当了解到，站在价值链的最高端，将会提高本行业、本领域的整体质量。结果是共赢、互惠。这是因为，本行业、本领域中的各个企业，彼此既是竞争对手，又可能是合作伙伴，如存在配套关系，相互提供服务。这样，本企业越有更多的自主创新成果，就越是会加快本行业、本领域的资产重组，进而本行业、本领域的整体质量会提高。如果某一家企业是本行业、本领域中的领跑者，那么它更有可能带领价值链上各个相关企业共同升级、转型。当然，并不排除本行业、本领域中新的竞争对手的涌现。对国民经济来说，这也未尝不是一件好事。

这从另一个角度告诉我们，在创意、发明、创新、创业的道路上，任何企业都不能满足现状，都需要在现有基础上继续前进而决不能自满、止步。然而，在这里有一个必不可少的合适的制度环境。下面从五个方面对此进行分析。

1. 要有一个由市场主体投资决策的体制。创新和创业都是需要投资的。创业成功以后和创业取得成效以后，扩大生产规模更需要投资。如果市场主体没有投资的决策权，政府审批手续烦琐，迟迟未能批准，那就会错过最佳时机，创新和创业都不可能取得实际的成效，市场占有率也不可能增加。因此，必须简化政府审批手续，减少政府干预，只要符合国家产业政策，就准许市场主体做出决策。这就会大大鼓励市场主体从事创新和创业。

2. 要形成公平竞争的市场环境，特别要切实取消所有制歧视和企业规模歧视。众多市场主体都在进行研究开发，都准备实践新的设计成果。它们理应处在同一个平台上，形成公平竞争。无论是所有制歧视还是企业规模歧视，都应取消。在公平竞争前提下，出发点是相同的，差别是竞争的结果。

3. 要有一整套政府在税收、信贷、奖励等方面帮助创新者和创业者的优惠措施。政府根据国家经济发展战略和产业政策，实行不同行业、不同领域的企业扶植方面的轻重缓急区别对待的做法。但有一个前提是不可忽视的，这就是公平对待所有的企业，没有所有制歧视和企业规模歧视，只按创新和创业的贡献以及在国民经济中的重要性来给予扶植，给予优惠和奖励。

4. 要有一整套严格的知识产权保护的法律、法规和规章制度。缺少知识产权保护的法律、法规和规章制度固然是对创新者和创业者的沉重打击，但有法不依、执法不严、违法不究，危害性更大。因为这样一来，创新者和创业者的信心就丧失了。而他们信心的丧失，对国民经济的危害性是难以估量的。因此，必须使知识产权的保护落到实处，否则，创新、创业都会落空。

5. 要有一整套激励从事创新和创业活动的企业内部产权分享制度。根据国外创新型企业的经验，企业内部产权分享制度是一种行之有效的激励制度。这就是，为了调动企业内部职工的积极性，特别是为了调动企业中从事研究开发的专业人员的积极性，以企业的产权分享作为激励方法，使专业人员、广大职工不同程度地可以按优惠价格或在一定时间内以约定价格购买本企业的股票，或者以奖励方式给做出贡献的专业人员和职工一定的股票。于是很自然地掀起了企业内部的自主创新热潮，并且在这个过程中组成了一支有研究开发实力的团队，他们提出不少有价值的创意，在发明、创新、创业方面做出贡献。

综合以上五方面的分析，可以得出如下结论，合适的制度环境是创新和创业的必要前提。

二、中国制造业的产业升级

制造业是工业化大国中最重要的产业。中国成为世界制造中心，是一件值得庆贺的大事，它意味着中国经过 100 多年的奋斗，终于成为世界制造中心，这是中国人的骄傲。不要听信某些人的说法，说这不是好事，是把中国的廉价劳动力和廉价的资源产品拱手让出去，使西方发达国家得到了实际好处。哪有这么一回事？我们说，中国成为世界制造中心是一个里程碑，我们还需要继续努力，争取中国早日成为世界创造中心之一。但中国作为世界制造中心这个地位不要放弃，也不能丢掉。路总是一步一步走出来的。作为一个大国，只有先成为世界制造中心，才有可能在此基础上成为今后的世界创造中心之一。

（一）中国制造业面临的亟待解决的问题

1. 要素成本上升，尤其是工资成本上升。工资成本上升是不可避免的，工业化达到一定程度后，工资成本继续偏低反而不正常。其他要素成本上升，如土地价格、厂房建筑或租赁成本、某些原材料和燃料成本、运输成本，也都因供给增长不够快而需求一直旺盛，呈上升趋势。这也是工业化推进过程中经常遇到的现象。不管怎样，中国制造业的成本增长成为企业面临的难题。

2. 国际竞争激烈。受国际形势影响，近年来一些发达国家的市场不振，以致中国制造业企业订单下降。先是美国发生金融风暴，后来又是欧债危机的困扰，使中国制造业面临的出口困难增大。加上有些制造业产品，如纺织品、食品等工业产品，中国还遇到一些东南亚国家的竞争，订单减少。

3. 中国制造业企业长期居于制造业价值链的中端和低端，盈利空间狭窄，企业处境困难。这一现象表明，如果制造业企业能够处于价值链的高端，在经济形势不利于制造业时，处境要相对好一些；如果处于价值链的中低端，企业的日子显然不好过。这种情况不只中国制造业如此，其他一些国家的制造业同样如此。

4. 资金普遍紧张，融资难，技术升级难，发展也难。这是中国制造业企业经常遇到的难题。为什么融资困难？总的说来，有两方面的原因：一方面，近两年宏观经济上采取控制货币投放的政策，制造业企业通常感到贷款困难；另一方面，制造业企业在利润率低下的情况下，经营困难，特别是受到东南亚国家劳动力价格和土地价格低廉的影响，经营前景不被看好，于是金融机构对国内制造业企业的贷款较为谨慎，害怕有较大的贷款风险。这样一来，民营制造业企业纷纷撤离制造业，或转移到境外投资，或转入虚拟经济领域，如房地产炒作等。

5. 由于中国制造业企业缺少国际知名的品牌，在国际市场上知名度低，中国制造业企业，尤其是一些日常生活用品的制造业企业利润率低，只能赚取加工费。这可能是中国制造业企业长期不重视品牌建设的结果，然而，知名品牌的建设和树立，绝不是短期内就能达到的。

根据以上分析，可以肯定地说，中国制造业的出路在于自主创新和产业升级。

要知道，在任何一个市场经济国家，企业都是市场主体。自主创新和产业升级都依赖于企业。不管是国有企业、国家控股企业、民营企业还是各种混合所有制企业，只要它们有自主经营权，它们都承担着自主创新和产业升级的任务和责任。政府起着规划者、引导者和协调者的作用，应当严格按照产业政策给予相关企业帮助，并按公平竞争原则来对待每一个企业。

（二）制造业企业自主创新和产业升级的要点

一是通过制造业企业的自主创新和产业升级实现由制造业价值链低端上升到中端的位置，使一部分较为领先的企业升到高端位置。但这并不意味着处于价值链低端和中端的企业不重要，因为处于价值链高端的企业照样需要处于价值链低端和中端的合作伙伴。加之，在中国，就业压力一直是较大的，所以就业问题值得关注，要靠许许多多处于价值链低端和中端的制造业企业来吸纳。而且处于价值链高端的企业也不一定是大型企业，只要技术领先就可以了。

二是制造业企业的自主创新和产业升级一定要与产业结构的优化和产业结构调整配合。在现阶段的中国，要统筹解决以下问题：如何促进短缺部门的发展和增加短缺产品的供给？如何消除产能过剩现象？如何实现资本向实体经济，尤其是制造业的回归？等等。

三是位于价值链低端的劳动密集型中小企业同样需要自主创新，但它们如何自主创新则是一个有待探讨的问题。珠江三角洲中小企业自主创新的经验是：（1）设计创新。包括玩具业、服装业、家用日常用品制造业在内的许多中小企业主都认为，产品设计创新是可行的。（2）产品新功能。同样是一种产品，如果给它增添了新的功能，就能打开销路。（3）原材料精选。这是指有些产品，如日常生活用具，如果在原材料上做一些精选，产品档次就会上去，会受到消费者的欢迎。（4）节能减排。这是经过企业努力可以做到的。（5）与同行业的其他企业合作研发新产品。

由此看来，即使是制造业中的中小企业，在自主创新上仍然大有可为。

三、中国制造业的市场前景

关于中国的制造业企业的市场前景，首先要摒弃悲观失望的情绪，要有信心，对前景抱有乐观的情绪。前面已经说明，自主创新和产业升级是中国制造业的出路，现对中国制造业的市场前景再做进一步的分析。

1. 要了解国际制造业产品仍有很大发展空间，要依赖国际竞争力来开拓、争取。对中国制造业企业来说，这既是机遇又是挑战。中国制造业企业只要努力，发展机会是存在的，我们没有理由在这场竞争中失去信心。

2. 要懂得要素成本的上升，包括工资水平的上升，从来都是靠技术突破来缓解的。有了技术突破，不仅成本会降低，而且品牌也树立起来了。品牌总是由不断创新来支撑，品牌也是打开新市场的敲门砖。

3. 为了开拓国内国外新市场，中国的制造业企业除了在自主创新和产业升级方面狠下功夫以外，还应在营销和产前产后服务等方面努力。需求也是可以靠创新产品供给提升的，市场份额的扩大只可能是老产品推陈出新和新产品具有巨大吸引力的结果。对技术研发人才要重视，要调动他们的积极性，但应当注意，营销人才同样要受到重视，他们在开拓市场的过程中起着同样重要的作用。

4. 国内的制造业企业，不分国有企业、民营企业、混合所有制企业，要"抱团"，要合作开发，形成共赢的格局。在开拓市场方面，不同所有制制造业企业各有优势，比如说，国有制造业企业一般规模大，资本雄厚，人才众多；民营制造业企业一般机制灵活，自行决策，自负盈亏，敢于冒风险；混合所有制制造业企业要视其股权结构情况，才能判断其机制灵活程度和自行决策程度等。

一般来说，国有企业、民营企业、混合所有制企业有四种合作开发新技术、新产品的模式：

一是横向模式，又称产业链模式。这是指，在某个制造业的产业链上，有各种不同所有制企业、各种不同规模的企业。其中，有些企业愿意共同攻克本产业链上的薄弱环节，取得进展后将有利于本产业链上瓶颈问题的解决，产业链上所有企业都会因此受益。

二是纵向模式，又称同行模式。这是指，在某个制造业内，生产同一类产品的，有各种不同所有制的企业、各种不同规模的企业。其中，有些同行企业愿意共同攻克本行业中的薄弱环节，取得进展后将有利于解决本行业的瓶颈问题，本行业的共性难题也将被克服。

三是子公司模式。制造业中生产同类产品或产业链上相互衔接、配套的国有企业、民营企业、混合所有制企业，经过协商，共同出资，组成一个子公司，专门从事研究开发，以解决制造业中遇到的技术难题。

四是国家立项的某个重大课题，以公开招标方式吸收各个制造业的生产厂家、研究机构，甚至高等学校共同参与；或将该重大课题分解为若干个子课题，让投标单位竞争获标。这也是一种产学研合作方式，这种合作方式还可以建成研究院（所），经常化运作。

总之，在技术创新中，企业之间的合作形式、产学研方面的合作形式，是多种类型的。在国际市场上，只有中国制造业企业、中国制造业产品、中国品牌，不分国有企业还是民营企业。

谈谈产权改革的若干问题 *

近年来，我对产权改革问题比较关注，这里结合十八届三中全会通过的《中共中央关于全面深化改革若干重大问题的决定》（以下简称《决定》）的有关精神，谈谈有关产权改革的几个问题。

一、关于产权：没有产权界定，就谈不上市场经济

贯彻落实《决定》的精神，一个很重要的实践问题就是产权界定问题。因为没有产权界定，就不能形成真正的市场主体，就谈不上市场经济。

关于产权改革和非均衡经济中的市场主体，我在 20 世纪 80 年代末写作、90 年代初出版的《非均衡的中国经济》一书中有所论述。其实，非均衡是一个普遍现象。非均衡可以分为两类：一类是资本主义国家出现的非均衡，主要是市场不完善和存在着垄断等情况而形成的；另一类是中国这样的非均衡，即除了市场不完善以外，还缺乏市场主体。为什么会缺乏市场主体呢？因为产权不明晰，产权没有界定；没有产权界定，当然就不会有真正的市场主体。所以我当时提出的主要观点是股份制改革。我认为，股份制是明确产权最有效的办法，因为只有产权明确了，市场主体才能形成，这样才能

---

　　* 原载于《新华文摘》2014 年第 3 期。

走上市场经济的道路。

中国的产权改革到现在为止尚未完成。为什么呢？虽然国有企业进行的产权改革相当有成就，但是还不彻底，还要继续努力。另外，从全国范围看，广大农民的产权至今没有明确界定。这么多农民，他们作为种植者、农产品的销售者，照理说都应该是市场主体，但因为产权没有界定，农民实际上并没有产权，从而没有财产性收入，所以到现在为止仍算不上是真正的市场主体。

加快发展社会主义市场经济，我们仍然需要推进产权改革。因为不妥善解决农民的产权问题，不继续解决剩下的国有企业的产权改革问题，我们的市场经济就很难发展成为有效的市场经济。所以，《决定》指出："健全归属清晰、权责明确、保护严格、流转顺畅的现代产权制度。"这是完善社会主义市场经济体制的必然要求。

二、关于土地确权：农村改革最重要的环节

"允许农村集体经营性建设用地出让、租赁、入股，实行与国有土地同等入市、同权同价。""完善土地租赁、转让、抵押二级市场。"《决定》中的这些规定，对于推进农村改革、进一步解决"三农"问题具有重要意义。当前，农村改革从哪里启动？最重要的环节在哪里？我认为，就是土地确权。去年党的十八大结束后不久，我带领全国政协经济委员会的调研组到浙江的杭州、嘉兴、湖州三个市下面的县做了土地确权的调研。我们经过调查、座谈，听取市政府的汇报，感觉土地确权的确是一场受农民欢迎的大变革。

1. 农民心里踏实了。对于土地确权，农民说："我们不怕别人随意侵占土地了。承包地的经营权、宅基地的使用权、宅基地上房屋的房产权都已经明确了，他能够随便圈我的地吗？能够不经过我们同意就把房子拆了吗？他不敢！"土地流转，也使农民心里踏实了。要知道，农村土地流转到现在为止还很少。因为以前如果农民用土地入股，他们会怕入股以后土地就归别人

了。现在不一样了，土地确权以后入股，农民的股权有了保证。土地出租以后产权不变，所以农民放心了，踏实了。

2. 城市人均收入与农村人均收入之间的差距缩小了。例如，嘉兴市的汇报明确地讲：在土地确权以前，城市人均收入与农村人均收入之比是3.1∶1，土地确权以后调查的结果是1.9∶1。为什么会缩小那么多呢？我们在农村开座谈会时，听到有的农民说："土地确权了我放心了。一方面，我扩大了种植业，扩大了养殖业。另一方面，我宅基地的旧房子拆掉了，盖成几层楼的新房。"我们调研时去的那个村子，都盖了四层楼。我当时问了一位农民："你住得了吗？"那位农民回答："家里人少，我只住两层就够了。第一层出租，租给别人开店，开作坊，另外三层，价钱不一样，他愿意租哪一层就租哪一层。这样，我就有房租收入了。另外，土地确权以后我不怕了，土地流转以后我可以到外面去打工。"所有这些都表明，城乡收入差距在缩小。

3. 还有一个意想不到的好处，就是耕地面积增加了。这是因为：土地确权之前，要重新丈量，丈量以后发现耕地面积增加了20%。怎么会增加20%呢？主要有如下原因：一是当初承包制开始的时候，土地质量差别大，所以在承包制开始时，好地一亩算一亩，坏地两亩折算为一亩。经过30年的承包和农民精耕细作后，土地质量差距不大了，所以这次土地确权前重新丈量时，都是一亩算一亩，这样土地就多了。二是过去土地都分成小块的，有田埂，用牛耕作。重新丈量土地时，田埂扣除不算耕地，田埂两边挡住太阳的地方也不算耕地。现在，田埂都拆掉了，农民用拖拉机了，于是耕地也就多了。三是当初农民要交农业税，所以村里对于耕地基本上都是少报。比如，一亩三分地报一亩，家家如此。现在不同了，不用交农业税了。而且，土地刚丈量完毕，大家都实报，没人少报，因为少报吃亏。少报土地，土地入股后股份少，土地出租面积少了。所以，大家都实报。这样，重新丈量后，耕地面积增加了20%。农民都很开心。

土地确权将使农业大有希望。今年中央一号文件提出，要推行家庭农场制。这次三中全会《决定》也明确提出："鼓励承包经营权在公开市场上向专业大户、家庭农场、农民合作社、农业企业流转，发展多种形式规模经营。"这也将会给农村带来一些大变化。现在，世界上只有西欧、美国、加拿大有真正意义上的家庭农场制，中国还没有。中国要推行家庭农场制，要提高家庭农场主的技术水平和劳动生产率。农民还要懂经营，要采用规模经济的做法。

三、关于国有企业：行政干预太多

《决定》对于我国今后的国有资本体制改革将产生重要影响。一般说来，国有资本体制改革分两个层次：高层次的是国有资本配置体制的改革，低层次的是国有企业管理体制的改革。《决定》指出："完善国有资产管理体制，以管资本为主，加强国有资产监管。"因此，不妨这样改革：国资委下面设立若干个专业的或综合的国家投资基金公司，负责国有股权的增加和减少：哪个部门是短缺的，哪个是新兴产业，要增加投资；哪个是产能过剩的，哪个是效益不好的，把国有资本撤走。这样，资源配置的效率就能提高了。

《决定》提出要"使市场在资源配置中起决定性作用"，这突出强调了市场在资源配置中的地位和作用。为什么强调资源配置呢？经济学中原来所讲的效率是生产效率。生产效率多年以来一直是一个传统的概念，着重点是生产单位的投入和产出之间的关系。一定的投入下，产出增加了，表明效率提高了；一定产出下，投入减少了，效率也提高了。这就叫生产效率。20世纪30年代以后，经济学中开始出现了资源配置效率。资源配置效率是另外一个意义。假定投入既定，用A方式组合生产要素，配置资源，可以产生N效率；用B方式组合生产要素，配置资源，可以产生N+1效率。这就表明资源配置效率提高了。所以，一定要重视资源配置。

资源配置效率与生产效率的意义不同，对宏观经济来说可以更有效。资源配置效率会带来两个观念变化。一个观念变化是：过去经济工作中，管融资的企业职员，从事人事组织工作的职员，从事宣传工作的职员和做行政管理的职员，都被看成是非生产人员。他们不在生产第一线，生产效率跟他们没有关系。资源配置效率提出后，情况就变了。管融资的人，使资源得到更好的配置；管人事组织工作的人，把人力资源配置到最佳位置；做宣传工作的人，调动了每个工作者的积极性；做行政管理的人，把物质资源跟人力资源更好地结合在一起，可以使效率提高。这样一来，就不能认为从事这些工作的人员与效率提高是无关的。另一个观念变化是：对资本市场、产权交易市场的看法改变了，它们都是提高资源配置效率的最佳场所。因此，要发展资本市场、产权交易市场，这是有利于资源合理配置的。

当前，国有企业的产权改革还没有完成，对国有企业行政干预太多。《决定》指出："健全协调运转、有效制衡的公司法人治理结构。"今后，国有企业应一律按法人治理结构来管，因为它们已经是股份制企业了，有些已经是上市公司了，是独立的市场主体。

四、关于民营企业：产权必须清晰，必须界定

关于民营企业改革问题，我提出不用"体制改革"这几个字。因为用"体制改革"会引起误解：民营企业会误以为是要国有化！我提出用"体制转型"。所谓体制转型，是指民营企业的产权必须清晰，必须界定。

据调查，有些民营企业的产权也是糊里糊涂的。比方说，有些民营企业为什么现在会出问题？一个重要原因是当初成立的时候就没有很好地界定产权。因为当时有当时的情况，当时有当时的惯例，这就造成产权一开始就不清晰的状况。民营企业原来可能是家长制，因为家长是个能人，他有凝聚力、有经验等。后来，这些民营企业规模大了，到了第二代，是不是一定要实行家长制管理呢？根据我们在广东、浙江的调查发现，民营企业第二代中有些人是留学回来的。他们在国外学习，但不一定是管理人才，而是某一行业的专家，所以谁来接班就是个问题。民营企业中的家族企业，其接班无非

是两种选择：一是选贤，谁能干挑谁，不一定是家庭成员，可以到社会上去选聘；一是选亲，挑选跟自己关系最密切的，如长子或者最信得过的儿子等。但这是不适应发展潮流的。今后，民营企业也要走完善法人治理结构的道路，企业规模扩大以后一定要走这样的道路，即采取职业经理人制度，可以从外面聘经理人，也可以从家庭内、家族内聘经理人。经理人重在能干，能把企业搞好，民营企业才能持续发展下去。

《决定》指出："公有制经济和非公有制经济都是社会主义市场经济的重要组成部分，都是我国经济社会发展的重要基础。"这涉及对国有企业与民营企业关系的认识。我认为，国有企业与民营企业既不是"国进民退"，也不是"国退民进"。它们的目标是双赢，当然，双赢的目标现在还做不到。因为它们中不少企业还不完全是独立的市场主体，所以今后要有国有企业体制改革，要有民营企业体制转型。民营企业如果不进行体制转型，也谈不上今后的大发展。这就是当前中国的情况。

五、关于收入分配：初次分配更重要

关于收入分配体制改革，我的一个基本思路是：初次分配是重点。这跟现在一些人的看法不同。有的人认为，二次分配更重要，二次分配便于抑富济贫。也有的人认为，初次分配、二次分配同样重要，应两者并重。我的观点很明确，初次分配更重要。这里，我举几个例子说明。

第一个例子，农民必须有产权。农民没有产权是初次分配不到位的表现。关于这一点，前面已经提到。

第二个例子，劳动力市场的情况。劳动力市场有供求双方，供给方多数是农民工和城市中的中下层，这些人都是单个进入市场的，他们是弱势一方。需求方是大企业、大事业单位，它们是强势一方。供求双方力量对比不对称、不平等。大企业力量强，工资给多少，由需求方说了算，弱势群体没有发言权。这种情况不改变行吗？经济发达国家是怎么解决这个问题的？它们靠工会的力量。工会维护低收入者权益，工资过低或者欠工资不发，工会替供给方说话。工会是一个强势群体，它介入供求，双方的力量对比就变化了。农民工干了这么多年，他们也是工人，但因为他们是农村户口，工会管不着。所以，这种情况要改变。

第三个例子，农产品销售市场。出售农产品的，主要是单个农户、牧户，他们的力量是弱的，即使收购方在他们家门口把农产品收购了，供方还是弱势。而收购商、大超市，或者食品加工企业等收购方，它们是强势单位。它说不要你的产品，就不要你的产品，你到哪里去卖？你自己去卖，成本更高。所以，这种情况要改。在发达国家，农民组成了农业合作社，农业合作社有联社。我到荷兰、丹麦考察过，在新西兰也考察过，他们的农业合作社联社的力量很大，自己有车队、船队、仓库、冷藏库、码头等，农产品直销国外。在中国还不行，因为中国的农民合作社刚成立，都是以村、以乡为单位的小规模经营。联社现在还没有开始组建。

第四个例子，教育制度的改革。教育制度关系到初次进入市场的就业者的工资待遇情况。在中国，由于存在城乡二元结构或者城乡二元体制，往往出现这样一种情况：城市人均教育经费多，农村人均教育经费少。所以，农村义务教育校舍差、师资差、设备差，学生学习质量不高，农村的孩子读完初中以后不想升高中。他们说，升高中有什么用，反正考不上大学，考不上大学还不如现在就找工作，所以初中毕业就找工作。但是，农村孩子初中毕业找工作，能找到什么好工作？当一个简单的、重复性的体力劳动者。这在西方发达国家叫作二元劳动市场，一些人只能从事低等劳动。这种情况，慢慢就会在中国社会上形成社会阶层固化，或者叫职业世袭制。举个例子说，农民工的孩子还是农民工，孙子可能还是农民工，他没有其他技术，没有受过较好的教育，他不当农民工能当什么？这就影响到收入的初次分配了。所以教育资源的配置一定要均衡化。

关于收入分配问题，我强调初次分配重要。产权问题重要，劳动市场上的双方力量要对等，农产品销售市场的供求双方力量也要对等，再加上教育改革，这些都是能说明中国的初次分配重要的问题。当然，二次分配也重要。在中国目前的二次分配中，最重要的是城乡社会保障一体化。社会保障一体化表明，我们可以有西方市场经济发达国家一样的福利制度。西方市场经济发达国家的情况是：初次分配不足，二次分配补，通过二次分配缩小这个差距。中国现在的情况是：初次分配有差距，二次分配扩大了差距，因为城乡社会保障不一样，城市职工看病有公费医疗或医疗保险，农民工看病能够办合作医疗的也要交一部分钱，有些连合作医疗都没办。这种情况要改。

社会和谐红利是最大的制度红利 [*]

一、看《闯关东》，反思城镇化

不要把城镇化单纯看成城镇建设问题，城镇化是长期的。当前，我们推行城镇化，除了考虑建设问题，最要紧的是体制问题，城镇化是一个体制改革的过程。

城镇化需要改变什么体制？我们从计划经济时代一直到现在，都存在城乡二元体制。城乡二元结构从古就有，但城乡二元结构到了 20 世纪 50 年代末期，就制度化了，就变成了城乡二元体制。

举个例子，电视剧《闯关东》讲的是清朝末年、民国初年，山东的人迁居到东北的故事。山东的农民到了东北，他可以在城里建房、买房、开店，生下小孩以后，就是城里的孩子；他愿意下乡、愿意种地、愿意在农村建房，也可以。在城里居住的可以搬到农村，在农村居住的也可以搬到城市，这就是：有城乡二元结构，没有城乡二元体制。

中华人民共和国成立后，户口制度一分为二变成城市户口和农村户口，导致生产要素的割裂，城乡之间的流动受到极大限制。这个难题不消除，我们就与市场经济还有不小的距离。

---

　　* 此文为第十三届中国经济论坛上的演讲，摘自 2014 年 1 月 3 日《中国经济周刊》。原载于《首都企业家》2014 年第 2 期。

二、国企改体制，民企改观念

第二问题，国企跟民企的双赢问题。"国进民退""国退民进"都不是我们的目标，我们的目标是共赢，但是共赢需要改革，制度是要创新的。

在国有企业方面，主要是国有资本体制的改革。国有资本体制改什么呢？它是管资本而不是直接管企业，资本有流动性，国有资本能够发挥更大的作用。这里有一个概念需要搞清楚：资本的力量不是看资本本身的数量有多少，而是看资本所控制的数量有多少。1000 亿元的投资，如果 100% 国有，那么国有资本控制的是 1000 亿元，如果 50% 国有，则国有资本能控制的是 2000 亿元。

国企走股份制道路、走上市公司道路，除了一些个别产业外，它应完全按法人治理结构来调节，股东会、董事会、监事会，再加上聘任总经理等，这样的话，它就能够和民营企业一样成为独立的市场主体，既竞争又合作。

同时，民营企业的竞争体制也要转型。首先是观念的改革。很多民营企业是从小企业做起来的，带有小生产者的意识，不适合现代市场的意识，比如认为"肥水不流外人田"。现代企业要做大，为什么要上市？就是为了提高资源的配置效率。第二代是不是一定能够管好企业？当这个企业突破了家族制的范围、成为公众的企业之后，还能这么做吗？

三、社会和谐红利的三大前提

最大的制度红利是社会和谐红利。市场调节在资源配置中起决定性作用，这意味着根据资源配置效率来决定资本的配置，这一点很重要。

根据资源配置效率来决定资本的配置，第一个前提是要公平竞争。有了公平竞争，市场就能充分发挥作用。政府直接干预企业的资源配置，不利于经济的进一步发展。

用经济学的观点来说，20世纪30年代以前，经济学里面看重的是生产效率。什么叫生产效率？投入产出之比，在一定的投入之下产出越多越好，在一定的产出的前提下，投入越少越好，这就是生产效率。

20世纪30年代以后，特别是第二次世界大战以后，西方经济学界着重讨论的、重视的是资源配置效率。资源配置的前提是什么？投入是既定的，用A方式配置资源能够产生N效率。用B方式配置资源，能够产生N+1效率，这就是资源配置效率提高了。首先，它是一个宏观意义上的效率，它不是一个单纯的企业内部的车间里的投入产出之比，它是一个结构意义上的效率提高。

第二个前提，重视资本市场。没有资本市场，经济怎么上一个新台阶？没有产权交易平台，你怎么来实现资源的最佳组合？

第三个前提，每个人都和资源配置有关。长期以来，人们的认识是，搞筹资、融资工作的，搞人事、组织工作的，搞宣传工作的，或者说凡是搞行政管理工作的，都是非生产人员，因为他们不在生产第一线，跟生产效率没有直接发生关系。资源配置效率出来后，大家的观念变了：从事融资、筹资工作的人是直接在从事资源优化配置；做人事组织工作的人，是把人力资本放在最有用的地方去配置；做宣传工作的人是调动每一个投入者的积极性；还有做行政管理工作的人，是把物质资本和人力资本更好地结合起来，从而产生更好的效率。我们要重视生产效率，但更要重视资源配置效率。

四、员工持股是社会和谐的重要一环

十八届三中全会指出，要积极发展混合所有制经济，混合所有制经济的发展是实现我们基本经济制度的重要形式。对国企、民企来说，这都有极大的意义。

对国企来说，把门槛降低、放开，欢迎人家参加国有资本的配置，能够让自己真正建立法人治理结构，而且是完善的健全的法人治理结构。

对民营企业来说，要鼓励它们打破家族制的范围，走向混合所有制经济道路。其他经济成分的进入有利于民营企业的发展、壮大。

此外，还有员工持股。员工持股是发展混合所有制经济的一个方法、一条道路，但它的意义更深远。因为根据经济学理论，利润是物质资本投入和人力资本投入创造的，是两个资本的结合而产生的。

既然如此，如果利润只归物质资本的投入者所有，投入多少股份多少钱，而人力资本的投入只能够从工资中取得自己的收入，而这个工资是在成本中开支的，这就产生问题了。要让人力资本的投入者，也像物质资本投入者一样有一定的比例分享利润，这才合理。这是调动职工积极性的方法，也是走向社会和谐的一个重要方面。

我们调查过，在国有企业，假如实行了员工持股，员工的积极性就会很高。过去下班的时候，一些员工会把厂里的木料什么的都带回家去，厂里也不管，你想拿就拿。实行员工持股后就不行了。"你别拿了，还有我的一份在里头。"他有这个积极性了，他对企业的经营好坏更关心了。

资源重新配置效率的提高，市场起决定作用，关键在于公平竞争。企业走向混合所有制也是合作和竞争，民企和国企各种所有制发挥各自的长处。

国企有国企的优势，民企有民企的优势。国企资本雄厚、装备先进、人才聚集，而且干部多年经营，有丰富的经验，在好的体制下能更大地发挥作用。对于民企来说，机制灵活，敢于冒险，自负盈亏。员工持股能调动员工的积极性，加上十八届三中全会指出的，教育资源的均衡配置，这将产生社会和谐红利。

五、"发展经济学"可归纳为四句话

社会和谐红利不是天上掉下来的，是要通过改革逐步实现的。我们制度的优越性表现在哪里？我们制度最大的优越性表现在社会和谐红利。应该更多地关心社会和谐红利。社会和谐红利不是短时间就能够实现的，只有通过改革，我们才能逐渐得到社会和谐红利。

　　我曾经把"发展经济学"这门课归纳为四个观点、四句话。第一句话，就业是靠就业扩大的。一批人就业了，就有了收入，花掉，别人就就业了。第二句话，富裕是靠富裕带动的。一批人先富裕了，会帮助自己的亲戚、朋友、同乡、熟人，然后还能够起示范作用，有更大的影响。第三句话，繁荣是靠繁荣支撑的。有了经济的繁荣就有了投资的潜力、投资的机会，收入的增加，增加了购买力，所以繁荣靠繁荣支撑。第四句话，和谐靠和谐积累，和谐从自己做起、从身边做起、从社区做起、从家庭做起。我相信，社会和谐红利将是我们最大的制度红利。

中国道路与混合所有制经济 *

一、支持并鼓励混合所有制经济的建立和发展是中国社会主义经济理论的重大创新

长期以来，在社会主义经济理论中存在着简单的二分法，即非公即私、非国有即私有、非国营即民营的划分。这样，就把处于两端之间的中间地带忽视了。经济实际上是多元的。就以二分法所提到的公有制和私有制这两端来说，其实无论是公有领域还是私有领域都存在着不同类型的公有经济或私有经济，不宜笼统而言。而在公有和私有之间的中间地带，同样存在着不同类型的混合所有制经济。这是客观存在，不容我们忽视。

混合所有制这个名词，在 1997 年召开的中共第十五次全国代表大会时的官方文件中就已出现。中共十六届三中全会通过的《中共中央关于完善社会主义市场经济体制若干问题的决定》对混合所有制经济有明确的论述，强调要大力发展国有资本、集体资本和非公有资本等参股的混合所有制经济，实现投资主体的多元化，使股份制成为公有制的主要实现形式。这些论述是以往社会主义经济理论中所没有的。

2013 年中共十八届三中全会的决定，对社会主义经济理论中有关混合所

---

* 原载于《中国市场》2014 年 6 月刊。

有制经济的地位、性质和作用做出了更加明确的表述，即把发展混合所有制经济作为我国基本经济制度的重要实现形式，既鼓励国有经济走向混合所有制经济，又鼓励非公有经济走向混合所有制经济。具体的做法将体现于改革之中，使国有资本和民间资本都能因参与混合所有制经济的建立和发展而增加活力、提高效率、增加收益，从而切切实实地使中国经济登上新的台阶。

从这个意义上说，中共十八届三中全会有关建立和发展混合所有制经济的决定确实是中国特色社会主义经济理论的重大理论创新。

二、建立和发展混合所有制经济的理论基础

首先从经济学中有关效率概念的发展谈起。

在经济学中，生产效率一直是人们关注的重点。生产效率指的是投入产出之间的关系。有投入，才有产出。如果投入减少，产出能维持原状，或者，如果产出增加，而投入能维持原状，都表明生产效率提高了。因此，人们关注生产效率的提高或下降，是合理的，生产效率是必须重视的。但自从20世纪30年代以后，尤其是第二次世界大战结束以后，经济学中出现了第二种效率概念，即资源配置效率。

资源配置效率是指：如果投入为既定，以 A 方式配置资源，能有 N 产出，而以 B 方式配置资源，则有 N+1 产出，那就表明资源配置效率提高了；如果以 C 方式配置资源，有 N+2 产出，那就说明资源配置效率又提高了。因此，资源配置效率实际上比生产效率更重要。生产效率主要是从微观经济的角度进行分析。一个企业、一个生产单位无疑需要走技术创新和加强管理之路，以便不断提高生产效率。但从社会的角度、从宏观经济的角度进行分析，资源配置效率的提高无疑更为重要。关键在于：只有从宏观经济的层面把资本盘活，使资源配置得更合理、更有效，资源配置效率才能不断上升。重视生产效率，是对的。但如果忽视资源配置效率，物不能尽其用，人不能尽其才，土地不能尽其利，货币不能畅其流，那就谈不上经

济运行是有效的。这是因为，资源配置效率低下，实际上是资源的最大闲置与最大浪费。

三、建立和发展混合所有制经济的现实意义

就当前中国经济体制改革和经济发展而言，没有比提高资源配置效率更为迫切的了。

为什么中共十八届三中全会的决定强调市场调节在资源配置中起决定性作用？这正是为了大幅度减少政府对资源的直接配置，充分发挥市场的调节作用，大大提高市场在资源配置中的作用。因此，政府和市场的界限就显得十分重要。政府做自己该做的事情，而且一定要做好。市场做自己可以做的事情，也应该做好。凡是政府可以做、市场也可以做的事情，只要市场愿意做，就交给市场去做。政府只做市场做不了或做不好的事情，如公共产品（国防、司法、治安、义务教育、社会保障等）的提供、地区收入差距的缩小、个人收入分配的协调、公益性重大工程的建设、稀缺资源的开发和分配、宏观经济调控等。

政府干预市场对资源的配置，或政府未把自己该做的事情做好，都有损于资源配置效率的提高，这是力求避免的。

（一）为了消除各方阻力，必须确定市场调节在资源配置中的决定性作用

需要指出的是，即使市场调节在资源配置中起决定性作用的方针已定，也不等于在实现这一方针时不会遇到较大的阻力。要消除的阻力主要来自以下四个方面。

一是消除利益集团的干扰。

利益集团已存在多年，具体表现于它们在特定的行业或地区形成了行业垄断或区域垄断，从而获取特殊利益。一旦贯彻市场调节在资源配置中的决定性作用，利益集团的行业垄断或区域垄断行为迟早会被打破，所以它们会阻挠市场化改革的推进，即使认识到市场化改革已是大势所趋，不可阻挡，但总感到能拖延多久就拖延多久。

二是消除制度惯性的作用。

在经济学中，制度惯性，又称"路径依赖"。这是指：一个人或一群人在旧制度下生活久了，在旧道路上走惯了，觉得自己已经适应了，不想改，不愿改，并未感到旧制度和旧生活方式有何不妥。甚至还认为，一切按旧的方式行事，是最安全、最保险的行为。这样，改革遭到的无形阻力就会大大增加。

三是独立市场主体大量存在。

市场要想充分发挥在资源配置中的决定性作用，要有大量独立的市场主体，它们产权清晰，自主经营，自负投资的盈亏，能够认真考虑投资的可行性和未来的经济效益，而不受行政部门的指使或行政部门的干扰。就中国现阶段的国有企业而论，如果在体制上没有实质性的改革，很难符合和适应市场化的要求。大多数民营企业也与国有企业相似，同样受到行政部门的干扰，有待行政部门审批的环节太多，即使目前已经有所减少，但距离目标模式还有一定距离。

四是加强信用体系的建设。

市场建设中不能置信用体系于不顾，这是世界上许多已经工业化、市场化的国家的普遍经验。社会必须讲诚信，包括企业、个人、社会团体，也包括政府在内。要打击违法、违信的企业、个人等。社会失去了诚信，市场秩序就乱了，市场预期也就紊乱不堪。西方谚语说："他骗了所有的人，最后他发现，他被所有的人骗了。"那么，怎样建立诚信社会呢？一靠法律法规，二靠道德建设，而道德建设中包括每个人、每个企事业单位的自律。尽管信用体系的建设非一朝一夕之功，但必须从现在起，全社会应当把信用体系建设和道德建设放在重要的位置上。

（二）有利于盘活资本，将国有资源开发和使用列入规划，纳入中国经济建设中

基于上述分析，转入第二个问题的讨论，即为什么中共十八届三中全会的决定中强调建立和发展混合所有制经济的必要性？前文已经谈到提高资源配置效率的重要意义。据保守估计，目前的国有资本存量有若干万亿人民币，如果把尚未资本化的国有资源（如土地资源、森林资源、矿产资源、水力资源、海洋资源、风力资源、太阳能资源）计算进去，那么国家资源也有若干万亿人民币之多。资本不用，资源闲置，都是损失。资本低效率使用，资源不断浪费、不断流失，同样是损失。由此可见提高国有资本、国有资源的资源配置效率的迫切性与重要性了。也就是说，不仅要把国有资本盘活，让国有资本有效地发挥作用，也要把国有资源的开发和使用列入规划之中，使它们参加中国经济的建设，发挥其应有的作用。

在这里，建立独立的、完善的市场主体起着至关重要的作用，而建立和发展混合所有制经济正是建立独立的、完善的市场主体不可忽略的一步。

四、建立和发展混合所有制经济的途径

十八届三中全会把混合所有制经济作为我国基本经济制度的重要实现形式，这表明对建立和发展混合所有制经济极为重视。建立和发展混合所有制经济的途径很多，但基本上可以归纳为以下四个途径：

（一）鼓励现有的国有企业走向混合所有制

鼓励现有的国有企业走向混合所有制，包括容许非国有资本参股国有企业，使国有企业由全资国有转为多种所有制合营。

（二）鼓励发展非公有资本控股或参股的混合所有制企业

在鼓励发展非公有资本控股或参股的混合所有制企业方面，应采取自愿原则，即民营企业或民间资本是否参股于国有企业，是否愿意同国有资本共建一个混合所有制企业，完全听其自愿，不采取硬性规定，不摊派，不强制。

（三）加强员工持股的规范化

无论是国有企业还是民营企业，如果愿意实行员工持股制，由它们自行决定，政府有政策，对员工持股制的实行有政策可依，但应当规范化，这样才能避免出现种种后遗症。

（四）界定不同行业的国有企业功能，以及针对不同行业特点提出改革措施

比如，城市供电、供水、供气、公共交通、垃圾处理、廉租房建设和管理等以保障民生为目标的公益性国有企业，国有资本可以控股，但也可以发行一定比例的股票，供民间投资购买。这样，可以促进这类企业在提供公共品方面发挥更大作用。又如，石油、天然气、电信、电网、铁路、稀有金属开采与分配等具有自然垄断性的行业，仍需国家控股，但这不排除国有企业股权设置的多元化，也不影响规范地实行员工持股制（包括产权激励制）。在这里，需要说明的是：国有资本的实力不在于资本存量本身，而在于国有资本的控制力大小。如果某家国有企业的资本存量是 1000 亿元，100% 由国家控股，那么国有资本的控制力仅仅是 1000 亿元。如果国家有 50% 的股权可以控股，那么国有资本的控制力将是 2000 亿元。如果在股权分散的条件下，国家以 25% 的股权就可以相对控股，那么国有资本的控制力将增加到 4000 亿元。可见，资本的控制力比资本存量更能说明问题。

五、建立和发展混合所有制经济的五大好处

通过以上分析，可以清楚地了解到，建立和发展混合所有制经济至少有下列五个好处：

1. 把国有资本盘活了，通过国有资本的合理配置、有效配置，资源配置效率将大大提高，有利于经济的持续增长。

2. 建立适合市场调节在资源配置中起决定性作用的机制，减少行政部门对资源配置的干预，切实做到政企分开、政资分开；在完善的法人治理结构充分发挥作用的前提下，经营管理水平将不断提高。

3. 有利于各种所有制取长补短，发挥各种所有制的长处，参与市场竞争，将增强企业的活力。

4. 通过员工持股制的推行，有利于调动员工的积极性，包括产权激励制

度实行后高管、高级技术人员的积极性的提高。

5. 市场调节的作用将在不断资产重组的过程中显现出来。资产重组是生产力发展的新起点。混合所有制经济的效率也正是在不断的资产重组过程中涌现出来的。市场调节下的资产重组活动将把每一个企业包括混合所有制企业推到前沿，不进即退，不进即停，每一个企业在市场和资产重组的压力下，都将求实创新，增加收益。这样，中国未来的企业界必然是生机勃勃的市场主体的组合。

六、澄清关于混合所有制经济的偏颇认识

关于混合所有制经济，社会上讨论很多，最近我在某些省市做了一些调查，发现对混合所有制经济存在或多或少的误解，所以感到有澄清的必要。

（一）投资主体多元化是否等同于混合所有制企业的建成？

有些人认为，到目前为止，许多国有企业已经改制成为股份有限公司或有限责任公司了，股份制改革在这些国有企业中已经实现了，有些国有企业甚至已经成为上市公司，它们或在国内上市，或在香港上市，或在国外上市。这表明混合所有制经济的建立和发展已经取得了巨大成就，今后基本上沿着现在的路子走下去，就可以了。

这种说法是不准确的，甚至是错误的。要知道，建立混合所有制企业，绝不是简单的投资主体多元化问题。一家国有企业要成为名副其实的混合所有制企业，关键在于建立完善的法人治理结构，形成现代企业制度。投资主体多元化只是最初的一步，这一步必须跨出，但这与建立完善的法人治理结构并不是一回事。比如，完善的法人治理结构包括股东会、董事会、监事会、总经理聘任制和任期制等制度的依法产生，并依法发挥各自的职能。试问，国有企业改为股份制企业或上市公司后，股东会开过没有？股东会是否按时召开，行使权力？董事会是如何产生的，董事长是上级行政管理部门委

派的，还是股东会选出来的？监事会是否存在，是否起作用？总经理一职是否由上级行政管理部门委派的？如果这些问题根本没有解决，那就不符合现代企业制度的基本要求。因此，要让国有企业成为现代企业式的混合所有制企业，一定要有完善的法人治理结构，这才是实质所在。怎么能认为照现在的国有企业股份制的路子走下去，就可以建立混合所有制经济呢？

（二）国有资本减持是否等同于国有企业实力的减弱？

还有人说，现在国有经济、国有资本已经退到不能再退的地步了，再退就要越过底线了。

这种说法也是一种误解、误导。前面已经指出，国有资本的实力不在于国有资本的存量，而在于国有资本的控制力。也就是说，在一些现阶段仍有必要由国有资本控股的行业和企业，在股权相当分散的条件下，国有股减持到相对控股的程度，实际上意味着国有资本的控制力增大了。这并不会影响国家控股经济在经济中的地位。

再说，在一些竞争性的行业和企业中，国家是不是一定要控股？是可以讨论的。如果说在这些行业和企业中，国家已经控股了，甚至已经绝对控股了，为什么不能减持国有股呢？减持国有股并不是国有股的消失或流失，而恰恰是国有资本重新组合的一个步骤，国有资本减持后可以被用于其他方面，包括投资到高新科技产业、新兴产业，从而提高国有资本的资源配置效率。

进一步说，在某些经营不善、管理不善而亏损累累的国家控股的企业中，如果不采取国有股减持或让民间资本参股甚至控股，而使这些企业继续亏损下去，直到破产清算，将使国有资本蒙受更大损失。从这个意义上说，采取国有股减持或让民间资本参股甚至控股的做法，是拯救国有资本、使国有资本得以新生的途径，而不能认为是国有资本的消失或流失之路。

最后应当说清楚的是：国有资本的底线在哪里？什么叫作国有企业已无退路了？这是需要澄清的大问题。的确，现有的国有企业和国有资本控股的企业，是多年以来国家投资和企业积累而辛辛苦苦创办和发展形成的。然而处于当前市场激烈竞争的形势下，不融资、不筹资，不转亏为盈，不增加新的资本，不改善经营管理，怎样才能使竞争性行业的国有企业、国家控股企业走出困境？人们并不是没有想过办法。但经验表明，通过国有股的减持，吸收民间资本参股，包括欢迎民营企业前来控股，不失为一种可行的做法。因此，竞争性行业的混合所有制经济的发展，不仅不是国有企业的灾难，而正是国有企业、国有控股企业的新生之路。

还有人说，"这又是一场国退民进的活动"，这种看法也是不准确的。"民进"是对的，"国退"却不符合实际，因为我们的视线并不死死盯着某一个竞争性行业中的具体企业，而是以国有经济的资源配置效率提高为着眼点，这样看来，从宏观经济的角度分析，应当是"国进"而不是"国退"，应当是"国进民也进"，而不是"国退民进"。把国有资本的减持看成是"国退"，显然不正确。

（三）国有资本减持、国有企业重组是否等同于国有资产私有化？

国有企业改制为混合所有制企业的过程中，或国有股减持的过程中，不能忽视在缺乏监督的条件下，有可能成为不法分子攫取国有资产的机会，结果会形成国有资本的大量流失，使国家遭受严重损失。这是必须关注的。

再说，上述说法并不是没有道理。比如，有些人以苏联和某些东欧国家在20世纪90年代的改制转型过程中国有资产的私有化为例，认为不能不严禁这种廉价出售国有资产或容许某些有权势的国企负责人把国有资产转化为个人私有的行为。这的确值得我们警惕。

但是，难道因为苏联和某些东欧国家发生过这些情形，我们就不允许国有资本的减持和国有企业的重组吗？难道因此就不再考虑建立和发展混合所有制经济吗？当然不应如此。从中国的实际出发，我们该如何推进改革，应按中央的决定和部署施行。我们该如何建立和发展混合所有制经济，该如何防范国有资产的流失，如何杜绝私人对国有资产的侵吞，一切必须按法律法规、规章制度执行，这是必须遵循的原则。

规范、有序、公开，这六个字是每一个主管国有资产和国有资本的机构和每一个从事国有资产和国有资本工作的人员务必牢记的。不规范、不公开，不仅以后会产生各种后遗症，而且会导致国有资产和国有资本的流失，包括使国有资产落入私人腰包。有序进行，是指成熟一个，改革一个，切不可一哄而起，表面上轰轰烈烈，但弊端丛生，后患无穷。

七、民营企业或民间资本参股、控股混合所有制企业应遵循的原则和努力方向

民营企业或民间资本参股甚至控股混合所有制企业将遇到一些问题，如何解决？

（一）应遵循自愿原则

当前，民营企业和民间资本是否愿意参股于国有企业的资产重组或改制为混合所有制企业的活动，首先应当遵循自愿原则，既不摊派，也不强制。但问题并非仅限于此。在国有企业与民营企业家座谈如何建立混合所有制经济时，不少民营企业家担心，在国有企业控股的情况下，民营企业一旦参股进去了，很可能等于把钱白白送给了国有企业，受到名为混合所有制企业，实际上仍然是国家控股企业的摆布，重大决策都由国有资本决定。那么，如果民营企业投入的资本数额多，国有企业成为民营企业控股的企业，会不会发生上述状况呢？民营企业家仍然很不放心。他们说，国家控股企业本身做不了主，它们受上级行政部门控制，只要行政部门说了算，这不是同样置参股甚至控股的民营企业于附庸的地位吗？可见，民营企业家、民间投资者的上述担心不是没有道理的，所以必须遵循自愿原则。

（二）努力方向

怎样解除在民营企业、民间资本参股甚至控股混合所有制企业过程中产生的顾虑呢？至少应当从以下三个方面着手：

一是加快国有资本体制的改革。

国有资本体制的改革分两个层次。第一层次是国有资本配置体制的改

革，以资源配置效率的升降作为主要考核指标，即国资委不再具体管辖一个个国资企业，而只管国有资本的运作。为此，在国资委下面设立国有投资基金公司体系，包括按行业划分的若干个国有投资基金公司。无论是行业性的国有投资基金公司还是综合性的国有投资基金公司，都不直接管辖国有企业，包括国有控股企业，以及有国有投资的混合所有制企业，而只负责国有投资的增增减减、进进出出。其目标是用活、盘活国有资本，以提高国有资本的资源配置效率。

二是要加快国有企业管理体制的改革。

国有资本体制改革的第二层次应是国有企业管理体制改革。这里所说的国有企业，既包括因行业特殊而保留的国有独资企业，也包括国有控股企业，还包括有国有投资在内的混合所有制企业。所有这些企业都应当把完善法人治理结构放在首位，即建立股东会、董事会、监事会和总经理聘任制、任期制、责任制的体制，并使它们充分发挥作用。不管民营企业是参股于上述国有企业，还是对上述国有企业进行控股，也不管上述国有控股企业是否已成为民营企业控股企业，一律按法律、法规、规章制度办事，国有投资基金公司只管资本的进出和增减，而不干预企业的运作。这样，在上述企业中，国有资本的投资方和民间资本的投资方一律处于平等的地位，企业在法人治理结构充分发挥作用的前提下，成为自行决策、自主经营的市场主体。

三是国有股减持、退出、转让过程的规范化与公开化。

在混合所有制企业建立过程中，尤其是在国有股减持、退出、转让的过程中，一定要规范化，一定要公开化。对于国有资产的评估，一定要经过严格的审计。如果在改制过程中漏掉了必不可少的环节，或模模糊糊，将来会成为后患。国有企业负责人为什么对组建混合所有制企业有顾虑，因为他们害怕以后说不清楚，若干年后再翻出来追究，被扣上诸如"侵吞国有资产""贱卖国有资产""受贿""中饱私囊"等罪名，所以往往处于"被动"状态而不热心混合所有制企业的筹划和国有股减持、转让等工作。民营企业家同样如此，他们担心以后会被指责"行贿""对国有资产巧取豪夺"，从而"化公为私""内外勾结，变国有资产为私有"等罪名一股脑儿加到自己头上。所以必须规范化、公开化、有序化，这样就可以证明自己一切按照法律、法规和规章制度办事，以示清白。

由此看来，上述三个问题的妥善解决在民营企业和民间资本参股甚至控股混合所有制企业的过程中是十分必要的。说得更确切些，这是民营企业和民间企业在建立有国有资本参与的混合所有制企业的过程中不可回避的重大问题。

八、民营企业在混合所有制经济建立和发展过程中将向现代企业转型

中国现阶段的民营企业家，大体上由三部分人构成。

1. 从个体工商户、小业主逐年积累而形成的一批民营企业家。他们是改革开放以后最早在市场中摸爬滚打而挣得一份家业并由此扩大生产经营规模，成为民营企业创办人、合伙人。

2. 由乡镇企业改制而兴起的一批农民企业家。其中不少人就是当初的社队企业（后改为乡镇企业）的负责人或骨干。他们有能力，有市场意识，并有创业远见。他们在发展市场方面是有贡献的。因为这时，他们所在企业的产品需要自找市场、自谋销路。他们带着样品和订单，走遍城乡，在共同努力下，一个处于计划经济体制之外的乡镇企业市场终于形成了，大一统的计划经济体制终于被打破了。以后，随着乡镇企业的转型、改制，乡镇企业的产权明晰化并落实到个人，这些当初的乡镇企业的负责人和主要骨干也就转化为民营企业家。

3. 所谓"九二派"。也就是1992年邓小平南方谈话以后，从体制内转到体制外，自行创业，逐渐发展壮大而陆续成为企业界人士的那一群体。当然，"九二派"是一个笼统的说法，实际上20世纪80年代就已经有不少从体制内转到体制外的先行者了。他们之中有不少人曾经在政府机构和国有企业中担

任过干部，有高等学校学历，又有实际部门工作的经验，并且熟悉体制内经济和管理的操作。特别是，由于他们对国外的经济状况了解较多，对世界科技进步的趋势有较深刻的认识，所以，他们无论在科技界、工商界、金融界还是在新兴产业界都有较大的潜力，他们一旦由体制内转到体制外，很快就在民营企业界占据优势，创办的民营企业也居于上风。他们在素质上的优势是小业主出身的民营企业家和乡镇企业负责人出身的企业家远不及的。

以上三类不同背景不同经历的民营企业家中，第一类民营企业家不易摆脱小业主意识，他们依然把小业主阶段的创业经验牢记在心，从而形成浓厚的家族中心观念，即使认为有必要采用股份制形式，但实质上仍然是家庭成员持股制，坚持"肥水不流外人田"。

第二类民营企业家的背景和经历中，乡镇企业的经营理念和管理理念依然牢固存在。与第一类民营企业家比较接近的是：他们也形成了以家庭为中心的观念，所以即使也采取股份制形式，家庭成员持股制仍是基本的。如果一定要在第一类民营企业家和第二类民营企业家之间找出差异的话，也许可以这样认为，即出身于乡镇企业的民营企业家中，除了某个家庭中心以外，可能还带有乡土观念，这是指：当初走向民营企业的过程中，可能有好几个家庭都曾是乡镇企业中的创业者，他们既是同村的好友，又是创业时的伙伴，现在企业做大了，于是几个家庭共同主持已经壮大的民营企业，分庭抗礼，势力不相上下。这样一来，反而会出现一种意想不到的后果，即如果遇到困难，或遇到影响本企业发展前景的大事，几个不同家庭的代表会坐在一起商量对策，这就与单纯由小业主成长起来的民营企业不一样了，因为在那里只有家长一个人拍板做主，家长是权威，家长本人一言九鼎，谁都得服从他。不错，家长有经验，但经验可能是财富，也可能是包袱。而由乡镇企业演变而成的民营企业，如果不是以一个家庭为中心，而是由几个家庭共同主持，所有可以采取的重大决策由会议讨论，共同通过决策，这就比一个家族拍板、一位家长说了算要前进了一步。当然，这也不否认另一种可能性存在，即当几个家族的代表各有看法，难以形成统一意见时，这家民营企业可能由此分裂，结果形成两家或多家民营企业。

第三类民营企业家与前面提到的两类民营企业家相比的最大特点是，他们有高学历，懂科技，了解世界经济和产业的发展趋势，再加上他们有从体制内转向体制外的经验，他们一心想把自己创办的民营企业转型为现代企业。在许多人的眼中，他们是新型的民营企业家，他们是中共十一届三中全会决定的坚定的拥护者，他们不仅同意市场调节在资源配置中起决定性作用的决议，而且也同意加快建立和发展混合所有制经济。他们对法制建设重要性的认识同样是深刻的。在法制不健全的条件下，他们一般不会轻易参股国有企业。只有在法制健全，而且有法必依、违法必究的情况下，才会把投资于混合所有制企业作为自己的发展途径。

同样，我们还可以设想，今后会有越来越多的以小业主为背景起家的民营企业，以及更多以乡镇企业为背景发展起来的民营企业，会从家庭制企业走向混合所有制企业。在这方面，一是要有信心，因为走向现代企业制度是大势所趋，但家庭企业仍会继续存在，是无疑的；二是要有耐心，对家庭企业的转型改制要等待一段时间，因为这些家庭在实践中将会逐渐体会到现代企业制度对企业的发展肯定更适合、更有利。

九、企业员工持股制的理论基础、基本形式及我国的实施步骤

在调查混合所有制经济现状的过程中，我们发现与企业员工持股制有关的一些误解。

（一）调研中发现的对于员工持股制的误解

一是把员工持股的好处着重放在短期效益上。比如说，认为员工持股后，企业一上市，股值一增，马上可以抛售，就可以稳赚一笔钱。

二是有人认为实行员工持股后，等于增加了福利，员工人人有份，这跟企业工作是否改进没有什么关系。有了个人的股票，既可以分红，急需钱时还可以卖掉，这不是员工福利是什么？

三是有人认为既然员工持股是一种福利，那就应当"旱涝保收"。怎样才能做到"旱涝保收"呢？有人建议采用"股票兼债券"的形式，也就是说，在企业赚钱时，持股的员工可以按股分红；在企业赔钱时，持股的员工等于持有企业债券，按固定的利率领取利息。

四是认为在实施员工持股制以后，可以在企业中设立一个组织，叫职工持股会，影响企业的决策，通过有利于员工的各种决议。这样，员工的发言权就增加了，员工对企业决策的影响力也就增大了。

以上这些认识实际上都不准确。不能把员工持股制视为一种单纯的员工福利措施，也不能把员工的短期利益放在主要位置，更不能采取所谓"旱涝保收"的做法，破坏员工持股制的规范化。至于职工持股会之类的组织应符合企业的规章制度，保证企业法人治理结构的作用的发挥而不要形成对企业法人治理结构的干扰。

（二）推行员工持股制的理论基础

首先需要从经济理论上说清楚为什么要推行员工持股制。

经济学界都承认人力资本投入的意义，认为财富和利润归根到底是物质资本投入者和人力资本投入者共同创造的。只有物质资本的投入而没有人力资本的投入，不可能创造出财富和利润；同样的道理，只有人力资本的投入而没有物质资本的投入，也不可能创造出财富和利润。既然如此，那么在利润分配问题上便产生一个疑点，这就是：为什么利润只分给物质资本的投入者，而人力资本的投入者只能从成本中的工资部分取得自己的报酬？这公平吗？这合理吗？

于是就出现了"共享经济学说"。简单地说，这里所说的"共享经济"实际上就是"共享利润"，即物质资本投入者和人力资本投入者分享企业的利润，也就是说，人力资本投入者不仅仍然从成本中领取自己的工资，还应当分享利润的一部分。至于人力资本投入者应当分享利润的多大比例，要依行业的性质和人力资本在该行业或该企业创造利润中的作用大小决定。所以，员工持股制的实行是有经济理论的依据的。

（三）实施员工持股制的基本形式

根据国内外的实践，员工持股制大体上有四种基本形式：

一是产权激励制度。

这主要适应于企业高层管理人员、高层技术开发人员以及其他被认为做出重大贡献的人员。产权激励制度的最大好处是调动这些人的积极性，并留住人才，防止他们被其他企业挖走。至于产权激励以何种方式实施，则由企业根据情况而定。从西方发达国家某些大型企业实施产权激励制度的经验来看，成效是显著的。但在国内一些城市的调查表明，民营企业在实行产权激励制度方面还比较顺利，而国有独资企业、国家控股企业在实行产权激励制度方面却受限过多，以致很难实行。因此在这方面，首要的问题依然是行政部门松绑与否，行政部门需要进一步解放思想，提高对产权激励制度的意义和作用的认识。

二是普惠性质的员工持股制。

普惠性质的员工持股制是指凡是本企业的员工都可以成为企业的持股人。好处是"没有功劳也有苦劳"。凡在这个企业工作已满一定的年限，不分职务，也不分等级，人人有份，这种形式有利于增加员工的凝聚力，调动员工的积极性，提高员工的责任感。由于这样的员工持股制具有普惠性质，所以在企业内部可以减少基层员工与高管人员之间的隔阂。在实施过程中，对于高管人员、高层技术开发人员，以及其他被认为做出重大贡献的人员所实行的产权激励制，如果在实施普惠性质的员工持股制以前就已经实施了，那么，二者可以并存而不必并轨。如果产权激励制度尚未实施，也可以同普惠性质的员工持股制合并实施，既可以"一制双轨"，也可以"两制并存"。无论是"一制双轨"还是"两制并存"，都应当向全体员工说明，普惠性质的员工持股制按进入企业工作的员工身份持股，产权激励制以员工为企业做出的贡献大小作为持股的依据，即使是普通员工，只要为企业做出重大贡献，也可以享有产权激励的资格而持股。

三是发行新股中规定一定比例的员工股，鼓励员工认购。

无论是混合所有制企业、民营企业还是国家控股企业，在发展过程中，由于筹资增资的需要，准备发行新股，在新股中规定一定的比例划分为员工股，鼓励员工认购。但这不是强制性的，员工可以按自愿原则，量力而行，也可以不买新股。应该认识到这不是非法筹资，而是已纳入企业的增资扩股规划之中；这也不是一种短期集资的做法，要规定一定的年限"冻结"，未到可以转让的年限，不能"解冻"，即不能转售，但可以按股分红。期满后，愿转让的可以转让，愿继续持股的可以继续持股。这是一种调动民间资本进入实体经济的做法，并不违背员工持股制的本意。至于企业增资扩股的过程中，每个员工可以认股的上限是多少，则根据企业具体情况而定。

四是国有企业或国有控股公司下由群众集资建立的子公司。

在国有企业、国家控股企业之下，建立一个由群众集资而建立的集体经济、合作经济性质的子公司。这曾经是 20 世纪 90 年代初期和中期曾经采取过的一种旨在缓解当时社会失业压力的做法，它被称作"国有企业下面的集体所有制企业"。后来，这种类型的集体所有制企业逐渐不再存在了，有的同国有企业、国家控股企业脱钩而独立了，有的因经营不善而停办了，有的又转为私人承包经营了。其实，这是一种很有启发性的改革措施，但当时没有明确的混合所有制或员工持股制的概念和改革思路，也没有认真总结经验，以至于大多数不了了之。现在回想起来，这种做法是可以从不规范转向规范化的，可以让"国有企业下面的集体所有制"成为混合所有制经济的试点，向独立的、完善的市场主体转变。

（四）在原有"国有企业下的集体所有制"实践基础上进行混合所有制经济试点的实施步骤

将原来的"国有企业下的集体所有制"从不规范转向规范化，作为混合所有制经济的试点。具体说来，可以采取以下步骤：

第一步，应当有一套着眼于中长期发展的规划。

应当有一套着眼于中长期发展的规划，包括所要建立的子公司的性质、资本多少、主营业务（最好能与母公司的主营业务配套，或者是为一线企业提供零部件，或者是为母公司服务）、企业将来的规模多大、所需劳动力和厂房从何而来，以及近期的盈亏估算等。这样，建立子公司就会心中有数。

第二步，在母公司帮助之下建立子公司。

母公司提供一部分资本，以入股的方式投入，其中可以有现金，也可以包括厂房、设备、原材料，均可折股。母公司也可以派出一些有经验的管理人员、营销人员、技术人员到正在创始阶段的子公司协助工作和指导。他们如果愿意今后留在子公司，可以尊重他们的意愿，否则在一定时间以后返回母公司工作。

第三步，为新创办的子公司融资、筹资。

子公司不要采用"集体所有制"形式，因为这个概念是不清晰的，而应该采用混合所有制形式。母公司的现金投入和厂房、设备、原材料投入都折成母公司持有的股份，但持股比例应低于50%，最好在20%—30%，其余的资本或者来自母公司员工的自愿参股，或者来自子公司新招收的员工的自愿参股，也可以来自其他民营企业的自愿参股。这样，股权结构是比较合理的。所有的投资方中，没有一方拥有绝对的控股权，但可以形成几方投资者相对控股的均衡状态，这将有利于子公司今后法人治理结构的运作。要知道，股权过于分散，全是小股东，容易导致企业偏重短期行为而忽略中长期发展。

第四步，混合所有制企业正常运转。

资本、技术、管理体系和营销渠道都具备以后，一个混合所有制企业就可以正常运转了。

这尽管是20世纪90年代已经有过的老办法，但经过上述各个步骤，旧形式已具有新内容，而且是规范化的新形式。我在一些省市考察时，听到的反映是：在国有企业、国有控股企业改制转型的过程中，为了减轻就业压力，不妨一试。

总之，中国特色的混合所有制经济之路，是我们自己走出来的。包括体制转型、发展转型在内的中国双重转型之路，不正是一步步通过探索、试验、总结、推广而闯过来的吗？

新常态下小企业有大作为 *

不久前我在一些省市调研，同民营小企业经营者座谈。他们说："经济进入新常态，主要是大企业的事情，我们这些民营小企业能做些什么？我们在经济新常态下能起多大作用？"这个问题有一定代表性，需要认真解答。

一、对我国经济形势要有信心

从 2013 年和 2014 年的情况看，由于经济增长出现下行趋势，民营企业包括大量小企业的产品销售不如过去，加上贷款难等问题仍然没有得到很好的解决，劳动力成本、店铺租赁成本、物流成本又居高不下，因此普遍感到经营困难，对市场前景顾虑重重。

怎么帮助他们消除这些顾虑？最重要的是正确认识当前经济形势，增强信心。在目前情况下，再指望出现超高速增长是不现实的。我国经济增长率虽然降低了一些，但从全世界看依然处于前列。而从结构调整的角度看，结构合理是稳定增长的前提，只要结构调整不断取得进展，市场前景就是看好的。因此，对于广大民营企业特别是小企业来说，一定要懂得结构调整过程中的波动甚至挫折是难免的，企业成长过程中也会遇到一些不适应、不如意

---

　　* 原载于《人民日报》2015 年 2 月 9 日。

的事情。这时候，更需要鼓足干劲，勇于投身于竞争之中。市场如此广阔，还怕没有发挥自己才能的场所！

二、小而精、小而强，关键在专业化

在新常态下，小企业无论从事制造业还是从事服务业，都要走专业化道路。小而精、小而强，就会开拓出市场。市场不是静态的，而是动态的，市场是可以创造的。小企业虽然规模小，但只要有自己的专长，产品精致、有特色，服务到位、有声誉，市场份额就一定能不断扩大，并在此基础上稳步前进。

小企业如果有机会成为大企业的合作伙伴，千万不可错过。大企业需要寻找和固定与自己配套的服务者，也需要能长期提供零配件和部件的合作者。如果小企业能够为大企业提供优质服务、优质零配件和部件，大企业就愿意同它合作。这种合作对大小企业来说是双赢的：大企业可以降低成本，小企业可以有稳定的市场，稳步壮大。

三、靠诚信积累社会资本

这里所说的社会资本是指一种无形资本，又称"人脉""人缘"，它体现于人际关系之中。人际关系要靠自己开创。一个企业无论规模大小，要想拥有更多的社会资本，只有依靠自己努力，一点一滴地积累。

诚信在社会资本积累中是极其重要的。企业时时处处守信用、讲诚信，就会获得社会资本。现在，小企业之间"抱团取暖""抱团过冬"是互助合作的好现象。企业"抱团"，只能建立在相互信任、以诚相待的基础上。有人抱着侥幸心理，以为在合作中失信一次无所谓。实际上，只要失信一次，就可能把多年积累的社会资本毁掉。这样的例子并不少见。企业一定要把积累诚信资本放在首位。

四、既留有余地，又积极创新

有些小企业往往稍有成绩，就头脑发热，好高骛远，甘冒风险，赌上一把，最终一败涂地。从这样的例子中可以总结出一个道理：一切要从实际出发，宁肯步子稳一些、基础巩固一些，也比孤注一掷强。这并不是说小企业不应大胆开拓，大胆开拓在任何时候都是不可缺少的。问题在于，小企业千万不能忘记自己的弱点，如规模小、底子薄、资本供给不足、技术人才缺乏等，切不可被一时成功冲昏头脑，不留余地。

推动企业发展，不能只凭个人经验。经验可能是财富，使自己迈出重要一步、迈上新台阶；也可能是包袱，使自己做出错误决策、陷入难以自拔的陷阱。世界上没有两片完全相同的叶子。市场竞争错综复杂，波动难测。一些人投资成功，一些人投资失败，这在市场上司空见惯。因此，小企业应当牢记：宁肯稳一些，切忌追风赶时髦，以致脱离实际。那样一来，失败是难免的。

适应新常态，需要积极创新。有些小企业主说，创新是高新技术企业的事情，同我们这些小制造业、服务业企业有多大关系？其实，创新有多种层次，不能认为小企业在创新方面不可能有所作为。事在人为，在珠三角一次小制造业企业主座谈会上，我就听到一些经验介绍，比如：原材料选择方面能不能有新的考虑，以便产品质量更好、价格更低？能不能在燃料、动力方面有所改进，以便降低成本、减少环境污染？这些都是很实际的创新领域。

总之，对于小企业而言，有了信心，以诚信为本逐步积累社会资本，再加上一切从实际出发，走专业化道路，就不仅可以有所作为，而且一定会有大作为。

对民营企业转型要有信心和耐心[*]

中国现阶段的民营企业家，大体上由三部分人构成。

第一，从个体工商户、小业主逐年积累而形成的一批民营企业家。他们是改革开放以后最早在市场中摸爬滚打而挣得一份家业并由此扩大生产经营规模，成为民营企业的创办人、合伙人。

第二，由乡镇企业改制而兴起的一批农民企业家，其中不少人就是当初的社队企业（后改为乡镇企业）的负责人或骨干，他们在发展市场方面是有贡献的。因为那时，他们所在企业的产品需要自找市场，自谋销路。他们带着样品和订单，走遍城乡，在共同努力下，一个处于计划经济体制之外的乡镇企业商品市场终于形成，大一统的计划经济体制终于被打破了。以后，随着乡镇企业的转型、改制，这些当初的乡镇企业的负责人和主要骨干也就转化为民营企业家。

第三，所谓的"九二派"。也就是邓小平 1992 年南方谈话以后，从体制内转到体制外，自行创业，逐渐发展壮大而陆续成为企业界人士的那一群体。当然，"九二派"是一个笼统的说法，实际上 20 世纪 80 年代就已经有不少从体制内转到体制外的先行者了。他们之中有不少人曾经在政府机构和国有企业中担任过干部，有高等学校学历，又有实际部门工作的经验，并且

　＊　原载于《北京日报》2015 年 4 月 13 日。

熟悉体制内经济和管理的操作。特别是，由于对国外的经济状况了解较多，对世界科技进步的趋势有较深刻的认识，所以，他们在素质上的优势是小业主出身的民营企业家和乡镇企业负责人出身的企业家所远不及的。

以上三类不同背景不同经历的民营企业家中，第一类民营企业家不易摆脱小业主意识，他们依然把小业主阶段的创业经验牢记在心，从而形成深厚的家族中心观念，即使认为有必要采用股份制形式，但实质上仍然是家庭成员持股制，坚持"肥水不流外人田"。

第二类民营企业家的背景和经历中，乡镇企业的经营理念和管理理念依然牢固存在。与第一类民营企业家比较接近的是：他们也形成了以家庭为中心的观念，所以即使采取股份制形式，家庭成员持股制仍是基本的。如果一定要在第一类民营企业家和第二类民营企业家之间找出差异的话，也许可以这样认为，即出身于乡镇企业的民营企业家中，除了某个家庭中心以外，可能还带有乡土观念，这是指：当初走向民营企业的过程中，可能有好几个家庭都曾是乡镇企业中的创业者，他们既是同村的好友，又是创业时的伙伴，现在企业做大了，于是形成了几个家庭共同主持已经壮大的民营企业。这样一来，如果企业遇到困难，几个不同家庭的代表会坐在一起商量对策，这就与单纯由小业主成长起来的民营企业不一样了，因为在那里只有家长一个人拍板做主，家长是权威。而由乡镇企业演变而成的民营企业，不是以一个家庭为中心，而是由几个家庭共同主持，所以可以采取的重大决策由会议、讲座共同通过决策，这就比一个家庭拍板要前进了一步。当然，也存在另一种可能性，即当几个家庭的代表各有看法，难以形成统一意见时，这家民营企业可能因此分裂，结果形成两家或多家民营企业。

第三类民营企业家与前面提到的两类民营企业家相比最大特点是，他们有高学历，懂科技，了解世界经济和产业的发展趋势，一心想把自己创办的民营企业转型为现代企业，在许多人的眼中，他们是新型的民营企业家，他们不仅同意市场调节在资源配置中起决定性作用的决议，而且也同意加快建立和发展混合所有制经济。他们对法制建设重要性的认识同样是深刻的。只有在法制健全，而且有法必依、违法必究的情况下，才会把投资于混合所有制企业作为自己的发展途径。

同样，我们还可以设想，今后会有越来越多的以小业主为背景起家的民营企业，以及更多的以乡镇企业为背景发展起来的民营企业，会从家庭制企业走向混合所有制企业。在这方面，一是要有信心，因为走向现代企业制度是大势所趋，但家庭企业仍会继续存在。二是还要有耐心，对家庭企业的转型改制要等待一个时期，因为这些家庭在实践中将会逐渐体会到现代企业制度对企业的发展肯定更适合、更有利。

供给侧结构性改革和新动能的涌现

一、新动能代表一种新理念和一种新体制

在改革开放 30 多年以后，人们普遍认识到供给侧结构性改革已越来越重要，越来越迫切。一是因为，企业（包括国企、混合所有制企业、民营企业）应当具有充沛的活力和动力，唯有深化改革、明确产权、保护产权，才能把企业作为经济主体的积极性调动起来。二是因为，结构必须调整，走向合理化，这些都需要从供给侧着力，包括去产能、去库存、去杠杆、降成本、补短板等，否则结构的不合理就会存在。三是因为，供给侧结构性改革的成果明显地反映于新产品、新设计、新工艺、新业态的涌现，这样才能突出技术创新、管理创新、营销创新的成果。

实践清楚地表明，新动能意味着新的发展动力、新的发展方式，是供给侧结构性改革成果的体现。在中国今后的经济增长过程中，新的发展方式尤其重要。可以认为，只有转变发展方式，即把数量型发展方式转变为质量效率型发展方式，才有可能使中国经济适应中国国情，才能及早超越所谓"中等收入陷阱"。

从这个高度来看，新发展方式下的新动能，代表了一种新理念和一种新体制。当广大企业和公众都能认识到技术、管理、营销等方面的压力不仅不是一种坏事，而是新常态时，发展方式的转变就有了方向和目标。

二、新理念和新体制的形成取决于一代新人的成长

新理念和新体制的形成要依靠广大公众，但起决定性作用的是一代新人的成长。具体地说，取决于企业家群体、政府管理人员群体、广大技术队伍群体、农民这一职业群体，以及新加入就业大军的年轻人。他们在经济实践中懂得，为了促进发展方式的转变，一定要形成新的发展理念，形成对新的市场经济体制的新认识，并且投入到创新创业的大军之中。

一代新人正是这样成长起来的。生产要素的重新组合当然有一定的作用，但更重要的是信息的掌握和重新组合，在信息化的大环境中，没有信息的重组是开创不了新局面的，也无法具备转变发展方式的动能。

一代新人通过创新和创业的实践，无疑会懂得发展方式的转变和新动能的涌现绝不是短期就能完成的，也就是说，适合中国国情的供给侧结构性改革可能很快实现，这将是一个渐进过程。不能贪快，不能只顾形式而放弃质量和效率。发展方式的转变之所以重在实效，正是汲取了以往多次转换传统发展方式徒劳无功的教训。

一代新人的成长告诉人们：供给侧结构性改革过程必然是人力资本大幅度升级的过程。企业家在学习，政府管理人员在学习，技术专业人才在学习，职业农民在学习，更有千千万万大学生、研究生、创意者、创新者、创业者在学习。遍布城乡的新人，学到的不仅是知识和技术，而且包括了市场规律、筹资方法和道德原则。这就是新时代的特色。

三、落实产权的有效保护必将大大调动各界的积极性

供给侧结构性改革中一个重要组成部分，就是建立以公平为核心的原则，实行产权保护制度。

一是保护各种所有制经济的产权。公有经济的产权不可侵犯，非公有制

经济的产权同样不可侵犯,必须树立法律的最高权威。在法治条件下,各类产权都能得到保护。

二是要坚持全面保护各类产权,包括物权、债权、股权、知识产权和各种无形资产。

三是政府必须守法,不得以政府换届、政府部门领导人更替等理由使政府失约毁约,政府及其工作人员更不得将公共利益任意扩大化,侵犯各种所有制经济的产权。

四是对历史遗留下来的产权纠纷,政府要站得高,看得远,完善政府守信践诺机制,取信于民。

落实产权的有效保护意义重大。"有恒产者有恒心"这句古训,至今仍然是正确的。这表明,政府一定要让公众有财产的安全感,有创新创业的信心,让各界人士都能在自己的领域内发挥积极性。

这正是转变发展方式所不可缺少的。

四、衡量供给侧结构性改革的成效主要依据创新创业的业绩,以及资源转化为资本的能力

如前所述,如果不进行供给侧结构性改革,产能过剩状况将继续存在,质量和效率型的发展方式的实现将是困难重重,难以促进经济的持续稳定增长。

如果不进行供给侧结构性改革,短板始终是短板,发展方式依旧转变困难,生产成本和管理成本始终降不下来,市场开拓无望,国民经济只得在原地徘徊。

如果不进行供给侧结构性改革,人力资本不升级,也就适应不了国际经济的大环境,难以进入世界前列。

由此得出一个事关中国经济前景的结论:供给侧结构性改革是新动能涌现的前提,是新发展方式得以替代传统的数量型发展方式的基础。

那么，如何衡量供给侧结构性改革的业绩呢？主要依据创新创业的业绩，这是社会各界公认的：在这里，还需要补充一点，即必须加强资源转化为资本的能力。

在这里首先要了解，资源和资本是两个不同的概念。资源是已存在但尚未被开发利用的财富，资本则由资源转化而来。资源只表明发展的潜力，新动能并非来自资源本身，而是来自资源成功地转化为资本。人力资源、物质资源都是在转化为人力资本、物质资本之后才在经济中发生作用的。无形资源更是如此。例如，人际关系、信誉名声、和谐社会，等等，要靠人们去发现，才能让这些无形资本成为促进经济增长的力量。

因此，在推进供给侧结构性改革的过程中，一定不能忽视资源向资本的转化。只有站在这个高度来考察，才能够更加了解新动能和新体制的力量，才能体现"道路自信、理论自信、制度自信、文化自信"的力量。

持续推进供给侧结构性改革[*]

一、从供给和需求的互动关系谈起

在经济学中，从来都是供给和需求并重。因为没有需求就没有供给，没有供给也就没有需求，两者之间是互动关系，供给刺激需求，需求刺激供给，谁也离不开谁。需求需要更新，供给也需要更新，这样，经济才能不断地增长。但需求管理和供给管理方方面面的差异很大，一般情况下，调节需求容易，而调节供给则比较难。需求管理主要是防止需求过热、需求不足等问题，属于短期调节；供给改革则旨在培养能够自主经营的产业主体即企业，这就需要明确发展方向、协调各方利益与企业自身产权清晰等，而这些均无法在短期内完成，至少是一项中期任务。

如果不把需求和供给结合在一起，而是将二者分别考虑，简单地刺激需求或者刺激供给，不一定能做得很好，也不利于经济发展，新的经济问题会层出不穷，只是用一个问题替代另一个问题而已。也就是说，任何片面刺激需求或刺激供给的结果，都只能产生短期效应。所以，必须正视和重视结构性改革的中期性。

---

* 原载于《中国流通经济》2017 年第 1 期。

二、供给侧结构性改革的含义及政府的作用

从经济运行的角度看，供给和需求两侧都需要优化资源的配置，都需要调整结构。没有结构调整，新的需求和供给都不会实现。

在改革开放30多年以后，供给侧结构性改革的重要性越来越突出。一是因为经济发展中最主要的是企业（包括国有企业、混合所有制企业和民营企业）应有充分的活力和动力，这就必须成为供给侧结构性改革的重中之重。供给侧结构性改革，首先就是要培育适应市场的主体，即独立的、自主经营的企业，如果没有这样的市场主体，供给侧结构性改革就很难推进，即使推进也会有反复，也可能中途发生变化，从而使结果难以预料。二是因为要让结构合理，必须去库存、补短板、调结构，不下决心在供给侧着力，就难以使结构合理化。三是因为要降成本，以新产品和产品新功能开拓新市场，才能保证企业充满活力和动力。

这些都表明，当前供给侧改革是矛盾的主要方面，所以今天讨论结构性改革，必须认真总结长期以来注重数量和速度的发展方式的教训。之所以过去较长时间内会片面沉醉于数量型和速度型发展方式，一个重要原因是误以为只要经济高速增长，什么问题都可以解决。这种观念必须扭转，高速增长不可能持久。

供给侧结构性改革，政府应当从两个方面发挥作用。第一，政府应当规划、引领经济发展，并调整经济结构，这都是供给侧改革所需要的。市场是牵动结构调整的主要力量，但不能离开政府对结构调整的引领作用、规划作用和调节作用。第二，在市场还未发育成熟的时候，在企业尚未成长为独立经营主体之前，政府在一段时期内可以起到代替市场主体的作用。发展中国家在发展初期，一般都会感到国内企业家不足，于是常常会出现政府代行企业家职能的现象，这在很多国家都有先例。例如，在俄国彼得大帝时期，曾由政府来充当企业主体；日本明治维新之后，企业力量不足，政府替代企业

发挥市场主体功能；其他西欧国家也有类似情况。需要注意的是，政府在企业成长初期代替市场主体发挥作用，只能是暂时性的、短期的，一定要及时退出，否则会对经济发展产生不利影响，从而走向行政化。如果政府长期替代市场主体，对经济发展必然弊大于利。历史已经证明了这一点。

三、供给侧结构性改革的目标体系

供给侧结构性改革应该有一个完整的目标体系，即明确究竟要达到什么样的目标。

最主要的目标，就是激发企业的活力和动力，让企业独立经营并成长起来。有了无数个自主经营的产业主体，市场调节必然会在资源配置中起决定性作用。

技术创新是企业开拓市场的保证，也是供给侧结构性改革目标体系中不可忽视的一个方面。要了解创新的出发点是创意，无数的创新者就是创意不断涌现的实践者，这也是结构性改革的希望。

在供给侧结构性改革中，增加就业和维持物价基本稳定都应当纳入目标体系。新就业岗位是随着创新而涌现的，物价稳定的关键则在于供求平衡。

工业化中劳动力从哪里来？在西方国家工业化开始之后，劳动力主要来自农民，农民不满意自己在农田里的收入，就进城找工作。西欧国家跟中国的情况不同，中国在 20 世纪 50 年代实行城乡二元结构，户口制度是二元的，城市居民是城市户口，农民是农村户口。而西欧不存在城乡二元结构，没有户口制度的约束，所以是举家进城。进城之后，男性劳动力从事建筑、修路、采矿等重体力劳动，女性则找不到工作，微薄的收入难以供养子女上学，这成为一个大问题，引起社会各界高度关注。后来缝纫机的发明和推广，解决了女性的就业问题，并使服装生产从手工转向机器。服装厂只招女工，很少的男工只是缝纫机的修理者。随着缝纫机逐渐增多，价格降低，工人有能力自己筹钱购买缝纫机，更多的女性实现了在家就业。伴随着收入的增加，举家进城的农民逐渐搬出了棚户区，他们的空缺又被来自北非、亚洲、东欧的农民填上。后来，由于需要就业的人口不断增加，对解决就业问题新途径的诉求出现，电的普及和推广发挥了关键作用。农民利用电办起了小作坊，最具代表性的是汽车修理行业，人们渐渐富裕起来形成蓝领中产阶级。历史经验表明，就业问题可以在发展过程中逐渐解决。现在是第三次就业浪潮，其推手就是互联网，带动了很多就业，最具典型性的就是快递员。通过互联网，快递员自备工具，自己参加某一组织或者帮助客户获取信息资料等，从而完成收货、送货等工作。从发展的眼光来看，新就业岗位的出现跟科学技术进步有关，但还有一点，就是经济发展中需要有一种新的机遇，产生新的就业机会。也就是说，新的经济发展机遇会催生新的就业机会，促发新的就业浪潮。

物价上涨一定是来自需求过旺或者供给不足，这可以通过市场来解决，稳定物价的关键在于保持供求平衡。

同时，也不用担心没有足够的市场，因为市场是可以创造的，而应主要考虑居民的收入能随着经济增长而相应上升，所以在供给侧结构性改革的目标体系中，不仅应注重 GDP 的增长，更应当着力于增加居民收入。

其实，目前感到最困难的不是通常所说的物价上涨，也不是就业问题，而是电信诈骗、购物诈骗以及各种各样的诈骗。随着技术的发展，有人盈利，有人受骗甚至因此倾家荡产。诈骗增多，但法治进程缓慢，法律法规不健全，打击不力，这是一个值得研究的问题，政府必须着力解决好。

四、供给侧结构性改革是一个渐进的过程

从供给侧结构性改革的目标体系可以了解到，无论是激发企业的活力和动力、技术创新、增加就业、维持物价基本稳定，还是促进 GDP 和居民可支配收入增长，都不是短期内能做到的，它跟结构调整有关，所以供给侧结构性改革势必是一个渐进的过程，不能贪快，不能急于求成。

与此密切相关的是，供给侧改革必然也是一个人力资本大幅度升级的过程。一旦供给侧改革推进后，体制内体制外是否有足够多的人才？人才的培育和成长同样是一个渐进的过程，欲速则不达。无论是体制内还是体制外，都需要技工、技师、管理人员、营销人员、职业经理人、专业技术人员、资本市场的熟练人员，还有各种师资、公共卫生、公共机构服务人员，等等。对任何一个发展中国家来说，人才供给不足问题只能逐渐缓解。尤其要重视新型企业家供给不足的问题，社会上的企业家往往要经过历练才能成为新型企业家，市场则是最好的学校，它自会淘汰一批，培育一批，但这也是个渐进的过程。

在供给侧结构性改革中，很多重要的观念需要转变。比如改革的首要目标是培育、发展自主经营、独立经营的企业，但这并不容易。如今许多"老字号"企业之所以疲软甚至消失，就是因为故步自封，"酒香不怕巷子深"的时代早已过去，现在已经大为不同，酒再好，但巷子深、购买难，消费者就不会去，因为相同的可替代的产品太多。同仁堂、全聚德之所以依旧兴盛，是因为它们进行了改革，变成了股份制，跟上了时代的步伐。

再比如创新，天天都在谈，但创新的观念是否真正转变，如果从事着创新的工作，但观念却还是旧的，那就难以实现真正的创新。

100年前，熊彼特提出"创新"一词，并对创新做了很多开创性的研究，取得了很多成绩，假如早一些设立诺贝尔经济学奖，他应该是首批诺贝尔经济学奖的获得者。当时正值工业化初期，他认为生产要素的重新组合就是创新，而在今天，信息重组才会促发创新。熊彼特有一个定义："企业家是创新者。"在工业化初期这是完全正确的，因为发明家的发明产生于实验室，是企业家把发明家的许多成果运用于经济实践。但现在的创新不一定是发明，也可以是创意。有了创意才有创新，有了创新才有创业，创意最重要。那么创意源自哪里？可能是实验室、咖啡馆、会所、俱乐部或者用餐的过程中，更多的是年轻人的各种感觉。正是靠各种感觉，创造出了新的市场。

我在平时讲课中屡次用到的在寺庙卖梳子的案例就是很好的证明。四个推销员因为营销理念不同、创意不同，木梳的销售情况就出现了天壤之别。第一个推销员不懂创意，和尚说："我光头要梳子干吗?!"结果一把都没有销售出去。第二个推销员挖掘出了梳子的第二个功能——帮助养生，对和尚说，梳子除了梳头这第一个功能，还有第二个功能，就是可以帮助养生，经常用木梳刮刮头皮，能够止痒、活血、明目、清脑、美容、养颜，得到和尚认可，卖出了几十把。第三个推销员通过仔细观察，发现庙里的香火很旺，香客也很虔诚，但在磕头时头发会乱，有时香灰也会掉到头上，于是对方丈说，庙里的香客多虔诚啊，你要多关心他们，在每个佛堂前面放几把木梳，香客磕头起来后就可以梳梳头发，感受到庙里的关心，就更加想来，因而销售了几百把。第四个推销员直接找到方丈说，庙里经常有人捐钱，应该有礼品回馈给他们，木梳就是最好的礼品，把庙里最好的对联写在木梳上，加上方丈漂亮的书法，木梳就会被作为纪念品保留下来，以后捐钱就会更多，也会有更多的人来捐钱，庙里出去办事也就更方便。结果不仅把好几千把木梳全部销售完，还带回来好多订单。第一个推销员只知道木梳最基本的功能，第二个推销员挖掘出了梳子的第二个功能，第三个推销员把木梳变成寺庙关心香客的工具，第四个推销员则将梳子创意为寺庙的一张名片、一种纪念品、一个品牌。这说明新产品不仅仅指产品是新的，也包括旧产品有新功能，有新功能就是新产品，手机不断更新也是很好的例证。十多年前的手机也许就一个通话的功能，而今天手机的功能真是太多太多了。

由此可见，市场是可以创造的，供给侧结构性改革，一定要认识到这一点，尤其是在今天，有创意就可以创造市场，有好的创意、好的项目，资金就自然会到位。今天已不是熊彼特时代，今天的年轻人跟100年前的年轻人也完全不同，他们是真正的现代的年轻人，知道社会在关心什么问题，在聊天中就有了创意，有了创意就有了资金。

中国整个经济社会发展的速度在不断加快，很难预料50年后中国经济会是什么样子。那时人们的消费方式、就业方式都会发生想象不到的变化，人人都用卡，也许钞票就失去了作用；就业只需一台电脑，在家就可以办公。

企业家也将成为过时的名词，真正的企业家在工业化开始初期的熊彼特时代，现在的企业家不一定是创新者，而是既得利益者，要保护自己的既得利益。大量正在涌现出来的年轻人，虽然他们现在不是企业家，但将来可能成为比企业家更具影响力的人，成为一个新领域的发现者、领路人。结构性改革一定要依赖大量年轻人，因为他们在不断探索新路子，寻找产品的新功能。

五、需求的作用应如何理解

供给侧改革要取得进展，必须重新认识需求的作用。如前所述，供给和需求属于互动关系，两者可以通过不同的介质达到相同的作用效果。需求管理是短期性调节措施，供给调节是中期战略，但是需求不是被动的因素，它可以是经常性的，也可以是突发性的，即一旦需求突破了维持生活的界限后，人们会把提高生活质量作为消费目标，因此在结构性调整中必须关注消费的变化，否则难以准确把握结构性调整的方向。

炫耀性消费是美国制度经济学家凡勃伦1899年在其成名作《有闲阶级论》一书中提出来的概念，它是历史上存在已久的一种消费习惯，虽然在不同的时期被赋予了不同的内容，但归根结底都是"为别人而购物"，即打扮自己、摆阔气都成为消费行为，主要是为了给他人看。

消费往往是一种风气，在一定的朋友圈、关系圈、熟人圈内会相互影响。同时到一个地方旅游，同时购买一种商品，同时观赏一部电影或戏剧……这正是消费示范效应在生活中的体现，"双十一"的购买潮也是消费风气的一种反映。消费风气对居民消费的影响不可低估。

实际上，居民消费的多样化并不一定是坏事，民间对消费形式、消费品种的鉴别能力实际上是经验的累积，连预测者都说不准，但这无妨。新的消费风气往往因有特色而迅速扩散和形成。

以前，消费遵守古典经济学原则即最优原则。最优理论建立在理性人的基础上，即人人都是理性的，都在追求最低的成本、最大的满足、最大的收益。但是自 20 世纪 50 年代诺贝尔经济学奖获得者西蒙提出有限理性后，人们发现最优是做不到的。例如，消费者要买披肩，如果要达到最优状态，需要在所有商场比较商品并进行记录，以便选择，但此时成本已经很高，而且等到再去购买时可能已经没货了，所以这并不是最优选择。其实，现实中的消费者已习惯了次优选择，没有一个消费者说自己买到的是最满意的商品，只是"凑合""还行"，是次优。尽管消费方式在不断发生变化，但都不是最优选择。"双十一"的销量很大，但不敢保证明年一定比今年大，因为会不断出现新形式。消费值得重视，但较之传统消费，现在理性人的消费已经不存在，最优选择的消费自然也就不存在了。次优选择下的消费才是现实生活中人们真实的消费状态。

六、宏观经济调控的作用应如何理解

在供给侧结构性改革过程中，可以从以下两个层面来认识宏观经济调控的作用：

第一个层面，是及时利用财政手段和货币手段，使货币流通量与经济增长率相匹配，既要避免货币流通量过大，也要避免货币流通量不足，以稳定物价水平，这是早期宏观调控的目的。但是，也不能死守货币流通量与经济增长率匹配的观点，因为通货紧缩的害处比通货膨胀还要大，而要根据实际情况变化进行调整，不能"捆死"经济。

第二个层面，是在新常态下，针对结构性调整的需要，宏观调控方式必须有所改变。一是重在预调，发现苗头就要调控；二是重在微调，不要产生大幅度波动；三是进行结构性调控，有重点地因地调控，不能再像过去那样大水漫灌，而一定要"滴灌"。

为了避免产生过大的调控效应，应多进行微调和预调，以尽量减少宏观调控对经济的影响，并且不至于打乱简政放权的部署。在供给侧结构性改革过程中，微调和预调所起的稳定社会的作用是任何剧烈的宏观调控都无法做到的。结构性调控的优点也是同样不可忽视的，有时更需要"滴灌"，如精准扶贫等。

我之前是贵州毕节地区扶贫的专家组组长，后来是总顾问。毕节能够走到今天，跟宏观调控思想有密切关系。最主要的是统筹规划，为了让山上的人搬下来，就先盖好几套房，让他们住下来，看看是不是比山上好，这样一步一步推进，慢慢有了成效。所以一定要精准扶贫，让扶贫款发挥更大的作用。

再如，陕西省西南部的洋县通过建立自然生态保护区，使濒临灭绝的朱鹮数量快速增加，目前已有200多只。朱鹮有个习性，终身只有一个配偶，如果配偶死了，就不会再有第二个配偶。当地政府充分把握这一点发展旅游产业，不仅吸引了附近居民到这里来办婚礼，而且外省、远方的人也来这里办婚礼，要学朱鹮的忠贞不渝。慢慢地，越来越多的人来这里办婚礼，过金婚、银婚、度假、休闲，周六周日和节假日的游客也络绎不绝，旅游产业迅速发展起来。

"滴灌"的作用主要不在于事先的宣传，而在于事后的评价及其示范效应的产生，否则就会削弱其意义。只有当宏观经济调控（包括结构性调控在内）产生巨大的示范效应时，才能被认为真正产生了应有的效果，否则就只是"点"的成绩而非"面"的成绩。

七、如何有效地转变经济发展方式

传统经济发展方式是粗放型的、数量扩张型的，主要追求 GDP 的增长，拼资源、拼能源、拼劳动力，却忽略了环境保护，导致生态恶化，而要重新治理环境，改造环境，就不得不投入更多的资源和人力。新的经济发展方式则把质量和效率放在首位，这就要认识到创新和创业在未来经济发展中的意义和作用。要转变经济发展方式，就必须实现产业升级和结构调整，而创新和创业则是促进产业升级和结构调整的必由之路。

落后的发展方式必将被淘汰，但仅仅靠淘汰落后的设备是远远不够的，新的产业结构需要有新的人才与之相匹配，所以新的人才十分重要。新的人才正是在创新、创业中涌现出来的，他们会成为新的领路人。

（一）中国正在经历一场人力资本革命

目前，中国正在发生一场人力资本革命，其中一个表现就是数以百万计的农民工返乡创业，并因此出现了一个新名词——"城归"。过去只有"海归"，即国外留学生学成以后回国报效祖国。"城归"是农村进城打工的农民经过10年、20年，积累了经验，认识了朋友，有了积蓄，更重要的是有了技术，如今家乡需要人，就从城市返回了老家。

贵州毕节就有很多这样的"城归"。过去毕节人吃米饭，没有人吃蛋糕，也没有人吃面包。"城归"回来后开了面包房，改变了毕节人的观念和食品结构。毕节的百里杜鹃景区，绵延100里全是杜鹃花，风景优美，游客很多，饭店、停车场、洗车行等都是"城归"在经营管理。"城归"返乡自己创业，工作家庭两不误，还带动了当地就业和产业发展，一举多得。据我们最近的调查，"城归"大约占到农民工4000万人的四分之一。

陕南的西乡县也有很多这样的"城归"。为保障北京、天津的用水安全，汉江边上新建了丹江口水库，为确保水质，沿汉江两岸的农业生产不能使用化肥和农药。面对这一约束，位于上游的西乡县开始全面种植富硒茶，因为那里是全国富硒茶最好的生产地，当地外出务工的农民纷纷回乡种茶树，茶树不需要施肥打药，种茶、收茶、摘茶、加工一条龙，不仅解决了当地劳动力就业问题，增加了收入，还能为其他地区的劳动力提供就业机会。

人力资本的革命，实际上是在为中国下一步创新做准备。

（二）新的融资方式不仅支持了创新者和创业者，而且鼓励着更多的人创新、创业

发展方式的转变同新型企业、新兴产业是分不开的，从来都没有夕阳企业，只有夕阳技术。企业如果不断更新技术，一直走在前列，那就不会处于夕阳阶段。企业技术更新和产业升级都需要融资。缺少资本，再聪明能干的创新者和创业者都无能为力。融资方式的更新往往会带动新一轮的技术创新。

资本是靠创新者和创业者去筹集和运用的，不怕融不到资，就怕融到了资却不知道怎么运用。有作为、有眼光的创新者和创业者同其他人的区别就在于他们能用好资本。会融资又会运用所融到的资本，是创新者和创业者成功的秘诀，他们会带动更多的人走上创新创业之路。

创新和创业都有风险，融资也有风险。规避风险，或者在风险来临时不惊慌失措，充分调动每一个人的积极性，这就是创新者和创业者的过人之处。

（三）最重要的是保持旺盛的创新和创业精神

对于每一个创新者和创业者来说，最重要的是保持旺盛的创新和创业精神。只要保持创新和创业精神，就不怕目前资本不足、企业规模不大，坚持下去前途就不可限量。榜样的力量是无穷的，过去这么多年，有多少创新者和创业者遭遇过挫折，但只要有这种精神，就一定事业有成。这反映出创新者和创业者独特的性格：坚韧、坚持、乐观。

创新和创业精神还体现于随时总结经验教训。这条路行不通或走得不顺，就尝试另外一条路。路总是人闯出来的，路也是人选择的，哪一个创新者和创业者不是经过了一次又一次的选择?!

创新者和创业者始终要坚守两条底线：一是法律底线；二是道德底线。任何时候都不要触碰这两条底线，勿以恶小而为之。光明磊落，路就会越走越宽。信用是最大的社会资本。一旦失信于人，再多的社会资本也会丧失，在这方面一定不能存在侥幸心理，否则后悔都来不及。

任何一个创新者和创业者都要牢记自己的社会使命和社会责任，社会使命就是早日实现中国梦，社会责任就是帮助困难的城乡居民过上幸福的生活。

20 世纪留下的最精彩的经济学术语是什么？创新！任何时候都不能忘记创新精神。只有不断创新，才能因地制宜地进行精准扶贫式的改革。因此，应该加大对创新的保护力度，使供给侧结构性改革在创新中取得进展。

转变发展方式迫在眉睫[*]

第二次世界大战结束后，在亚洲、非洲出现了一批新独立的国家，它们原来都是西方列强的殖民地或半殖民地，经济落后，人均国内生产总值和人均收入都很低。这些国家摆脱西方列强控制后，都有加速发展本国经济的愿望，都想早日摆脱贫穷落后的状态。于是，它们致力于引进外资、开放港口，希望靠提供廉价资源来改变现状。这些国家在一段时间内实现了经济高速增长，但后来大都落入"低收入陷阱"或"中等收入陷阱"。这证实了一点，即只顾高速增长而不顾本国实际，是无法真正富强起来的。虽然靠资源的发掘和出口能增加国内生产总值，但依赖西方跨国公司的状况却无法改变。不顾国情，不在经济社会体制方面进行深刻改革，不加快转变发展方式，发展中国家就难以走出"低收入陷阱""中等收入陷阱"。

中国应从这些发展中国家遭受的挫折中吸取教训，清醒地认识到，勉力维持超高速增长是有害无益的。因为这种数量型的发展方式弊端明显：一是资源过度消耗，二是生态严重破坏，三是部分行业产能过剩，四是普遍的低效率，五是错过了结构调整和科技创新的大好时机。可以断定，数量型的发展方式包括一段时间的高速甚至超高速增长都无法成为常态，其后遗症会持久地存在。

---

* 原载于《人民日报》2017 年 1 月 4 日。

经济发展进入新常态，向形态更高级、分工更复杂、结构更合理阶段演化，这是我国经济社会发展在现阶段呈现的新特点。新常态下，我们必须加快从数量型发展方式转变为质量效率型发展方式。这实质上是一场体制改革、一场重新认识国情的观念革命。为什么这是一场体制改革？因为它首先涉及资源配置方式的转换。不能再像过去那样采用行政部门主导资源配置的做法，而必须转换到由市场在资源配置中起决定性作用的路径上来，政府则发挥引领、规划和监督作用。当前要特别注重通过体制改革打破对旧发展方式的路径依赖。为什么这是一场观念革命？因为它涉及对国情的深刻理解。应该认识到，中国的工业化是在底子薄、农村人口众多、人们收入不丰而且收入差距较大的状态下进行的，扶贫工作仍需深入推进，再加上以往多年对生态保护不够重视，环境污染仍需加大治理强度。再不转向质量效率型发展方式，必将增大经济社会协调发展的难度。

从这个意义上说，适应现阶段的中国国情，最重要的就是尽最大努力把过去习以为常的数量型发展方式转变为质量效率型发展方式，从而把增长速度降下来。在相当长的一段时间内，能保持中高速增长就可以了。

深入理解中国国情，还应认识到结构性改革尤其是供给侧结构性改革的重要性。不久前闭幕的中央经济工作会议明确提出，坚持以推进供给侧结构性改革为主线。推进供给侧结构性改革，既要优化产业结构，又要去产能、去库存、去杠杆、降成本、补短板。通过采取这些措施，大力增加有效供给，使供给与需求相适应；着力调动广大企业的积极性、主动性和创造性。广大企业在产权清晰并且产权一律受到法律保护的前提下，就能从实践中懂得技术创新和产业升级的压力不是一件坏事，而是获得竞争优势的新动力。当广大企业了解到这就是国情、就是经济发展新常态时，发展方式的彻底转变就有了切实的希望和目标。

地方经济发展需要注意的几个问题 [*]

第一个问题：地方应该了解自己的优势和困难所在

（一）地方经济发展时，一定要懂得和利用以下四个优势

1. 广大城市和农村联系密切的优势。广大的农村是地方经济将来发展的重要依托和优势。

2. 土地资源优势。地方处在开发过程之中，土地资源是最大资源优势，要利用好土地资源，这样就能够更好地发展自己的制造业、采掘业及其他产业。

3. 土地增值优势，也就是土地的商业利用和开发的优势。要用好土地的财富，主要是做好建设用地的规划，预留将来的高新技术区，还有其他的工业园区，使土地增值，确保土地价值越来越高。

4. 后发优势。这对城市、对企业、对农村都很重要。要吸取其他地方的经验教训，当条件适宜时，可以总结别人的经验，使自己发展得更好。

（二）地方经济发展面临的两个突出困难

1. 缺少金融的支持。地方发展迫切需要资金搞建设，如果没有金融的支持，自身的发展存在很大困难。目前，这个问题正在逐步解决。除了大银行

---

* 此文为 2017 年 6 月 17 日为张家界市领导干部所做的专题报告。

以外，各地正在大力发展中小银行，鼓励社会资本投入银行。同时，银行业也在寻找项目。地方要根据自己的实际，做好规划，有规划就会有项目，有项目就会有银行贷款。

要对农村贷款有正确的认识。从全国政协对浙江、山东等地的调查情况来看，农村贷款的坏账率实际上是很低的。主要有两个方面的原因，第一个方面，是农民用房产、土地进行抵押贷款后，自身高度重视，因为那是自己的全部资产，如果用它们进行了抵押贷款，农户是不愿意轻易放弃的。全家都在努力工作、经营，希望早日还清，避免被收走房产、土地等抵押物。第二个方面，当面临困难时，整个家族会形成共同保障的合力，共同抵御风险。所以实际上坏账率是很低的。

2. 缺少人才的支撑。多年来，人才资源、教育资源，特别是高等教育资源主要集中在大城市，培养出来的人才也大多集中在大城市，导致广大农村、地方严重缺乏人才。因此，作为主政一方的领导干部，要密切注意三个方面：一是怎样为留在本地的毕业生创造良好条件，把人才留在本地。二是怎样创办适合本地发展的高等学校，包括高等技术学校、高等师范院校。例如，贵州的毕节地区通过探索、改革，将原毕节学院更名为贵州工程技术学院，专门培养工程技术人才，解决了本地急需技师、熟练技工的需求。另外，还把培养师范生的任务独立出来，建立了毕节师范学院。双管齐下，既为当地发展培养了技术人才，又满足了培养本地和邻近地区师资的需要。三是怎么加强对本地历史文化的研究。要支持建立研究本地历史文化的机构，将自身的历史、发展沿革、地域特色研究透彻，从而繁荣文化、教育、旅游等产业发展。

第二个问题：要把握好第三种调节方式

以前，大家都认为有两种调节方式：一是市场调节，市场是靠无形的手进行调节的；二是政府调节，政府调节依靠有形的手，包括运用法律、法规、政策、规章制度等进行调节。这是两种并存的调节方式。那么，有没有第三种调节方式？回答是肯定的。

市场的出现，不过是几千年的历史，在出现商品互市的时候，才有市场。政府的调节较晚。在中国，从最早的夏王朝算起，也不过 4000 多年。那么，在市场和政府出现之前，并延续至今的，还有另外一种调节方式，那就是道德力量的调节。

举例来说明一下第三种调节方式。以前的部落规章，后来的乡规民约，那是有形的调节、制约；多年来形成的习惯、道德规范、自律、文化、社会舆论，等等，而最普遍的则是人们的自律，这些都是无形的制约。所以说，这第三种调节方式，就是道德调节，它介于有形与无形之间。除了市场无形的手、政府有形的手以外，还有道德调节这个已存在很多年的调节方式，共同对社会经济发展进行调节。

通过道德力量进行调节，我们在调研中也有发现。例如湖南的通道侗族自治县有很多具体表现。多年来，该县保留着两种习惯，一是在风雨桥的亭子里放木炭，大家都是主动捐赠，富有的多放点，家贫的少放点，为过往的客人取暖，提供方便。二是如果哪一家来客人，邻居知道后就会送菜，富有的送点肉、鱼，条件差些的，送点自家种的菜，用来帮助招待客人。这些都是道德调节在民间生活中的表现方式。

经济学是研究效率的，地方发展是需要效率的。效率有两个基础，一是物质技术基础，二是道德基础。厂房、机器、技术，等等，这是产生常规效率的基础，仅有这些，也只能产生常规效率。超常规效率从哪里来呢？它来自效率的道德基础。只有充分发挥道德基础的作用，才能产生超常规效率。举例来说：一是在面对外来侵略时，如在抗日战争的常德保卫战中，面对日军强大的军事攻击，中国军民不怕牺牲、顽强抗敌，爆发出强大的战斗力，最终抵抗住了日军侵略的步伐，使日军不可能进入湘西。这种力量只能来自道德。二是在面对特大自然灾害时，如 2008 年的汶川地震，广大民众不畏艰难困苦，克服重重困难，自发地捐款、捐物，甚至前去救援的行为，只能来自道德力量。三是移民社会，如湖南炎陵的客家人为什么保持了较好的考风，那是因为他们有组织、有文化，保持了较好的道德约束，建立了道德基础；现在的深圳，为什么发展效率会高于其他城市，也和它是一个移民城市有关，移民社会形成了较好的道德基础。

所以说，作为地方的管理者，一定要清楚认识，超常规效率只能来自道德力量、道德基础，这一点非常重要。

让我们进一步研究，怎样发挥道德的力量？人们都在谈同甘共苦。其实，同甘和共苦是两回事："同甘"靠制度，"共苦"靠精神。就拿一个企业来说，当它处于兴旺的时期，发奖励、发福利，用制度来保证"同甘"。"共苦"就不一样，不能靠制度来保证。当一个企业连续两年亏损，连工资都发不出，要靠制度、合同来留住人，是不可能的。这就得靠精神来实现"共苦"，形成凝聚力，有一种共命运感，这才能留得住人、留得住心。因此，要靠道德力量来实现"共苦"。

第三个问题：地方经济管理者要懂得消费经济学

首先，要清楚，消费市场既是稳定的，又是不稳定的。过去认为，消费市场一般是稳定的，也就是不变的。即使变化，也是很慢很慢的。在经济学里，有一个恩格尔系数，即人们购买食物的消费在所有消费中所占的比重。它是稳定的，改变很慢：人有钱了，恩格尔系数会缓慢下降，吃在消费中的比重才会慢慢变小。现在就不是这样了，不能用过去的眼光来分析当前的消费。比如，旅游现在是很重的消费，在以前就没有或很少有这种消费。人的消费是随着欲望的更替而不断变化的。现在人已不满足于吃饱穿暖，所以旅游消费支出就会增多，消费向追求更高品质的生活发展是大趋势。

消费变化的理由有哪些呢？第一个理由，就是受别人的影响而变化，比如邻居出去游玩，你也会产生想出去旅游的想法；第二个理由，就是消费目的的变化，现在旅游，很大一部分是带孩子出去，目的是增长孩子的知识、增加他们的阅历；第三个理由，消费由谁来决策，新的消费是可以创造的，新的消费需求并不是由消费者创造和决定，而是商家把广告做在前面，先有供给，再有消费，引导消费者来消费。

另外，有两种消费的性质是不同的。一种是炫耀性消费。吃，是百分之百为自己；穿，是百分之八十为别人。突出表现在时装方面，什么样式流行就穿什么；这也表现在盖房子上，农民出去打工，赚点钱回来后盖大房子，别人盖什么，我就盖什么，还要盖得更好，楼越盖越高、越盖越好。炫耀性消费不能完全否定，因为人们有这个心理需求，只要正确引导，也能促进地方经济发展。另外一种就是陋习性消费。我们在各地考察时，发现一种消费叫"送份子钱"，越来越厉害，形成了攀比，使有些家庭不堪重负。当地政府曾经想通过社区规定送礼限额，但也是行不通或被人们逃避，以致一些外出打工者甚至连春节都不敢回乡。消费的陋习怎么改？主要靠道德的力量来改，通过社区、乡村、区县来共同治理、推动，出台措施来解决。

消费本身是带动生产的。在经济学中，有两个名词，一个叫"消费者主权"，一个叫"生产者主权"。消费者主权代表的社会现象是，消费者自己做主，喜欢什么就消费什么。但要看到，现在也在向生产者主权转变。谁在操纵消费？生产者、广告商，做广告在前。小汽车为什么年年在换型号呢？就是在告诉你，你的车旧了，两三年就得换了。

还要看到，现在有三种消费类型。第一种是传统家庭型，以家庭为中心，进行一些传统的消费；第二种是个人享乐型，结婚以后甚至连孩子都不要，只是让自己舒适、享受；第三种就是补课式消费，年轻的时候，或者以前没怎么消费，现在年纪大了，有钱了，把以前没享受过的，没消费过的，补课式地快速进行消费。所有的这些，都说明人们的消费行为正在变化。地方要发展旅游，就要先做好准备性工作，要配套建设好公路、酒店、景区景点包括文化，等等，以满足各种类型的需要。

要把这些做好，重在经营。地方最缺人才，尤其是大量缺少经营人才。要弄清经营与管理的关系，这是两回事：经营的前提是以资本的升值为目的，管理是在资本既定的前提下，提高效益。我们要更多地培养、引进经营性人才，才能更好地促进地方经济发展。

第四个问题：城乡收入差距的缩小

城乡收入差距的缩小是个大问题。我们做地方经济的，要认真分析。为什么城乡居民收入差距仍在扩大？要缩小收入差距为什么这么难？我们要从物质资本、人力资本、社会资本这三种资本概念来分析原因。关键在于，城乡居民拥有三种资本的程度不同。

1. 物质资本。主要指财产、有形的资产。比如说，城市居民的房屋。不管是祖传的还是购买的商品房，都有产权，可以抵押贷款，获得银行资金支持，而农村居民虽然有房屋、有土地，却一直没有产权，无法抵押，从而也无法从银行获得贷款。城乡居民开店也好、创业也好，最初的资金对农民来说是没有来源的，他们的物质资本远远少于城市居民。因此，城乡居民收入差距越来越大。解决的主要方法是，通过"三权"分设，对农村土地、宅基地确权，农民就可以获得产权，可以向银行贷款，取得资金的支持。

2. 人力资本。城市教育资源相对丰富，农村教育资源匮乏，也可以说是相当落后，各种基础条件都不能得到保障，导致城乡教育水平差距越来越大。在经济学中，有一个名词，叫作二元劳工市场，即高等劳工市场、低等劳工市场。这两种市场有四个明显的区别，高等劳工市场工资高、福利好，有培训深造的机会，有被提拔的机会；而低等劳工市场工资低、福利差甚至没有，没有培训、学习的机会，没有被提拔的机会。农村人力资本长期处在低等劳工市场，所以必须通过改革来解决。解决的主要方法是：大力改善农村学校的教育，普及高中，大力发展职业技术教育，提升劳动力水平；同时，还要高度关注农村男青年的单身问题。

3. 社会资本。这是指人际关系资本，是无形资本，是经济学意义上的社会资本，而不是指狭义的社会资本，也就是我们所说的民间资本。很多年以前，广东、福建一带的人们下南洋，只要你肯干、讲诚信，碰到同乡、同学，都会给予你帮助，从而获得更多社会资本，有利于创业成功。另外，要讲诚信，培养诚信意识。西方有句谚语说得好："你骗了所有的人，最后才发现你被所有的人骗了。"也就是说，城市里的人际关系更广阔，人脉资源更丰厚，能获得大量信息和发展中的指导与经验，只要一个人讲诚信，又勤劳，就更容易获得成功。但农村交流的圈子小，圈子里的人也大都生活在山村，见识也很窄，能提供的帮助非常有限。解决的方法，就是要鼓励"诚信为本"，加大培育诚信，鼓励相互帮助，拓展信息来源，构建更和谐的人际关系。

第五个问题：作为创业者，观念一定要转变

很多观念，是要因时而异，因大形势而变化的，当时有当时的情况，现在有现在的情况，要根据当时的形势来分析。因此，观念转变很重要。今天我所讲的这些问题，实际上都同转变观念有关。这里，我们可以通过龟兔赛跑的故事，得出以下经验：

1. 处在劣势时，不要气馁。要坚持下去，等待对手犯错误。

2. 不要只津津乐道自己的潜在优势，而应当把现实的优势发挥出来，重在从潜在优势向现实优势的转化。

3. 在必要的时候，及时改变策略、思路。

4. 合作、互助、双赢必须建立在双方相互信任的基础上。

广东有句口头禅说得很好："小富靠勤奋、中富靠机遇、大富靠智慧。"大家可以仔细体会。

这里，还要特别注重一点，要讲诚信，不能靠耍坏、奸猾来骗取成功。

再说一个关于孔子弟子的故事。

春秋时期的鲁国，颁布了一项法令，意思是指：凡是鲁国人，到国外去办事、经商，如果看到有鲁国人在那里沦为奴隶，可以垫钱把奴隶赎回来，回国后找政府去报销。孔子有个弟子叫子贡。子贡在晋国赎奴而未到政府去

报账，传出来后，别人都夸子贡人格高尚。但孔子却认为，这样不值得夸耀和宣扬，反而会导致其他的鲁国人不再赎奴，因为花钱赎了人不敢去报账，担心别人批评自己的人格不高尚，又不想自己花钱。因此，遇到鲁国人沦为奴隶，就会视而不见、绕道而行。孔子批评了子贡的做法，认为这会妨碍更多的奴隶被赎。

孔子另一个弟子子路，有一天遇见有人溺水，他下水将人救起来，被救者家族为了感谢他，送来一头耕牛，子路收下了。有人批评子路不应该收礼。孔子却肯定了子路的做法，认为这有利于形成好的示范，可以鼓励更多的人下水救人，可以使更多溺水者被救。

所以，大家一定要弄清，谁是最大的受益者。只有这样，才能形成好的氛围，发挥政策激励效应。

再讲一个故事，某个公司的董事长，很勤奋，天天在公司查岗，对公司的纪律管得很严。有一天，他在仓库边发现有四个人在打牌，立刻要财务部门给这四个人发一笔钱，并宣布开除。后来才发现，这四个人根本不是公司的员工，是送货的，结果白白损失了一笔钱。所以，弄清情况很重要，光表面上勤奋，那没用，必须要实事求是，要先把事情弄清楚后再决策；不弄清事实，只会造成决策错误，造成损失。

另一个故事讲，有个动物园的笼子里关了一群袋鼠。有一天，管理员检查发现少了一只袋鼠，他认为这是由于围栏不够高，袋鼠跳出去跑了，他赶快把围栏加高。第二天，再看，又跑了一只。他还是认为，围栏不够高，再加高围栏。第三天，又跑了一只。管理员还是认为是围栏不够高，准备再加高围栏。这时，园里的袋鼠笑了：不把下面的门插好，光加高围栏有什么用？所以说，很多问题，找准原因、弄清事实、对症下药很重要。

管理学实际上是在不断地总结经验。过去讲，失败是成功之母，对不对？对，但不全面。关键在于思路，要改变思路。思路不改，你做一百次，还是失败；改变后的思路正确，那么，你就成功了。所以，我们说，成功是成功之母，不断总结经验，转变思路。这样，我们对管理学的认识就提高了。在管理学当中，还有很多问题需要我们去研究。

让我们的视野再扩大一些。今天的中国，实际上人才依然不够。为什么不够呢？第一个，刚大学毕业的，他们没有经验。如果是已经学成的，他们必须根据现有的情况来充实自己的知识。还有，现在的年轻人，他们都有创业的想法，但是，有些条件还没有创造好，要创新，不是光有热情就行的，而是要在实践中不断地开动脑筋，不断创新和改变。今天，在中国已经出现了一些新的现象，很多年轻人在不停地聚会，在共同讨论最新的科技消息，思想碰撞，正在酝酿着一次更大的人力资源的革命，所以前景是美好的。

国有企业转型中的几个问题[*]

一、国有企业管理体制，从"管资产"转为"管资本"是一次
重大的改革，有深远意义，即以提高资本配置效率为主，使资本盘
活、增值

改革以后，国有企业的资本运营实际上是三个层次：国资委监管——资
本投资运营公司作为出资人——国有投资控股企业经营国有资本。三个层次
责任明确，各司其职，各负责任。但上述三个层次仍然不是最理想模式。国
资委层次能否同资本投资运营公司合而为一，既负责监管，又起着出资人的
作用？这样可以提高资本配置效率。

二、怎样在国有控股企业中建立有效的法人治理结构，历来被
认为是难题

难题之一是：董事长和总经理如何协调，如何建立规范的经理层授权制
度，使企业效率提高？难题之二是：党委任命董事会、总经理和其他高管，
如何规范化，既符合党管干部的原则，又发挥法人治理结构的作用？坚持党

　＊　此文为 2017 年 6 月 27 日在全国政协第十二届常委会第二十二次会议上的发言。

管干部原则和发挥法人治理结构应有的作用，二者是可以统一的，关键在于规范化。董事长主持董事会，聘任总经理，并授权经营本企业，实行任期制，可以续聘，也可以停聘。党委在这一过程中正常发挥"党管干部"作用。

三、国有企业高管向职业经理人转变

国有企业转型过程中，职业经理人从哪里来，这是一个普遍性的问题，因为中国与西方国家特别是西方发达国家不同，那里有职业经理人介绍所，有所谓的"猎头公司"，还有各种各样企业高管的协会组织。他们熟悉特定行业的高管供求状况，能代表招聘方同应聘方协商，并商量待聘高管的薪酬条件。待聘的企业高管一般都是某一行业的头面人物，他们一般不会自己到处递求职信和履历表，更不会自己提出薪酬标准。这一切都由上述介绍所、"猎头公司"、相应的协会代劳。然而当前的中国还没有类似的介绍机构和代客谈判的职业介绍者。一种可以试行的办法是建立企业高管信息网，通过信息网传递有关信息。等招聘方和待聘方认为可以进一步洽谈时，就能面对面协商了。关键在于，网上信息必须真实可靠。

四、国有企业在体制转型过程中，可以分为两类企业

一类是特殊行业的企业，另一类是一般行业的企业。特殊行业的企业可以暂缓，一般行业的企业可以先改制先试行。要大胆改制，吸引民间资本进入，以建立混合所有制的股份制企业为目标。国有企业中可以试行改革改制为混合所有制企业的，应当有改制细则作为依据。如果股权分散，由国有企业控股的混合所有制企业不一定要死守51%这条控股线，控股40%或30%甚至更低一些，也是可行的。只有这样看待国有股的控制权，才能使国有股继续对转型后的企业股份行使有效的控股。当然，改制为混合所有制企业后，并非任何一家企业都需要国有投资方控股，有些混合所有制企业不一定要国

有股控制。一切以行业性质和国有企业原来的经营状况而定。

五、关于 PPP 模式，需要在这里进行较深入的分析

PPP 模式通常用于公益性或准公益性投资建设，如用于城市公用设施建设、公共交通建设、城市一般居民的房屋建设、公共医院建设等。国际上常把 PPP 分为两个阶段。第一阶段指建设阶段。建设完毕后即转入第二阶段，即按照法律法规改制为股份制企业，股权明确，自主经营。项目转入股份制企业后，政府资本可增可减，也可以不变，而企业或民间资本则依据企业经营状况和前景，很可能会投入新资本，使这些公益性企业越办越好。

然而根据中国国内的实际情况，PPP 模式中投入资本的企业通常以国有企业为主。民间投资者会有所顾虑，认为盈利好的、投资数额大的，主要是国有企业或国有控股企业，于是民间投资者就担心自己投资 PPP 项目后被排挤在外，因此积极性不高。针对这种情况，今后在推行 PPP 模式时，一定要解除民间投资者的顾虑，实现公平竞争，才能使 PPP 模式发挥更大的作用。

中国发展需要弘扬优秀企业家精神[*]

一、建设中国特色社会主义需要企业家和优秀企业家精神

当经济学界最初使用"企业家"这个术语时，并没有专指某一类企业家，而是泛指有创新精神、创业精神的从事企业活动的能人。按美国经济学家熊彼特的说法，企业家就是开拓者、创新者，企业家就是把科学技术发明引入经济生活之中，把经济推向前进的人。从第二次世界大战结束后这几十年各国经济增长和技术进步的历史来看，各国的政界、经济学界和企业界无不关心创新，无不把创新同企业家的努力、拼搏和开拓精神连接在一起，也无不肯定企业家在推动经济增长中的作用。

改革开放以来，党中央、国务院和社会各界一直高度重视对企业家的培育和鼓励。习近平总书记指出："我们全面深化改革，就要激发市场蕴藏的活力。市场活力来自人，特别是来自企业家，来自企业家精神。"习总书记的这段话，清楚地告诉我们，在社会主义社会的发展和建设过程中，需要一大批具有核心竞争力的企业，需要众多的具有开拓精神、能发现机会、整合资源、勇于创新、敢于拼搏、爱国敬业的企业领导人、带头人。社会主义发展和建设过程中，既有公有制企业，也有非公有制企业，还有混合

＊　原载于《人民日报》2017 年 9 月 26 日。

所有制企业，更有无数小微企业，所有这些企业都在朝着追求卓越、开拓市场的方向前进，企业家在市场经济的激励下，为国家的发展、为企业的建设贡献自己的力量，他们是参与经济活动的重要主体、"关键少数"和特殊人才。党中央、国务院从新时期国家发展战略出发，出台《关于营造企业家健康成长环境弘扬优秀企业家精神更好发挥企业家作用的意见》（以下简称《意见》），对激发与保护优秀企业家精神提出了总体要求和具体举措，意义十分重大。

二、依法加强企业家财产保护的重要性

要让市场有生气，必须使社会有良好的预期，而社会良好预期的形成首先与产权保护有关。《意见》就"营造依法保护企业家合法权益的法治环境"提出了三方面的措施，一是依法保护企业家财产权，二是依法保护企业家创新权益，三是依法保护企业家自主经营权。这三方面的内容是紧密地联系在一起的。古语云："有恒产者有恒心。"这句话至今仍然有效，如果社会上的个人产权遭到侵犯，或非公有制企业的产权遭到侵犯，法律对产权的保护缺位，那就不可避免地造成人们预期紊乱，而一旦预期紊乱，创新创业就会失去动力。这种情况是屡见不鲜的。

从当前中国社会主义市场经济的状况来看，依法加强企业家财产保护是十分重要的。唯有使广大人民群众、众多企业经营者有财产安全感，才能保证社会的稳定和经济的持续增长。公平保护财产权，最重要的就是要树立法律的最高权威。法律是一视同仁的，法律法规让公有财产和非公有财产一律受到保护，使公众有财产安全感，全国上下都会因为有良好的预期而产生动力和活力。对于政府而言，为了激发和保护企业和投资人，一定要"守信践诺"，取信于民。各地政府不能以政府换届或领导人更替等理由违约，不能将公权力凌驾于法治之上。

三、形成促进企业家公平竞争的市场环境

为了激发和保护企业家精神，除了要切实保护产权和其他财产权利之外，另一个重要问题就是《意见》提出的通过多种措施，"营造促进企业家公平竞争诚信经营的市场环境"，促进各种所有制经济依法依规平等使用生产要素、公开公平公正参与市场竞争、同等受到法律保护。

市场经济是讲究公平竞争的，在公平竞争的前提下，企业家的才能、重组生产要素的能力以及冒险精神、市场开拓精神和拼搏精神都会迸发出来。因此，从政府的角度来看，一项重要的任务就是依法清理、废除一切妨碍统一市场公平竞争的各种规定和做法。国家或地方政府建设工程项目的招标投资应当进一步阳光化，让一切有条件、够资格的企业都能参与竞争，并依法取缔各种不公平竞争和腐败行为。这是非公有制企业特别是中小企业迫切的愿望。

四、健全企业家诚信经营激励约束机制

信用是对交易者合法权益的尊重和维护。信用涉及的不仅是目前的交易，也涉及今后的交易。信用扩大了经济生活的范围，扩大了市场的领域，并使交易得以持续，交易成本得以下降，在经济生活中，交易者遵守信用，既是对交易双方的合法权益的尊重和维护，也是对双方继续交易的推动。"谁老实，谁吃亏"，别人以虚伪待你，你也只好以虚伪待人，尽管这只是一种"自保"的做法，但却形成了一种不良的社会风气，甚至留给下一代、再下一代。西方有这样一句谚语：他欺骗了所有的人，最后他发现，原来自己也被所有的人骗了！对信用的破坏，固然损害了别人，实质上也使自己遭受损失。这绝对不是一个小问题，而是关系到企业和企业家能否发挥作用、市场机制能否发挥作用的大问题。

对社会主义社会来说，诚信待人、诚信经营和诚信交易是必备的市场准则。对社会主义社会的每一个企业和企业管理人员，实际上有两条底线：一条是法律底线，另一条是道德底线。法律底线不可逾越，道德底线同样不可逾越。法律底线和道德底线无疑要靠人们的自律，但仅靠自律是不够的，还必须加快落实《意见》提出的"健全企业家诚信经营激励约束机制""持续提高监管的公平性规范性简约性"，依靠信用监管和社会监督，使那些违背诚信的单位和个人受到抵制、受到处分，从而使市场经济的运行法治化和规范化，使交易者的合法权益得到维护。

五、为企业和企业家创新创业营造良好的社会氛围

《意见》提出，"营造尊重和激励企业家干事创业的社会氛围"。要实现这一目标，首先，要完善对企业家的容错帮扶机制。特别是，社会对那些在新产品试制和新管理营销中踏踏实实工作但走过弯路，甚至有过挫折的创新创业者要加强关注和加大支持力度，才能激励企业和企业家、创新和创新者。其次，要拓宽企业家参与国家政治生活和管理社会公共事业的渠道。江山代有才人出，其中有研究人员和发明家，还有企业家和创新创业能人。他们遵纪守法、讲诚信，同时也有参政能力。如果各行各业都有一些思想进步、参政议政能力强的行业代表能有机会积极参加政治活动，一定可以把本行业所了解的信息及时反映给各级政府，为企业及时排忧解难，使企业的建言献策能得到更及时的处理。最后，要加强对企业家的正面宣传。在网络时代，各种各样的有关企业家的信息广为传播，一些未经核实的负面消息使公众困惑，也打击了不少企业家的积极性，还导致一些有志为企业出力的年轻人对舆论产生不信任感，从而转向消沉。因此，加强对企业家的正面宣传十分重要，只有坚持实事求是，鼓励团结稳定，才有助于形成支持、激励企业家的社会氛围。

从以上的分析可以清楚地看出，无论是加强对优秀企业家的社会激励，

拓宽企业家参与国家政治生活和管理社会公共事务的渠道，还是加强对企业家的正面宣传，都是制度建设的问题。通过一系列制度建设，解决制约企业家精神的主要问题，多方面改进服务、优化环境、释放激发和保护企业家精神的积极信号，必然会提高企业家的信心。企业家精神的发挥和制度建设的日益完善，二者是相互促进、相辅相成、缺一不可的。唯有完善了制度建设，营造了尊重企业家的社会氛围，才能激发出企业家们的积极性和主动性。同样的道理，一旦企业家们有了安全感，有了制度的保障，他们就会取得不断开拓、不断创新创业的业绩。

六、优秀企业家精神需要继续培育传承

《意见》强调"让优秀企业家精神代代传承"。从目前企业家精神在国内的表现来看，的确需要加强优秀企业家精神的培育传承。

第一，要引导企业家树立崇高的理想信念。强化自觉遵纪守法意识，保持艰苦奋斗精神风貌，主动履行社会责任。目前，许多企业都重视企业文化工作的开展。企业文化的宗旨是什么？最重要的就是培育企业职工的认同感，增强企业职工的凝聚力。从企业家、企业高管直到每一个普通工人，大家都需要有社会责任感。这种凝聚力，这种社会责任感，就是企业最宝贵的财富。

第二，要大力培育年青一代企业家。社会上流行这样几句话：第一代企业家是创新创业的一代、开拓进取的一代；第二代可能是守成的一代；而到了第三代，却有可能是只图享受的一代、衰落的一代，甚至是败尽家产的一代。事在人为，有不少民营企业家已经觉察到这一点，他们意识到两句古训：儿女胜似我，留钱干什么？儿女不如我，留钱干什么？因此，必须加强对家族的企业家精神的教育，要把前辈的开拓精神、创新创业精神传承下去。政府也应当重视对年青一代企业家的教育、引导和帮助。年青一代完全有可能成为继续拼搏的一代。

第三，要加强党对企业家队伍建设的领导。坚持党管人才，强化企业家队伍建设，加强对国有企业家的党性教育、宗旨教育、警示教育，加强企业党建工作。在中国特色社会主义经济发展和建设中，使国有企业领导人发扬创新精神、守法律己精神，这不仅是进一步做强做优做大国有企业所必需的，也会对民营企业发挥示范作用，将众多的民营企业和民营企业家引导到为社会做出更大贡献的道路上来。

七、"二次创业"的高潮正等待着中国企业家群体

在世界经济深度调整的背景下，中国经济正在迅速双重转型，即一方面实现从传统的经济向工业化、后工业化和信息化经济的转型，另一方面实现从社会主义计划经济体制向社会主义市场经济体制的转型。这两种转型的叠加，涉及了一系列重大问题，其中最为关键的就是加快发展方式的转变：从数量型和速度型的发展方式转变为效益型和质量型的发展方式。因此，供给侧结构性改革必然成为当前改革的重中之重。结构性改革不是单纯的结构调整问题，而是以体制改革为治本之策，通过体制的改革，淘汰落后产能，实现科技创新、体制创新、管理创新、营销创新，促进制造业、农业、服务业等行业走上新台阶、闯出新道路。这一进程中，企业家精神始终是推进供给侧结构性改革的重要推动力之一。

当前，无论是国有企业还是混合所有制企业和民营企业，在双重转型过程中都面临"二次创业"的机遇和挑战。"二次创业"不是传统发展方式的延续，而是同供给侧结构性改革紧密联系在一起的，包括推出新产品、新设备、新设计，开拓新市场，形成新优势。"二次创业"蕴藏着无穷的商机，谁有企业家精神，勇于去拼搏开拓，谁就有可能获得成功。市场欢迎企业家大胆闯荡，胜利属于有智有谋有远见的开拓者、创新者。可以预料，创业创新的新一代企业家必将大量涌现。"二次创业"的高潮正等待着中国企业家群体，等待着他们智慧的发挥。常言说得好：小富靠勤奋，中富靠机遇，大

富靠智慧。企业家精神既体现了勤奋，也体现了获得机遇的能力，更体现了企业家智慧的发挥。相信在企业家特别是年青一代的企业家中，企业家精神必将不断进发，企业家的国家使命感和民族自豪感必将不断提升。这样，"二次创业"就会持久坚持下去，推动中国经济不断取得新的成就、形成新的优势，使中国梦早日实现。

八、结束语

经济学是研究效率的。效率有两个基础。一是效率的物质技术基础，二是效率的道德基础。效率的物质技术基础包括厂房、机器设备、动力供应、原材料、劳动者素质、管理水平等。效率的物质技术基础固然重要，但其所提供的只是常规效率。超常规效率是从哪里来的？它来自效率的道德基础。不妨举两个例子。一个例子是：在抗日战争年代，广大人民群众为什么有高昂的抗日热情，战士们为什么有舍身杀敌的勇气呢？这就是效率的道德基础发挥的作用。另一个例子是：在特大自然灾害来临的时候，比如在 2008 年 5 月四川汶川大地震期间，解放军官兵和志愿者为抢险救灾而奋不顾身，甚至献出自己的生命，这同样是效率的道德基础发挥作用的结果。

道德力量的调节无疑是市场调节和政府调节之外的第三种调节。在"优秀企业家精神"激励下所产生的创新创业活动和拼搏开拓行为，既反映了时代精神，也反映了优秀文化的传承，这正是民族的骄傲、民族的希望所在。

挖掘效率潜力　激发企业新动能 *

　　中国经济的潜力在何处？应该说效率是重要的。国际上的竞争主要是各个生产者、各个国家效率的比较，效率走在前面就上去了，效率一直落后，最后就会被淘汰。

　　效率有三种。第一种效率就是平常说的生产效率，生产效率是一个微观经济的概念，因为有多少投入就会有多少产出。如果投入不变，产出多了，即效率增加了；如果投入减少，但产值跟过去一样，则效率也提高了。这是生产效率。在经济学中，从来都运用生产效率这个概念。

　　第二种效率是 20 世纪 30 年代以后逐步形成的效率概念，这个效率是指资源配置效率。主要是讲，假定用 A 方式配置资源可以得到 N 效率。换个方式，如果用另一种方式也许效率就变成 N+1 了，又换一种方式说不定效率变成了 N+2。这是通过资源的合理配置产生的宏观意义上的效率。这个效率过去不受重视，但是第二次世界大战以后普遍都认为生产效率重要，但资源配置效率更重要。对企业来说，这两个效率都要考虑到。

　　第三种效率是第二次世界大战以后大概 60 年代到 70 年代以后兴起的，在中国谈得不多，但在国外是很重要的新的效率概念。这个概念叫作 X 效率。X 是一个未知数。比如说投入生产出了成果效益，利益跟它一样多，可以说

---

　　* 此文为纪念《中国企业报》创刊 30 周年，在"十九大精神进企业"研讨会、第十五届中国企业发展论坛上的发言整理，有删节。

知道来源，但很多是不知道的。明明投入这么多，结果效率没有原来高。效率少了，或者投这么多进去，效率多了。多了从哪里来？少了从哪里来？没有仔细研究。这个效率在经济中占的比较大，但往往不被人们所注意。

我认为，三种效率要并重，都要重视。生产效率大家都知道，很重要。资源配置效率也很重要，因为可以让资源的配置产生更好的效率。X效率是个未知数，更多是X负效率，或者叫X低效率。

什么叫X负效率、X低效率？就是不知道原因效率就"走"了，效率到哪儿去了？应该有效率产生，却没有了。国外的经济学家研究这个问题，X究竟怎么来的，为什么效率会减少，这对我们每个企业都是很重要的。根据美国经济学家70年代以来的研究，他们认为效率少，X负效率远远超过了X正效率，这是每个企业不可避免会遇到的现象。

什么原因造成了X负效率？他们认为大体上是由三个原因造成的：第一个原因是企业跟职工不是一条心，不是一个目标，这就造成了效率的损失。有的人看起来在干活，实际上却在偷懒，没干活。很多任务本来可以提前完成的，一定要慢慢拖，这种现象就是第一个原因，叫集体目标和个别目标的不一致。我们的企业可以去查查看，有没有这种现象。

第二个原因是职工与职工之间不合作、不协调。个体与个体之间的不协调形成了X低效率。

第三个原因是每一个人都有一个惰性区域，比如说爱睡懒觉，干活干了一半就休息去了，过一会儿再回来。这个惰性，明明工厂是有纪律的，他想各种办法来逃避纪律对他的监督和处分。

美国的经济学家认为，这是全世界都存在的问题。国外的解决办法，第一个，目标分解，求同存异。企业有很多目标，A、B、C、D、E一大堆。个人也有自己的目标，把目标分解以后，看看其中是不是有吻合的，求同存异。企业希望安全生产，个人要求平平安安，这个目标是一致的。企业要求多赚利润，个人希望奖金随之增加，这个目标一致了——只要把企业搞好了，多发奖金。企业希望有一个好名声，个人认为在这样的企业工作很自豪，目标又一致了。目标尽量一致就可以减少X负效率。

第二个，人和人之间不协调怎么办？国外的做法是各自后退一步，海阔天空。有的地方可以妥协，有的地方可以协调。

第三个，惰性问题、不好的习惯怎么改？第一个方面是强制原则，不干就开除、记过、扣工资。第二个方面是有奖励。只要好好干，有名义上的奖励，有实物上的奖励，还可以提升这些人。第三个方面是惰性的解决靠自律，每个工人应该都知道自律很重要。对我们来说，能够说企业没有 X 低效率吗？肯定有，而我们没有去研究。国外在管理学方面很重要的一点就是，研究 X 负效率怎么能够逐步减少。

这就是我们从一个新的层次去研究。新的层次是什么？一定要认识效率有两个不同的基础，一个是效率的物质技术基础，有多少厂房、多少设备、多少合格的原材料，还有多少工人是经过培训的。效率还有第二个基础，效率道德基础。党的十九大报告强调了道德作用。比如说抗日战争时期，国民为什么有那么大的积极性，工厂在加班生产，战士在前线流血，这是道德力量在起作用。还有第二个例子，一个大规模的自然灾害来临时，国民为什么有那么大的救灾、抢险积极性？这也是道德力量在起作用。还有第三个，移民效率一定是高的，因为移民要到新的地方，效率就高，最明显的是深圳。深圳 1986 年建立特区以后效率一直很高，为什么？因为它是移民社会。历史上也是，闯关东、走西口为什么效率高，把荒地都开发出来了，城镇都建设了，这都表明了效率的道德基础。

我们今天要让负效率能够减少，一定要注意到效率的两个基础，一个是物质技术基础，另一个是道德基础。

管理很重要，管理中很多问题看起来很简单，实际上效率的潜力就在这里，我们要把效率挖掘出来。作为一个企业管理者，作为一个企业家，一定要懂得怎样了解职工，怎样调动职工的积极性，要用人，同时还要容人。用人就是要用人的优点，容人是帮他把他的缺点指出来。五个指头争第一，大拇指说我最粗，二拇指说我最灵活，中指说我最长，第四个指头说我最珍贵，因为结婚戒指戴在我的上面，小拇指说，我虽然瘦小，可是每次去拜佛的时候都是我走在最前面。所以说五个指头都有用，用人就是要把每个人的优点发挥出来。

怎样实现"两个一百年"奋斗目标、实现中华民族伟大复兴的中国梦？ [*]

一、"今天，我们比历史上任何时期都更接近，更有信心和能力实现中华民族伟大复兴的目标"

这是习近平总书记在党的十九大报告中，总结一百年来中国的变化而做出的概括，完全符合实际。有了近一百年来的奋斗，流血流汗，中国共产党初心不改，矢志不渝，这才创造了一个又一个奇迹。因此，习总书记得出了这样的论断："中华民族伟大复兴，绝不是轻轻松松、敲锣打鼓就能实现的。"展望前景，全党必须准备付出更为艰巨、更为艰苦的努力。也就是说，"实现伟大梦想，必须进行伟大斗争"。而且，96 年的共产党的奋斗史不能遗忘。

中共十八大以来的五年，同样是不可忘记的。这五年内，在经济方面的最大成绩就是端正发展观念，转变发展方式。在政治方面的最大成绩就是全面从严治党，成效卓著。这样，五年来的卓越成绩，才使得党的十九大取得胜利，才能自豪地说，我们比历史上任何时期都更接近、更有信心和能力实现中华民族伟大复兴的目标。

---

*　此文为中共十九大闭幕后，学习党的十九大文件的读书心得。

二、"中国特色社会主义是改革开放以来党的全部理论和实践的主题，是党和人民历尽千辛万苦、付出巨大代价取得的根本成就"

习总书记在总结中国的改革和发展的经验时，对中国特色社会主义道路做了科学的概括：

1. 中国特色社会主义道路是实现社会主义现代化、创造人民美好生活的必由之路，这就是道路自信。

2. 中国特色社会主义理论体系是指导党和人民实现中华民族伟大复兴的正确理论，这就是理论自信。

3. 中国特色社会主义制度是当代中国发展进步的根本制度保障，这就是制度自信。

4. 中国特色社会主义文化是激励全党全国各族人民奋勇前进的强大精神力量，这就是文化自信。

习总书记在阐释了中国特色社会主义道路的要点之后，这样勉励全党和全国人民："我们既不走封闭僵化的老路，也不走改旗易帜的邪路，保持政治定力，坚持实干兴邦，始终坚持和发展中国特色社会主义。"

在这里特别重要的是，中国的前景何在。

1. 中国绝不走封闭僵化的老路。39年前的实践是检验真理的唯一标准的大讨论，以及在大讨论的基础上召开的党的十一届三中全会所做出的决议，使我们从此走向改革开放。今天社会稳定和经济繁荣以及人民收入的提高，正是改革开放的果实，怎能再走封闭僵化的老路呢？

2. 绝不走改旗易帜的邪路。如果那样做，这么多年的革命奋战、流血斗争岂不是前功尽弃吗？这是全国人民绝不答应的。

三、"新时代中国特色社会主义思想是对马克思列宁主义、毛泽东思想、邓小平理论、'三个代表'重要思想、科学发展观的继承和发展，是马克思主义中国化最新成果"

新时代同习近平同志的名字联系在一起，是有深刻含义的。这表明了重大的责任担当，带动了广大群众为新目标的实现而奋勇前进。

新时代中国特色社会主义思想是马克思主义中国化最新成果，也是中国共产党和全国人民实践经验和集体智慧的结晶，是中国特色社会主义理论体系的重要组成部分，是全党全国人民为实现中华民族伟大复兴而奋斗的行动指南，必须长期坚持并不断发展。

这清楚地表明：马克思主义的中国化是实践的结果，而且将持续下去，并继续发展。例如，坚持党对一切工作的领导，坚持以人民为中心，坚持全面深化改革，坚持新发展理念，坚持人民当家做主，坚持全面依法治国，坚持社会主义核心价值体系，坚持在发展中保障和改善民生，坚持人与自然和谐共生，坚持总体国家安全观，坚持党对人民军队的绝对领导，坚持"一国两制"和推进祖国统一，坚持推动构造人类命运共同体，坚持全面从严治党。以上 14 条构成新时代坚持和发展中国特色社会主义的基本方略，总之，"时代是思想之母，实践是理论之源"。21 世纪的中国马克思主义一定能够展现出更强大、更有说服力的真理力量。

在谈到马克思主义中国化时，有两个问题需要有进一步的分析。

第一，马克思主义中国化是一个巨大的工程，需要先实践，再推广，并在这个基础上使之理论化。为什么要有这样一个过程？因为这是前人从未做过的。第二，马克思主义中国化把实践的成果理论化，是最终的成绩，也是中国对世界的贡献之一。当然，各国都有本国国情，如果应用还需要实践检验。

四、"必须坚持和完善中国特色社会主义制度，充分发挥我国社会主义制度优越性"

习总书记在党的十九大报告中指出，从现在到 2020 年，是全面建成小康社会决胜期。因此必须根据全面建成小康社会的各项要求，紧扣我国社会主要矛盾变化，统筹推进各方面的建设，包括经济建设、政治建设、文化建设、社会建设、生态文明建设，并坚定实施各类大国强国战略，包括科教兴国战略、人才强国战略、创新驱动发展战略、乡镇振兴战略、区域协调发展战略、可持续发展战略、军民整合发展战略，同时还需要抓重点、补短板、强弱项，特别是要坚决打好防范化解重大风险、精准脱贫、污染防治的攻坚战，使全面建成小康社会得到人民认可，经得起历史检验。

世界上许多国家（包括发展中国家和发达国家）都为国内贫富人群的存在而感到头痛，因为一方面它们找不到有效的对策，另一方面它们仅限于给予救济而无法真正使穷人脱贫。中国为什么能在扶贫方面取得显著成绩？这与中国的社会主义制度紧密相连，有效扶贫、精准扶贫、教育扶贫、旅游扶贫、农牧业产业化扶贫、迁移扶贫等都是社会主义制度优越性的反映。这是其他国家做不到的，或没有能力做的。

五、"发展必须是科学发展，必须坚定不移贯彻创新、协调、绿色、开放、共享的发展理念"

习总书记在谈到科学发展的重要性时，提出了新发展理念的内容，即创新、协调、绿色、开放和共享。他认为，"发展必须是科学发展"，创新、协调、绿色、开放、共享这样五个发展理念必须坚定不移贯彻始终。

在发展过程中，我国社会主义基本经济制度和分配制度必须坚持和完善，巩固和发展公有制经济必须毫不动摇，同时要毫不动摇地鼓励、支持、引导非公有制经济发展，使市场在资源配置中起决定性作用。

在发展过程中，要更好发挥政府作用，推动新型工业化、信息化、城镇化、农业现代化同步发展，主动参与和推动经济全球化进程，发展更高层次的开放型经济，不断壮大我国经济实力和综合国力。

在这里必须指出，创新、协调、绿色、开放、共享这五个新发展理念的提出和实施是会引起一些习惯于旧式发展理念的人们的抵触或消极对待的。因此这是一个长期再教育的过程。必须在理论上讲透，使越来越多的人懂得这样做的道理，新发展理念才能深入人心。

六、"贯彻新发展理念，坚持质量第一、效益优先，不断增强我国经济创新力和竞争力"

为了实现"两个一百年"奋斗目标，实现中华民族伟大复兴的中国梦，不断提高人民生活水平，必须坚定不移地把发展作为党执政兴国的第一要务，坚持解放和发展社会生产力，坚持社会主义市场经济改革方向，推动经济持续健康发展。

长期以来，我国一直把数量和速度作为发展方式的着重点。现阶段，我国经济已经由高速增长阶段转向高质量发展阶段。转变发展方式已成为当务之急。因此在党的十九大报告中，习总书记指出："必须坚持质量第一，效益优先，以供给侧结构性改革为主线，推动经济发展质量变革、效率变革、动力变革，提高全要素生产率，着力加快建设实体经济、科技创新、现代金融、人力资源协同发展的产业体系。"

可以预计，通过从数量和速度型的原发展方式向质量和效率型的新发展方式的转变，我国的微观主体会更有活力，宏观调控会更加有度，我国经济创新力和竞争力会不断增强。

应当指出，要把过去实行的数量和速度型发展方式转变为质量和效率型发展方式会遇到阻力。主要是两大阻力：一是利益集团的阻力，即它们认为，要实行质量和效率型发展方式，自己的既得利益就有可能丧失，因此迟迟不愿改革。二是在转变发展方式时，可能会使得一定的职工下岗。因此，要设法通过改革分流职工。

七、"深化供给侧结构性改革是建设现代化经济体系所必需，也是加快建设创新型国家所必需"

由于我国经济正处在转变发展方式、优化经济结构、转换增长动力攻关期，所以深化供给侧结构性改革十分重要。习总书记在党的十九大报告中指出："建设现代化经济体系，必须把发展经济的着力点放在实体经济上，把提高供给体系质量作为主攻方向，显著增加我国经济质量优势。"

为了更好地推进供给侧结构性改革，要坚持去产能、去库存、去杠杆、降成本、补短板。优化存量资源配置，扩大优质增量供给，实现供需平衡。尽管"三去一降一补"的难度在增大，但应一鼓作气干下去，不可停步。

同时，应激发和保护企业家精神，鼓励更多社会主体投身创新创业。

还应大力建设知识型、技能型、创新型劳动者大军，弘扬劳模精神和工匠精神，营造劳动光荣的社会风尚和精益求精的敬业风气。

有了创新精神，我国也就能真正成为一个创新型大国、创新型强国。

这里应当就激励企业家精神问题再做些说明：

要依法加强对企业家的财产保护。一是依法保护企业家的财产权，二是依法保护企业家创新的收益权，三是依法保护企业家自主经营的合法权利。这一切都以公平为核心原则。公平保护财产权，就是树立法律的最高权威。对公有制经济和非公有制经济，法律面前是一视同仁的。政府不得以政府换届或领导人更替为理由使政府违约。政府必须取信于民，这是原则，不可违背。

八、"农业农村农民问题是关系国计民生的根本性问题，必须始终把解决好'三农'问题作为全党工作重中之重"

习总书记在十九大报告中指出："要巩固和完善农村基本经营制度，深化农村土地制度改革，完善承包地'三权分置'制度。"（"三权分置"是指落实集体所有权、稳定农户承包权、放活土地经营权。）

要保持土地承包关系稳定并长久不变，第二轮土地承包到期后再延长30年。这样，承包户就心定了。

怎样构建现代农业产业体系、生产体系、经营体系？要完善农业支持保护制度，发展多种形式的适度规模经营，培育新型农业支持保护制度，发展多种形式的适度规模经营，培育新型农业经营工作者。

要实现小农户和现代农业发展有机衔接。促进农村一、二、三产业融合发展，支持和鼓励农民就业创业，拓宽增收渠道，培育新农民。

根据目前一些农业地区的"三权分置"情况，凡是实现了"集体所有权要稳""农民承包权要实""土地经营权要活"的地区，农民的积极性就被大幅度地调动起来。

在"三权分置"的格局之下，农民在忙些什么呢？一是提升土地流转管理和服务水平，二是健全农村产权交易市场建设，三是规范土地流转行为，四是加强土地流转的风险防范。此外，还有农民正在学习知识、技术、管理、营销等。农业、农村、农民都在发生大的变化。也就是说，新型农民或由农民转化的小微企业家、中等企业主也正在形成。

九、"实施区域协调发展战略，根据国内不同区域，制定发展规划，以各个不同地区走向均衡为目标"

我国区域发展的不协调、不均衡，是历史所形成的。因此，一定要根据各个地区的现状制定有效的对策，同时要确保边疆安全。

一是要加大力度支持革命老区、民族地区、边疆地区、贫困地区加快发展，强化举措推进西部大开发，形成新格局。

二是要深化改革，加快东北等老工业基地振兴，同时发挥优势推动中部地区崛起。

三是要创新引领，率先实现东部地区优化发展，建立更加有效的区域协调发展新机制，以城市群为主体构建城镇发展格局，加快农业移动人口市民化。

四是要推动京津冀协同发展，高标准建设雄安新区。

五是要以共抓大保护、不搞大开发为导向，推动长江经济带发展。

六是要支持资源型地区经济转型发展。

对于任何一个地区进行扶持时，一定要记住，不能仅限于"输血"，而应当采取"帮助建立当地造血机制"的措施。这是因为，"输血"是必要的，但从长期看，"输血"不可能使该地区真正发展起来。只有使该地区有了自己的造血机制，才能使当地真正繁荣。其中一个必不可少的措施是大力发展教育，培养本地人才。因为，教育效应、人才效应是根本性的，是无法替代的。

十、"加快完善社会主义市场经济体制，要创新和完善宏观调控，发挥国家发展规划的战略导向作用"

习近平总书记指出："经济体制改革必须以完善产权制度和要素市场化配置为重点，实现产权有效激励、要素自由流动、价格反应灵活、竞争公平有序、企业优胜劣汰。"这就是社会主义市场经济体制的要点。

今后的国有资产管理体制要完善，必须进行相应的改革，包括改革国有资本授权经营体制，必须加快国有经济布局优化、结构调整战略性重组，促进国有资产保值增值，推动国有资本做优做大，有效防止国有资产流失。

今后深化国有企业改革的途径是发展混合所有制经济，培育具有全球竞争力的世界一流企业。

此外，今后将全面实施市场准入负面清单制度，清理废除妨碍统一市场和公平竞争的各种规定和做法，支持民营企业发展，激发各类市场主体活力。商事制度要深化改革，要打破行政性垄断，防止市场垄断。

今后要加快要素价格市场化改革，放宽服务业准入限制，完善市场监管体制。

总之，社会主义市场经济体制的完善化涉及的领域很广，在改革方面有许多工作要做。

中国现在的国有企业是一个笼统而宏大的体系，它是在新中国成立初期就形成的，包括官僚资本企业、国民党政府的"国有企业"、日本帝国主义占领下建立的企业、1949 年后新建的国有企业等，还有 1956 年工商业改造时形成的公私合营企业（它们后来改为国有企业）。因此，不能笼统地说国有企业应保留现在的体制，或不应当继续国有，而应当根据不同地区、不同行业、不同企业来划分，并采取不同的改革方向。其中，适合改为混合所有制的就坚决改，适合继续国有的仍采取国有模式。这样才是对历史的尊重。

十一、"优先发展教育事业，提高就业质量，提高人民收入水平"

习总书记在党的十九大报告中指出："建设教育强国是中华民族伟大复兴的基础工程，必须把教育事业放在优先位置，深化教育改革，加快教育现代化，办好人民满意的教育。"

因此，有必要全面贯彻党的教育方针，落实立德树人根本任务，发展素质教育，推进教育公平，推动城乡义务教育一体化发展。努力让每个孩子都能享有公平而有质量的教育。

党的十九大报告还指出，"就业是最大的民生"，因此，要坚持就业优先战略和积极就业政策，实现更高质量和更充分就业。

当前，结构性就业矛盾突出，一方面要大规模开展职业技术教育、职工技术培训，另一方面要鼓励创业带动就业。

此外，要坚持按劳分配原则，完善按要素分配的体制机制，使收入分配更合理、更有序。

教育产品可以分为三个类型，即公共产品、准公共产品和私人产品。公共产品的范围有：义务教育、广播电视教育、特殊教育，以及其他由政府投资办的学校或训练班。准公共产品，即团体、企业、事业单位办的学校（如职工学校、子弟学校等）。私人产品，指私人家庭教师、民办学校、各种民办培训班。

教育是一个独特的行业，即使是属于私人产品一类，对社会同样是有益的，培养出来的毕业生是有益于国家和社会的。

提高农村义务教育的入学率和提高教师工资，都是国家的责任。

十二、"加快生态文明体制改革，建设美丽中国"

党的十九大报告指出："人与自然是生命共同体，人类必须尊重自然、顺应自然、保护自然。"要知道，"人类对大自然的伤害最终会伤及人类自身，这是无法抗拒的规律"。

因此，一定要推进绿色发展。需加快建立绿色生产和消费的法律制度和政策导向，建立健全绿色低碳循环发展的经济体系。要壮大节能环保产业、清洁生产产业、清洁能源产业。推进能源生产和消费革命，构建清洁低碳、安全高效的能源体系。

对于突出的环境问题，坚持全民共治、源头防治，提高污染排放标准，强化排污者责任。开展国土绿化行动，推进荒漠化、石漠化、水土流失综合治理。严格保护耕地，扩大轮作休耕试点，健全耕地草原森林河流湖泊休养生息制度。

习总书记在党的十九大报告中着重指出："生态文明建设功在当代、利在千秋。我们要牢固树立社会主义生态文明观，推动形成人与自然和谐发展现代化建设新格局，为保护生态环境做出我们这代人的努力！"

"建设美丽中国"是一个新的概念，但绝不是轻易能实现的。全国这么多沙地、盐碱地、沙漠地，不制定科学的改造规划，不投资于生态建设，是改变不了荒漠地区的面貌的。因此，要有担当精神，经过几代人的努力才能把荒漠地区变成绿色地带。

十三、结束语

习总书记在党的十九大报告中着重指出："改革开放之初，我们党发出了走自己的路、建设中国特色社会主义的伟大号召。"从那时以来，经过长期努力，中国特色社会主义进入新时代，这是我国发展新的历史方位。

"中国特色社会主义进入新时代，我国社会主要矛盾已经转化为人民日益增长的美好生活需要和不平衡不充分的发展之间的矛盾。"发展不平衡不充分，这已经成为满足人民日益增长的美好生活需要的主要制约因素。

在新时代来临之时，我们丝毫不能松懈，针对新情况，要经得起历史检验，我们还有许多事情要做。

从现在到 2020 年，是全面建成小康社会决胜期。从 2020 年到 21 世纪中叶，可以分为两个阶段来安排：

第一个阶段，从 2020 年到 2035 年，在全面建成小康社会的基础上，再奋斗十五年，基本实现社会主义现代化，跻身创新型国家行列，美丽中国目标基本实现。

第二个阶段，从 2035 年到 21 世纪中叶，在基本实现现代化的基础上，再奋斗十五年，把我国建成富强、民主、文明、和谐、美丽的社会主义现代化强国。"美丽"是新添加的，意义深远。

这是鼓舞人心的大举措、大规划。习总书记在十九大报告结束时写下了这样一段话："青年兴则国家兴，青年强则国家强。青年一代有理想、有本领、有担当，国家就有前途，民族就有希望。"

习总书记说:"中华民族伟大复兴的中国梦终将在一代代青年的接力奋斗中变为现实。""广大青年要坚定理想信念,志存高远,脚踏实地,勇做时代的弄潮儿,在实现中国梦的生动实践中放飞青春梦想,在为人民利益的不懈奋斗中书写人生华章!"